Allitera Verlag

edition monacensia
Herausgeber: Monacensia
Literatuarchiv und Bibliothek
Dr. Elisabeth Tworek

EVA-MARIA HERBERTZ, 1947 in Oberhausen/Nordrhein-Westfalen geboren, studierte Germanistik und Geschichte in München, unterrichtete einige Jahre Deutsch und Geschichte und lebt seit 1982 in Feldafing am Starnberger See. Sie schrieb zahlreiche Kurzbiografien namhafter Künstler/Innen, die von Münchner Tageszeitungen veröffentlicht wurden. In der *edition monacensia* sind von ihr bereits »Der heimliche König von Schwabylon‹. Der Graphiker und Sammler Rolf von Hoerschelmann in Selbstzeugnissen und Bilddokumenten« (2005) und »Leben in seinem Schatten. Frauen berühmter Künstler« (2009) erschienen.

Eva-Maria Herbertz

»Das Leben hat mich gelebt«

Die Biografie der Renée-Marie Hausenstein

Allitera Verlag

Weitere Informationen über den Verlag und sein Programm unter:
www.allitera.de

Alle Bilder wurden freundlicherweise zur Verfügung gestellt von
Renée-Marie und Kenneth Croose Parry.
Titelfoto, Foto Umschlag-Rückseite und Bild S. 160 © Gabriele Gräfin Arnim

Mai 2012
Allitera Verlag
Ein Verlag der Buch&media GmbH, München
© 2012 Monacensia Literaturarchiv und Bibliothek
Leitung: Dr. Elisabeth Tworek
und Buch&media GmbH, München
Umschlaggestaltung: Kay Fretwurst, Freienbrink unter Verwendung der Fotografie
»Renée-Marie und Wilhelm Hausenstein in der Residenz des Botschafters in der
Rue de la Faisanderie, Paris, Herbst 1952« © Gabriele Gräfin Arnim
Herstellung: Books on Demand GmbH, Norderstedt
Printed in Germany · ISBN 978-3-86906-172-6

Inhalt

1936	7
1937	24
1938–1939	29
1940	31
1941	35
1942	47
1943	73
1944	104
1945	110
1946	124
1947	139
1948	144
1949	149
1950	158
1951	160
1953	161
1954–1955	164
1956–1957	170
1958–1962	172
1962–2012	175
Literaturverzeichnis	193
Biografische Daten zu Renée-Marie Hausenstein	197

1936

Dienstag, 14. Juli 1936. Eben hat die Glocke zur großen Unterrichtspause geläutet, und die Schülerinnen im Tutzinger Lyzeum der Missions-Benediktinerinnen drängen hinaus. Es ist angenehm warm und die Mädchen schlendern über den sonnigen Pausenhof oder stehen in kleinen Gruppen beieinander. Dabei lassen sie sich die von den Schwestern ausgeteilten dicken braunen Brotscheiben mit selbst gemachter Himbeermarmelade schmecken. Renée-Marie und ihre Klassenkameradinnen freuen sich auf das Unterrichtsende, denn bei dem herrlichen Wetter hoffen sie, den Nachmittag am See verbringen zu können. Das Mädchen, das sie nur vom Sehen kennt, bemerkt Renée-Marie erst, als es schon vor ihr steht. Es starrt sie an, verzieht den Mund, spuckt vor ihr aus und schreit: *Pfui! Du Judenweib!*

Die 14-jährige
Renée-Marie Hausenstein
1936 in Tutzing.

Margot Hausenstein in den 1930er-Jahren.

Renée-Marie hat das Gefühl, dass es im Pausenhof ganz still geworden ist und alle sie ansehen. Sie steht regungslos da, gibt sich einen Ruck, macht auf dem Absatz kehrt und rennt los, hetzt am benachbarten Hotel »Simson« vorbei, die Bahnhofstraße entlang und den Steilhang zum Buchenhaus hinauf. Ihr Herz hämmert, und ihre Gedanken überschlagen sich. Jüdin, Jüdin! Sie soll eine Jüdin sein? Das stimmt doch gar nicht. Das wüsste sie doch. Wie kommt das Mädchen dazu, sie so zu beschimpfen?

Wie alle sie angeguckt haben, und keiner hat etwas gesagt. Was können andere wissen und nur sie nicht? Ihr fallen die Blicke von Vorübergehenden ein, wenn sie mit ihrer Mutter durch den Ort geht. Blicke, die ihr manchmal richtig peinlich sind. Ihre immer elegant gekleidete Mutter sieht ja auch so ganz anders aus als die meisten Frauen im Dorf. Sie hat mahagonirotes Haar, das wie eine knappe Mütze am Kopf anliegt, und sie schminkt sich. Renée-Marie stürmt ins Haus, ruft nach ihren Eltern und bricht in lautes Weinen aus.

Wilhelm und Margot Hausenstein können ihre Tochter kaum beruhigen. Sie will nicht mehr in die Schule gehen. Die Eltern müssen ihr versprechen, noch am Nachmittag die Schwester Oberin aufzusuchen. Dass so etwas geschehen könnte, noch dazu im Lyzeum der Benediktinerinnen, haben sie nicht für möglich gehalten. Renée-Marie sollte unbeschwert aufwachsen, war ihr Wunsch und mit ein Grund gewesen, weshalb sie 1932 das politisch unruhige München verlassen und nach Tutzing gezogen waren.

Den Starnberger See hatte Wilhelm Hausenstein bereits 1903 während seiner Studienzeit in München für sich entdeckt und seit 1921 zunächst mit Margot und dann auch mit Renée-Marie regelmäßig die Sommermonate in Tutzing verlebt. 1929 durfte die Siebenjährige sogar bei der *Tutzinger Fischerhochzeit* mitwirken.

Immer waren Hausensteins im renommierten Hotel »Simson« abgestiegen, das sie wegen seiner ruhigen Lage, der familiären Atmosphäre und guten Küche sehr schätzten. Wilhelm Hausenstein hatte sich die meist monatelangen Hotelaufenthalte damals leisten können, stand er doch mit seinen mehr als 50 veröffentlichten Kunst- und Reisebüchern auf dem Gipfel seines Ruhms. Sein 50. Geburtstag, zu dem Thomas Mann und Karl Vossler, Professor für Romanistik an der Universität München, eingeladen hatten, war 1932 mit einem großen Festbankett im Münchner Hotel »Vier Jahreszeiten« gefeiert worden. Unmittelbar danach waren Hausensteins umgezogen. Die Entscheidung, der Stadt den Rücken zu kehren, war ihnen leicht gemacht worden durch das Angebot, in Tutzing das Haus der Familie von Hofacker [heute: Am Höhenberg 15] mieten zu können. Das herrlich gelegene Buchenhaus, benannt nach einer mächtigen Buche inmitten eines waldartigen Gartens, bietet einen großartigen Blick über den See und ins Gebirge.

Möglicherweise hat Hausenstein damals nicht gewusst, dass auch am Starnberger See die Nationalsozialisten und ihre Anhängerschaft sich etabliert hatten, oder aber er ließ sich davon nicht abhalten. Bereits im

Renée-Marie, sieben Jahre alt, mit »ihrer« Gusti Wagner (vorne an der Brüstung) bei der *Fischerhochzeit* 1929 in Tutzing auf dem Balkon vom »Guggerhaus«.

August 1920 war in Starnberg eine Ortsgruppe der NSDAP gegründet worden, nach München und Rosenheim die dritte in Bayern. Sie war nach dem gescheiterten Putschversuch vom 9. November 1923 zwar verboten, aber am 9. Mai 1925 erneut gegründet worden. Bei der Reichstagswahl im September 1930 war die NSDAP mit 777 Stimmen nach der Bayerischen Volkspartei mit 791 Stimmen zweitstärkste Partei in Starnberg geworden. 1933 wurde der NSDAP-Reichstagsabgeordnete Franz Buchner Bürgermeister von Starnberg, der fünf Jahre später für seine unsägliche Propagandadichtung »Kamerad! Halt aus!« mit dem »Dichterpreis der Hauptstadt der Bewegung« ausgezeichnet werden sollte. Wahrscheinlich war 1933 auch auf sein Betreiben der Stadtratsbeschluss ergangen, der Juden das Betreten des städtischen Strandbads in Starnberg verbot. Die Begründung lautete, dass *in vielen Orten das aufdringliche Benehmen der Juden in öffentlichen Bädern zu einer wahren Landplage für die dort Erfrischung suchenden deutschen Volks-*

genossen geworden sei. Sehr deutlich war dann am 13. August 1935 im »Land- und Seeboten« zu lesen: *Juden im Oberland unerwünscht*. Eine Volkszählung im November 1935 ergab, dass von den 5189 Bewohnern Starnbergs noch zwölf Personen als *israelitisch* registriert wurden. Drei Jahre später war die Kreisstadt praktisch schon »judenfrei«.

Vor dem, was ihre Tochter an diesem Vormittag erlebt hat, wollten Wilhelm und Margot Hausenstein sie schützen. Nun ist der 14-Jährigen auf solch eine abscheuliche Art und Weise beigebracht worden, was sie ihr verschwiegen haben. Mit einer Mischung aus Entsetzen und Ungläubigkeit sieht Renée-Marie ihren Vater an, als er ihr erklärt, dass ihre Mutter Jüdin ist. Sie sei zwar keine gläubige Jüdin, die Gebote und Verbote einhalte, gelte aber auf Grund ihrer Abstammung nach den seit einem Jahr bestehenden Rassegesetzen als »Volljüdin« und Renée-Marie, obwohl katholisch getauft und katholisch erzogen, als »Halbjüdin« beziehungsweise »Mischling ersten Grades«, weil sie einen jüdischen Elternteil und jüdische Großeltern habe.

Ihren Großvater Max Maurice Kohn, Ingenieur von Beruf und Globetrotter aus Leidenschaft, hat Renée-Marie nicht mehr kennengelernt. Er starb bereits 1898, als ihre Mutter Margot acht Jahre alt war. Die Großmutter Gabrielle, die sie mit den Eltern schon in Belgien besucht hat, ist eine Tochter von Viola Béchoff und Isaak Rülf, einem frühen Anhänger der Chibbat Zion. Rülf war lange Zeit als Rabbiner im ostpreußischen Memel tätig gewesen und hatte als jüdischer Politiker Hilfswerke für russische Juden und Emigranten organisiert, was ihm den Beinamen »Dr. Huelf« einbrachte. Außerdem arbeitete er als Redakteur bei der politischen Tageszeitung »Memeler Dampfboot« und hinterließ ein bedeutendes philosophisches Werk, fünf Bände zum »System einer Neuen Metaphysik«.

Margot, mit vollem Namen Alice Marguerite Kohn, wurde am 3. September 1890 in Brüssel geboren. Sie wuchs nach dem frühen Tod des Vaters mit ihrem Bruder Alfred bei der Mutter in einem liberalen jüdischen Umfeld auf. Musik und Literatur standen im Mittelpunkt ihrer Erziehung. Die Erzählungen der Mutter von den Reisen des Vaters nach Afrika weckten schon früh in ihr den Wunsch, auch einmal fremde Länder kennenzulernen. Von 1899 bis 1907 besuchte Margot das »Institut Supérieur pour Demoiselles«, eine höhere Mädchenschule. Nach ihrem Schulabschluss lebte sie zeitweise in Paris bei ihrer Tante Marguerite Béchoff, einer für die damalige Zeit sehr mondänen Frau, deren Lebensstil sich Margot zum Vorbild nahm. 1914 heiratete sie ihren Jugendfreund Richard Lipper, der seit Kriegsausbruch in der belgischen Armee kämpfte. 1916 begegnete die 26-jährige Margot auf einem Gartenfest in Brüssel dem 34-jährigen Wilhelm Hausenstein. *Verliebtheit gegenseitig*, schrieb Margot kurz und bündig in einem handschriftlichen Lebenslauf. Sie nennt Wilhelm – in ihrer Muttersprache »Guillaume« – zeitlebens »Gilles«. Von Anfang an habe er sie an den melancholischen Pierrot von Jean Antoine Watteaus »Bildnis Gilles« erinnert.

Wilhelm Hausenstein wurde am 17. Juni 1882 in Hornberg im badischen Schwarzwald geboren. Sein Vater Wilhelm, großherzoglicher Steuerkommissar und katholischen Glaubens, verstarb bereits 1891, da war Wilhelm gerade einmal neun Jahre alt. Er wurde nach der Konfession seiner Mutter Clara, Tochter des Bärenwirts Gustav Gottlob Baumann, protestantisch getauft. Die Unterschiedlichkeit der Bekenntnisse seiner Vorfahren – auch seine Großeltern waren unterschiedlicher Konfession – empfand er nach eigener Aussage als eine *verwirrende* Mitgift. Eines Tages würde er sich entschließen, dessen war er sich gewiss, *die Frage nach dem religiösen Bekenntnis für seine Person aufs neue zu erheben*. Sein Studium der Philosophie, klassischen Philologie und Geschichte in Heidelberg und Tübingen, mit einem Zwischenspiel in der evangelischen Theologie, schloss er 1905 in München mit Promotion »summa cum laude« bei dem Historiker Karl Theodor von Heigel über »Die Wiedervereinigung Regensburgs mit Bayern im Jahre 1810« ab. Heigel vermittelte dem jungen, was seine weitere Laufbahn anbelangte, noch unentschiedenen Doktor im Frühjahr 1906 eine Stelle in Paris als Vorleser bei der ehemaligen Königin Marie-Sophie von Neapel-Sizilien, der Gemahlin von Franz II. und Schwester der Kaiserin Elisabeth von Österreich. Zu Hausensteins Funktionen gehörte, täglich Ihrer Majestät eine Dreiviertelstunde vorzulesen, sie auf ihren Spaziergängen zu begleiten und *ihr zu helfen, Gefrorenes zu verzehren – bei freier Station* in ihrer Villa Hamilton am Boulevard Maillot (No. 94) in Neuilly-sur-Seine und einem monatlichen *traitement von 150 frcs*. Lang hielten es die alte Königin und er nicht miteinander aus. Nach einem halben Jahr kehrte er nach München zurück, widmete sich der freien Schriftstellerei und engagierte sich in der Arbeiterbildungsgesellschaft »Vorwärts«. 1907 trat Hausenstein in die SPD ein und wurde nach eigener Aussage *ein militantes Mitglied der Sozialdemokratischen Partei*. Unter dem Einfluss des Kunstschriftstellers Julius Meier-Graefe und von Professor Karl Voll nahm er ein kunsthistorisches Studium auf. 1919 kündigte er seine Mitgliedschaft in der SPD, *aus Mangel an innerer Überzeugung mit dieser Partei*, wie er in einem Brief vom 18. November 1933 Hans Carossa erklärt. Der Dichter und Arzt hatte einige Jahre zuvor Hausenstein das Leben gerettet, als dieser *noch im 47. Jahr die Masern kriegte, mit ganz argen Komplikationen*. Seitdem habe er, fügt Hausenstein hinzu, *ohne alle politische Zugehörigkeit* gelebt, und bittet Carossa in jenem Schreiben nachträglich um *Entlastung*, da er ihn auf dem Anmeldeformular für den neuen Reichsverband deutscher Schriftsteller *als eventuelle »Referenz«* benannt habe.

Bei Ausbruch des Ersten Weltkriegs wurde Hausenstein dem Zivildienst zugeteilt. Nach einem gesundheitlichen Zusammenbruch während seiner militärischen Ausbildungszeit in Cannstatt und der vorzeitigen Entlassung im Jahr 1903 war er vom Militärdienst freigestellt worden. Auf Grund einer 1915 publizierten kulturgeschichtlichen und wirtschaftspolitischen Abhandlung galt er als guter Kenner Belgiens, und man schickte ihn 1916 zur Militärbehörde nach Brüssel, wo er am 15. Januar die Stelle eines Redakteurs bei der von Anton Kippenberg gegründeten deutsch-belgischen Monatszeitschrift »Belfried« antrat. Es heißt, zum Zeitpunkt seiner Begegnung mit Margot habe sich seine 1908 geschlossene Ehe mit der aus Bremen stammenden Marga Schroeder bereits in Auflösung befunden. Richard Lipper, Margots Ehemann, erlitt im Kampf gegen die Deutschen in Nordfrankreich schwerste Verbrennungen, an denen er am 22. November 1916 in einem Lazarett im belgischen La Panne verstarb.

Nach Beendigung seines Dienstes in Brüssel ging Wilhelm Hausenstein Ende Oktober 1917 nach München zurück, begann bei den »Münchner Neuesten Nachrichten« und wurde gleichzeitig freier Mitarbeiter der »Frankfurter Zeitung«. Margot brach mit ihrer Familie, für die Wilhelm Hausenstein ein verabscheuungswürdiger »boche« war, und folgte ihm nach München. Im November 1918 ließ sich Wilhelm Hausenstein von seiner Ehefrau Marga scheiden, und am 5. Mai 1919 heiratete er Margot. Ihre Trauzeugen waren Emil Preetorius, Bühnenbildner und Zeichner, und Rainer Maria Rilke, dem Wilhelm Hausenstein seit 1914 freundschaftlich verbunden ist. An *Fehlern, Irrwegen, Unglück*, schreibt Hausenstein 30 Jahre später an Renée-Marie, wäre ihm vieles erspart geblieben, hätte er Margot früher kennengelernt. Sie habe ihn in seiner Arbeit durch ihre *wohltätig disziplinierende Kraft* gefördert und ihm geholfen, *die scheußlichen Hitler-Jahre zu überstehen*.

Rainer Maria Rilke, den sie bald nach ihrer Ankunft kennenlernte, *half der jungen Frau*, so Margot in dem bereits erwähnten Lebenslauf, *über das Einleben in ein verarmtes, dürftiges, verhungertes München*.

Rilke habe sie des Öfteren abgeholt und sie seien im Nymphenburger Park spazieren gegangen. Er habe ihr französische Gedichte vorgelesen und sei einfach *zauberhaft* gewesen.

Von 1920 bis 1921 wohnten Wilhelm und Margot Hausenstein am Odeonsplatz 1, Arkaden 12, *täglich des Blicks auf Schloß und Hofgarten teilhaftig*, mit der unter ihrem Schlafzimmer sitzenden bronzenen Loreley von Ludwig von Schwanthaler.

Am 3. Februar 1922, *einem föhnigen und stürmischen Februarabend*, kommt in der Montgelasstraße 8 ihre Tochter zur Welt, mit der Nabelschnur um den Hals, weshalb der halb russische, halb französische Hausarzt Dr. Faltin ausgerufen haben soll: *O – la coquette! Elle a un collier autour du cou!* [Oh, wie kokett sie ist! Sie trägt ein Collier um den Hals!] Die Eltern geben ihr nach Rilke den Vornamen Renée-Marie.

Renée-Marie wird katholisch getauft. Vielleicht hielt Hausenstein dies für sinnvoll, da man in Bayern lebte. Oder traf er, der mit der eigenen Konversion noch zögerte, vorsorglich diese Entscheidung für seine Tochter? Taufpaten sind Hausensteins Redaktionskollege und Freund Benno Reifenberg und Elisabeth Wolff, Ehefrau des Verlegers Kurt Wolff. 1921 hatte Kurt Wolff Wilhelm Hausensteins »Kairuan oder eine Geschichte

Das Geburtshaus von Renée-Marie in der Montgelasstraße 8 in Bogenhausen.

vom Maler Klee und von der Kunst dieses Zeitalters« herausgegeben. Renée-Marie ist ein auffallend hübsches kleines Mädchen mit den dunklen, lebhaften Augen der Mutter und dem vollen, weichen Mund des Vaters. Sie bringt Margot die Aussöhnung mit ihrer Mutter und den Verwandten in Belgien.

Renée-Marie, zwei Jahre alt, auf dem Arm ihres Vaters Wilhelm Hausenstein. Im Hintergrund der Kirchturm von St. Georg in Bogenhausen. ▶

Mit Großmutter Clara Hausenstein, 1924. ◀

▼ Renée-Marie, vier Jahre alt, Februar 1926.

Bis zu jenem traumatischen Erlebnis in der Schule, sagt Renée-Marie, sei sie *in einem Kokon aufgewachsen* und habe in *einer glückseligen Ahnungslosigkeit* gelebt. Ihre ersten zehn Lebensjahre verbringt sie mit den Eltern in München, unterbrochen von den langen Sommeraufenthalten in Tutzing. Erst wohnen sie in der Montgelasstraße 8 und danach in der Ohmstraße 20, wo in der benachbarten Königinstraße die mit ihnen befreundete Familie des Antiquars Dr. Erwin Rosenthal lebt, deren jüngster Sohn Bernard einer ihrer Spielkameraden ist. Niemals wird vor Renée-Marie erwähnt, dass Rosenthals Juden sind.

Als Renée-Marie mit den Eltern nach Tutzing zieht, freut sie sich. Dort lebt Gusti Wagner, die sich bereits während der Sommeraufenthalte im Hotel »Simson« immer um sie gekümmert hat. Die junge Tutzingerin, die sich in der katholischen Pfarrjugend engagiert und später für das Rote Kreuz arbeiten wird, hat dem Stadtkind auf ausgedehnten Spaziergängen die Augen für die Schönheiten der Landschaft und Natur am Starnberger See geöffnet. Wenn Wilhelm und Margot Hausenstein auf Reisen oder anderweitig beschäftigt sind, ist die warmherzige Gusti für Renée-Marie da, der sich die Heranwachsende ohne Scheu anvertraut. In den ersten Jahren in Tutzing habe Gusti *Stabilität in ihr Leben* gebracht und ihr *emotionale Sicherheit* gegeben.

Wie ahnungslos Renée-Marie bis zu ihrem 14. Lebensjahr und jenem Erlebnis im Schulhof gewesen ist und dementsprechend unbefangen, zeigt eine Episode, die sich 1934 abgespielt hat. Regelmäßig seit 1921 besuchen Hausensteins die Vorstellungen im Zirkus Krone. An jenem Tag im Jahr 1934 nehmen Frieda und Carl Krone nach einer wie gewöhnlich herzlichen Begrüßung die zwölfjährige Renée-Marie und ihre Eltern beiseite und vertrauen ihnen an, dass Hitler der Vorstellung inkognito beiwohnen werde. Sie entschuldigen sich, die ansonsten für sie reservierte Box dem Führer und Reichskanzler geben zu müssen, und begleiten Hausensteins anschließend zu Plätzen unmittelbar vor der besagten Box. Der Vater ermahnt Renée-Marie ohne weitere Erklärung, sich während der Vorstellung keinesfalls umzudrehen. Natürlich macht sie dieses Verbot erst recht neugierig auf diesen ihr unbekannten Mann, dem sie ihre angestammten Plätze überlassen müssen. Nachdem sie mitbekommen hat, wie kurz vor Beginn der Vorstellung geräuschvoll hinter ihnen die Box belegt worden ist, wartet sie voller Ungeduld ab, bis sie sich von ihren Eltern unbeobachtet fühlt. Vorsichtig dreht sie den Kopf. Hitler habe offenbar ihren verstohlenen Blick bemerkt und mit einem amüsierten und freundlichen Lächeln reagiert. Der für seine Kinderfreundlichkeit bekannte Hitler habe ja nicht geahnt, *dass das hübsche Kind vor ihm eine Halbjüdin und in seinem eigenen Vokabular ein zu verabscheuender Mischling ersten Grades* war. Nach der Zirkusvorstellung kann Renée-Marie es sich nicht verkneifen, etwas auftrumpfend zu bemerken, wie freundlich dieser Hitler doch zu sein scheine, da er sie so nett angelächelt habe. Ihre Eltern hätten nichts dazu gesagt. In ihrer Gegenwart sei nie über Politik gesprochen worden. Auch wegen des Hauspersonals hätten sie sich wohl sehr vorgesehen.

Nun erfährt Renée-Marie nach und nach, was ihre Familie bedroht und die Eltern ihr verschwiegen haben.

Im Frühjahr 1933 war Renée-Marie enttäuscht gewesen und hatte nicht verstehen können, warum die Eltern eine Griechenlandreise, die sie zur Vorbereitung von Hausensteins Buch »Das Land der Griechen« unternahmen, noch verlängerten. Jetzt hört sie, dass Wilhelm und Margot Hausenstein damals von Freunden über eine erste Verhaftungswelle in München informiert und gewarnt worden waren. Nach der Anordnung zum Boykott jüdischer Geschäfte und Arztpraxen waren 280 Juden in »Schutzhaft« genommen worden. Allein bis Oktober 1933 wurden insgesamt 14214 Menschen ins Konzentrationslager Dachau gesperrt, 10295 von ihnen wieder entlassen, zwischen 2200 und 2600 ständig dort fest gehalten. Hausenstein sagt seiner Tochter auch, dass die nationalsozialistische Regierung bereits seit einem Jahr gegen ihn mit beruflichen Repressalien vorgeht. Am

Renée-Marie, elf Jahre, 1933.

14. April 1933 hatten ihm auf Weisung der Münchner Staatspolizei die »Münchner Neuesten Nachrichten«, deren Redaktionsverband er seit 1929 angehörte und deren Verlag seine Bücher herausgegeben hatte, fristlos gekündigt. Er hatte Glück, denn die »Frankfurter Zeitung« machte ihn 1934 zum Schriftleiter des Literaturblatts und der Frauenbeilage. Als »liberales« Aushängeschild des nationalsozialistischen Regimes wurde die auch im Ausland als publizistischer Repräsentant Deutschlands angesehene »Frankfurter Zeitung« weiterhin geduldet. Mit ihren zum Teil kritischen Artikeln sollte der Eindruck einer angeblichen Pressefreiheit in Deutschland aufrechterhalten werden. Diese Sonderstellung bedeutete allerdings für die Redakteure, täglich einen Balanceakt zu vollziehen, wie man Hunderten von Briefen des überaus korrekten Hausenstein an Verfasser von Artikeln und Beiträgen entnehmen kann. So bittet er beispielsweise in einem Schreiben vom 16. Juli 1936 inständig den Schriftsteller W. E. Süskind, dessen Text er gerade redigiert, ihm zu glauben. Er wüsste genau, *was in der Tageszeitung möglich ist, – und gerade in der Frankfurter, die, wie ich Ihnen schon einmal geschrieben zu haben glaube, von den zahlreichen Übelwollenden auf jede anfechtbare Nuance mit der Lupe gelesen wird.*

Von dem, was der Vater an jenem Vormittag ihr zu erklären versucht, erreicht Renée-Marie in ihrem aufgewühlten Zustand und setzt sich bei ihr fest, dass ihre Mutter Jüdin ist, dass sie als Tochter deshalb angegriffen werden kann, weil es Gesetze gibt, die den anderen Recht geben, und dass es für sie alle besser ist, wenn sie den Mund hält. Alles bricht auseinander. Nichts stimmt mehr von dem, was gestern noch richtig gewesen ist. Das will ihr nicht in den Kopf und macht ihr Angst. Wenig später, bei einer vielleicht ganz harmlosen Begebenheit, zeigt sich, wie zutiefst verunsichert sie ist. Ein Tutzinger Sommergast, dem Renée-Marie auf dem Weg zum Südbad schon einige Male begegnet ist, hält sie eines Tages unversehens an und fragt, ob sie die Tochter von Wilhelm Hausenstein sei. Ja, und ob sie denn die Tochter seiner ersten oder seiner jetzigen Frau wäre. Sofort überfällt sie Panik. *Seiner jetzigen Frau*, stößt sie hervor und rennt davon.

Nach dem Vorfall in der Schule hält Wilhelm Hausenstein es für besser, fortan Renée-Marie nichts mehr zu verheimlichen. Um sie zur Vorsicht gegenüber anderen Leuten und größeren Zurückhaltung anzuhalten, muss ihr der Ernst der Situation klar sein. So erfährt sie, dass noch im selben Jahr auf ihren Vater mit weiteren Repressalien Druck ausgeübt wird. Am 18. November 1936 teilt ihm die »Deutsche

Buchgemeinschaft« mit, dass sie seine 1928 publizierte Kunstgeschichte in Zukunft nicht mehr ausliefern könne. Zwei Jahre später wird das Werk auf Anweisung des Propagandaministeriums verboten und der beträchtliche Bestand an Restexemplaren eingestampft, nachdem Hausenstein sich geweigert hat, *Namen wie Liebermann, Pissaro, Israels usw. zu streichen,* »halbjüdische« *Namen wie Hildebrand, Marées zu bagatellisieren.* Am 24. November 1936 wird Hausenstein aus der Reichsschrifttumskammer ausgeschlossen, weil man ihn nicht für geeignet hält, *durch schriftstellerische Veröffentlichungen [...] auf die geistige und kulturelle Entwicklung der Nation Einfluß zu nehmen.* Eine schriftstellerische Betätigung, genauer die Herausgabe von Buchwerken, wird ihm künftig untersagt.

Wahrscheinlich war Hausenstein damals nicht bekannt, dass der Präsident der Reichsschrifttumskammer und der Deutschen Akademie der Dichtung, der ursprünglich expressionistische Dichter Hanns Johst, nicht weit von ihnen lebte, sozusagen in Sichtweite am gegenüberliegenden Seeufer in Oberallmannshausen in einer Villa am Zieglerweg 15, und enge Beziehungen zu Himmler pflegte. Erfahren haben müsste er hingegen entweder aus der Ortspresse, dem »Land- und Seeboten«, oder von Freunden in Feldafing, dass in der Nachbargemeinde am 21. April 1934 eine Elite- und Musterschule, die »Reichsschule der NSDAP«, von SA-Chef Ernst Röhm feierlich eröffnet wurde. Man hatte Feldafing gewählt, ist im ersten Jahresbericht 1934/35 der Schule nachzulesen, *fern dem Trubel der Großstadt, an landschaftlich schön gelegenem Orte, von dem aus aber die Großstadt leicht und schnell zu erreichen* war. 6000 Schüler aus dem ganzen Reich hatten sich für diese Parteischule beworben, 193 Jungen wurden angenommen, die bis zur Planung und Fertigstellung einer neuen Schulanlage in circa 40 beschlagnahmten, gekauften und gemieteten Villen und Anwesen – oftmals jüdischer Eigentümer – untergebracht und unterrichtet wurden.

Renée-Marie erinnert sich plötzlich an Begebenheiten, die sie seinerzeit nicht verstanden und deshalb vergessen hat. 1934 oder 1935 ist eines Tages Max Picard, ein sehr enger Freund ihres Vaters, völlig überraschend vor ihrer Haustür gestanden. Seit Hitlers Machtergreifung war der aus Baden stammende und seit 1918 im Tessin lebende jüdische Arzt, Kulturphilosoph und -essayist nicht mehr bei ihnen gewesen. Fast täglich korrespondieren jedoch Wilhelm Hausenstein und Max Picard miteinander. 1326 Briefe und Karten aus den Jahren 1918 bis 1957 sind

in Hausensteins Nachlass erhalten. Am 23. Oktober 1930 heißt es in einem Brief Picards:
Ich hätte nie gewusst, was das ist: ein Freund sein, wenn Du, Wilhelm, nicht wärest. [...] um Deiner Freundschaft zu mir willen sehe ich hie und da einem anderen Freund etwas nach, das ich ohne Dich nicht nachsehen würde. [...] ich spüre, daß Deine Freundschaft zu mir das Urbild der Freundschaft realisiert [...]. Am 2. Juni 1932 fragt Picard den Freund: *Was sagst du zu allem, was in Deutschland geschieht? Die Menschen sind wirklich mit Blindheit geschlagen, und ich kann nur annehmen, daß Gott sie mit Blindheit geschlagen hat. Sonst müsste man sich aufhängen. Das Ganze ist auch auf keine Weise rational oder historisch zu erklären. Auch das Phänomen Hitler nicht. Es gibt keinen zureichenden Grund dafür, dass das halbe Deutschland dem Hitler nachrennt. Aber dass die Menschen nicht imstande sind, das Phänomen an sich zu s e h e n: das halbe Deutschland hinter diesem Nichts her! Man darf s i c h auch nicht ausnehmen. Wir, die anderen, sagen auch nicht deutlich genug, was w i r meinen. Das meiste ist ins Aesthetische verschoben und man kann niemandem zumuten, dass er das Wichtige erst sich übersetzt, aus dem Aesthetischen. [...] Im nächsten Buch versuche ich noch decidierter zu sein. Ich verrecke halb daran, jetzt schon.*

Picards Bedürfnis, einmal wieder mit Wilhelm Hausenstein persönlich zu sprechen, ist offensichtlich übermächtig geworden, sodass er jegliche Vorsicht außer Acht gelassen hat. Kurz nach Picards Ankunft hört Renée-Marie oben in ihrem Zimmer ein lautes Weinen aus dem Erdgeschoss. Sie stürzt voll Angst die Treppe hinunter. Mit angehaltenem Atem späht sie durch die angelehnte Tür des väterlichen Studierzimmers. In einem Sessel zusammengekrümmt sieht sie Max Picard sitzen, nach dem sie ihren Zweitnamen Maximiliane erhalten hat. Tränen strömen über sein Gesicht. Ihre Eltern knien vor ihm auf dem Boden und bitten den Freund eindringlich, ihnen seine Verzweiflung zu erklären, was sein hemmungsloses Weinen noch verstärkt. Mehr bekommt sie nicht mit, denn plötzlich dreht sich ihre Mutter mit einem verstörten Gesichtsausdruck zu ihr um. Mit einer energischen Handbewegung gibt sie Renée-Marie zu verstehen, dass sie gehen soll.

Als Renée-Marie den Vater fragt, was Max Picard damals so aus der Fassung gebracht habe, erzählt Wilhelm Hausenstein, was sein Freund ihnen schließlich anvertraut hatte. Die Vision von einer Katastrophe ungeahnten Ausmaßes hätte ihn nahezu um den Verstand gebracht. Wieder und wieder habe er, am ganzen Körper zitternd, ausgerufen:

Es ist schrecklich! Was ich kommen sehe, ist schrecklich. Sehr viel später erst hätten ihre Eltern verstanden, dass Max Picard den Leidensweg und die grausame Ermordung der Juden wohl geahnt habe.

Zwei Ereignisse in den Jahren 1935 und 1939 sind Renée-Marie ebenfalls lebhaft in Erinnerung geblieben, die sie und ihre Eltern, allerdings erst im Nachhinein, als Vorboten kommenden Unheils gedeutet hätten.

Am Abend des 17. November 1935 vernehmen sie, die Eltern und ihre Großmutter Clara, die damals bei ihnen lebt, ein knackendes Geräusch in den oberen Stockwerken. Sie vermuten zunächst, dass, wie so häufig, wieder einmal Siebenschläfer unter dem Dach zugange sind. Als die Köchin das Essen hereinträgt, hört sich allerdings das Knacken ungewöhnlich laut an. Ihr Vater stürzt aus dem Zimmer und kurz darauf ruft er: *Bringt Wasser! Der Dachstuhl brennt.* Sie laufen und füllen Wasser in alles, was sie finden können. Als endlich die Feuerwehr eintrifft, weiß aber keiner, wo man den Wasserschlauch anschließen kann. Man müsse, ruft jemand, »den Juden« holen – gemeint ist der Installateur Ferdinand Bustin –, der kenne das Anwesen. In der Zwischenzeit hat man Verstärkung von Starnberg angefordert. Der Dachstuhl brennt lichterloh und dicker schwarzer Qualm macht sich bereits im Erdgeschoss breit. Man vermisst Margot. Wilhelm Hausenstein findet sie im Obergeschoss, wo sie ohnmächtig geworden ist. Der herbeigerufene »Jude« weiß tatsächlich Bescheid, und die Feuerwehrmänner können endlich mit dem Löschen beginnen.

In all dem Durcheinander taucht der Sohn von Dr. Georg Brendel auf, Renée-Maries früherer Klassenkamerad. Günther bietet ihnen als Notunterkunft das Kurhaus seines Vaters an der Hauptstraße an. Sechs Monate bleiben sie dort, so lange dauern die Reparaturarbeiten am Buchenhaus. Niemals konnte geklärt werden, ob das Feuer, bei dem viele im Dachgeschoss aufbewahrte Briefschaften und Manuskripte vernichtet wurden, durch einen Funken aus einem alten Kamin ausgelöst wurde oder ob es Brandstiftung gewesen war.

Was sich vier Jahre später im Jahr 1939 ereignet, ist zwar nicht lebensbedrohlich für die Bewohner des Buchenhauses, aber es erfüllt sie und die Eigentümer, die Familie von Hofacker, gleichermaßen mit Trauer. Wilhelm Hausenstein schildert diese Begebenheit in der sehr subtilen Erzählung »Ein Baum ist gefallen«, die unter seinem Pseudonym »Johann Armbruster« 1940 in dem von Max von Brück herausgegebenen Buch »Im Lauf der Zeit. Arbeiten eines Feuilletons«

erstmals erscheint. Das Pseudonym, unter dem Wilhelm Hausenstein auch häufig in der »Frankfurter Zeitung« schreibt, geht auf seinen Urgroßvater Johann Armbruster zurück: *Flößermeister in Wolfach, auf der Kinzig; ein Mann, nicht kalibriger als ich, aber zehnmal so stark, fällte sich seine Tannen selbst, steuerte das von ihm selbst gebundene Floß an Köln vorbei bis in den holländischen Rhein hinaus und wurde in blauen, auch kaffeebraunen Fräcken gesichtet auf der Postkutsche nach Paris, wenn er »heimfuhr« (Holland – Paris – Wolfach).*

Hausenstein beginnt seine Erzählung damit, dass er an einem milden Frühlingstag 1939, unlustig am Schreibtisch sitzend, plötzlich *ein unverständliches Rauschen* [hört]. *Es erhob sich hinter mir im Freien und tat, als käme es von Strömen aus lauter Seide, von Kaskaden aus Taft. Wie wenn man sich aber in Augenblicken unvermittelter Gefahr durch behende Zusammenfassung und Wendung der Sinne, der Begriffe über einen rätselhaften Vorgang schnelle Rechenschaft gibt, so machte sich's auch da: nach zwei Sekunden war mir gewiß, das Rauschen könne bloß von der gewaltigen Buche herrühren, welche den Garten und das Haus beherrschte. Vom Augenblick solcher Besinnung an hätte man auf drei zählen können, da folgte dem Rauschen, das auch dem Geflüster eines ungeheuren Chores ähnlich war, erst ein ansetzendes Ächzen und Röcheln, dann ein kurzes, verendendes Stöhnen – so stark zwar nur, daß ich es, im Aufspringen und erschreckten Hinschauen, für das Krachen eines niederbrechenden Astes nehmen wollte. Doch lag, als ich am Fenster ankam, weggestreckt der gesamte riesige Baum darnieder!* [...] *Ich stand entsetzt – und freilich auch im ersten Augenblick schon sanfter verwundert, darüber nämlich, daß eine so gewaltige Buche eines doch so gelinden, so raschen, ja beiläufigen Todes zu sterben vermöge, der eigentlich gar kein Wesen von sich gemacht habe, obwohl die hingeschleuderte Krone, der geknickte Schaft nun mit kolossalischer Fruchtbarkeit unter unbarmherzig mattblankem Tage lag. Der Ton, mit welchem die Buche ihr Leben gelassen hatte, war kein greller Aufschrei gewesen, kein Getöse, kein Donner, vielmehr, in der Hauptsache wenigstens, ein außer allem Verhältnis mäßiges Aufseufzen junger Blätter: wie eine Sourdine* [Dämpfer bei Musikinstrumenten] *hatte es den Knack des Berstens gedämpft.* [...] *Ich machte den Gang um die gefallene Blätterkrone, und es war ein weiter Weg, voll schmerzlichen Staunens darüber, daß etwas so Lebendiges wie all dieses aufschäumende Laub nun schon dem Reich des Abgeschiedenen zugehöre. Und freilich hatte der Tod auch da noch sein besonderes Grauen. Die Luft um den Bruch des Stammes herum – über der Wurzel war er geborsten – hatte einen Geruch angenommen, in dessen Kreis zu treten ich mich unwillkürlich erst hütete: es ging ein Dunst von der Wunde aus, der an den Gestank erinnerte, den aufgegrabene Erde über einer verletzten Gasleitung entsendet. Als ich der zerrissenen Stelle dennoch näher trat, da drang der missliche Gruftgeruch mit unerträglicher Heftigkeit auf mich ein – die Wurzel aber, über welcher der Stamm gebrochen und in seinem gelblich, auch rosa leise angetönten Fleisch wüst zerspellt war, stak in der Tiefe so schwarz wie Kohle oder wie ein fauler Zahn. […] Wie, wenn ich unter der weit ausladenden Buche, was ich so gern zu tun pflegte, im Rasen gelegen wäre? Aber die alte Buche hatte es auf keinerlei Zerstörung abgesehen. Genau so war sie gestürzt, wie sie mußte, wenn sie nichts Lebendes verletzen wollte; […].*

1937

Mit welch perfiden Methoden die Nationalsozialisten öffentlich Menschen verhöhnen, bekommt die 15-jährige Renée-Marie im August 1937 zu sehen. In der Ausstellung »Entartete Kunst« in den Münchner Hofgartenarkaden werden 650 konfiszierte Kunstwerke aus 32 deutschen Museen und Sammlungen gezeigt, girlandenartig umrankt von niederträchtigen Kommentaren. Die Bilder und Skulpturen, gleichgesetzt mit Zeichnungen von geistig Behinderten und kombiniert mit Fotos von verkrüppelten Menschen, werden angeprangert als *Erzeugnisse einer geistigen Inflation* und *Arbeiten von jenen Nichtskönnern, die Dank einer schamlosen Werbung durch die jüdische Presse tonangebend geworden* seien. Als einen *Riesenerfolg* beurteilt Propagandaminister Joseph Goebbels die Ausstellung auf Grund der Besucherzahlen bis November 1937. Er übersieht dabei, dass viele von den rund zwei Millionen Besuchern den derart geschmähten Künstlern die letzte Reverenz erweisen. Auch Hausensteins gehören dazu. Gemeinsam mit den Eltern schaut sich Renée-Marie die Werke der ihr meist unbekannten Künstler an. Vor einer mit grobem Sackleinen bespannten Wand bleibt der Vater abrupt stehen und presst schmerzhaft ihre Hand. *Dort waren mit glänzend schwarzen Buchstaben die Namen jener gedruckt, die sich erlaubt hatten, über dergleichen »entartete« Kunst Lobenswertes zu schreiben. Und hier stand also auch der Name WILHELM HAUSENSTEIN in grellem Licht!* Renée-Maries Herz beginnt wie wild an zu pochen. Was die Nennung seines Namens in dieser Ausstellung bedeutet, muss ihr keiner erklären.

Wilhelm Hausenstein hat das Gefühl, als würden sich die Stricke um ihre Hälse enger zusammenziehen. Ihn beunruhigt die Bemerkung in einer Schulbeurteilung, Renée-Marie müsse *ruhiger und bescheidener werden*. Die 15-Jährige ist lebhaft und nicht ohne Selbstbewusstsein. Hausenstein macht ihr immer wieder von Neuem klar, dass sie vorsichtiger sein müsse, sich mehr zurücknehmen, möglichst im Hintergrund halten solle. Ihre Unbekümmertheit und eine spontane, unbedachte Äußerung könnten ihnen allen sehr schaden. Nachdem die Schwester Oberin sich gegenüber Hausensteins für das Verhalten jener Schülerin

Renée-Marie in ihrem Zimmer im Buchenhaus, um 1937.

entschuldigt und versichert hat, dass sich so etwas nicht wiederholen werde, hat Renée-Marie keine weiteren Anfeindungen von ihren Mitschülerinnen zu spüren bekommen. Dennoch empfindet sie sich als Außenseiterin, vor allem wenn ihre Klassenkameradinnen es ganz wichtig haben und über ihre Unternehmungen im »Bund deutscher Mädchen« reden, über die Sportveranstaltungen, Abende am Lagerfeuer, ihre Uniformen. Kurz entschlossen melden die Eltern sie an der St.-Irmengard-Schule mit angeschlossenem Internat in Garmisch-Partenkirchen an. Im Kreise ihrer neuen Mitschülerinnen fühlt sich Renée-Marie von Anfang an wohl, und von Heimweh ist keine Rede. Im Gegenteil, sie ist erleichtert, den ständigen Ermahnungen des Vaters, der oftmals bedrückten Stimmung im Elternhaus und der besonders strengen Erziehung und kontrollierenden Aufsicht von Margot eine Zeit lang entronnen zu sein.

Offenbar klingen Renée-Maries Briefe aus Garmisch recht unbeschwert, und Wilhelm Hausenstein scheint den Eindruck zu haben, dass seine Tochter sich zu unbesorgt verhält. Jedenfalls weist er sie eindringlich darauf hin, sie dürfe auch an dieser Schule wie überall als *Halb=Arierin* [...] *nie auffallen*. *Nicht aus Ängstlichkeit, sondern mit dem Stolz der gebotenen Zurückhaltung. Es muß gerade hier (wie übrigens in allen Lagen eines vornehmen Mädchens, einer vornehmen Frau überhaupt) Dein Bestreben sein, mit der äußersten* Diskretion *aufzutreten. Ein großer Dichter hat gesagt:* »Die Frau ist die beste, die nicht auffällt und von der man* nicht *spricht.«*

Wilhelm und Margot Hausensteins Erwartungen, die sie in ihre Tochter setzen, sind hoch und ihre Anforderungen von einer Heranwachsenden nicht leicht zu erfüllen. Ihre Erziehungsvorstellungen sind geprägt von humanistischen und christlich-religiösen Idealen. Selbstdisziplinierung und Selbstkontrolle haben für Wilhelm Hausenstein und, wenn nicht noch mehr, für Margot einen hohen Stellenwert. Hausenstein versteht unter Selbstdisziplin, wie er am 3. Mai 1937 an Renée-Marie schreibt, *die Noblesse, den anderen zu dienen*. Eine wahrhaft nicht leicht verständliche Formulierung, schon gar nicht für eine 15-Jährige. Seinen mehrere Seiten umfassenden Brief beginnt er damit:

Es liegt mir (und übrigens nicht minder Maman) schwer auf der Seele, dass Du Dich im Charakter nicht so entwickelst, wie wir es erhofft hatten. Renée-Maries leicht entzündbares Herz treibe sie nicht an, für andere etwas zu tun, Opfer zu bringen und zu verzichten. *Wenn das so weitergeht, dann wirst Du zwar* gewiss *nicht ein* böser *Mensch (der also tätig etwas Böses verwirklichen würde), wohl aber ein Mensch, der nicht viel Gutes tätig bewirkt, nämlich aus* Trägheit des Herzens, *aus Gleichgültigkeit gegen die übrige Welt, aus einem bequemen (für Dich bequemen)* Egoismus; *aus einer naiven Gewohnheit, immer bloß das zu wollen und zu tun, was* Dir angenehm *ist. Liebe Maria* [W. H. nannte sie erst in späteren Jahren Renée-Marie.], *mit dieser Haltung* kommst Du nicht weit, *und ich sage Dir: wenn Du, was Gott verhüte, mit dieser selbstsüchtigen Haltung in die Ehe gehen solltest, die Dir vielleicht bald beschieden ist, dann wird es weder für Deinen Mann noch für Dich eine gute, richtige, wohltuende Ehe sein. Denn eine Ehe führen, bedeutet: fortwährend einen sehr großen Teil des eigenen Selbst zum Opfer bringen. [...] Sodann: ich sehe nicht, dass Du Dir des* entscheidenden *Wertes der Religion so sehr bewusst bist, wie es gerade in dieser Zeit sein soll. Die Hirten (Bischöfe. Klerus) tun nicht mehr genug. Umso mächtiger fällt die Verantwortung dafür, dass gottgefällig gelebt werde, auch auf jeden einzelnen Laien! Nicht als ob Du nicht fromm wärest. Gott sei Dank, Du bist es, und ich glaube auch, Du bist* gescheit *genug, um* immer *fromm zu bleiben (denn bloß die Dummen, die sich zwar für superklug halten, sind unfromm, die Gescheitheit aber ist immer und überall zu Gott vorgedrungen). Ich könnte mir aber denken, dass Dein religiöses Leben sich (wie bei fast allen Menschen)* verstärken *ließe und dass Du auf diese Weise, wie an echter Fröhlichkeit, so auch an tätiger Menschenliebe gewönnest und zunähmest. Dafür solltest Du Dir einen bedeutenden Beichtvater suchen: bei den Benediktinern in St. Bonifaz, oder bei den Jesuiten in St. Michael. Maman würde Dich sicher sehr gern begleiten.*

Meine liebe Maria, von allen diesen Angelegenheiten, die zum Teil rechte Sorgen sind (z. B. wegen Deiner Herzensträgheit, Deiner naiven Selbstsucht), wollte ich Dir schreiben. Denn all dies liegt mir bis tief in die Nacht auf der Seele.

Herzensträgheit und Selbstsucht vorgeworfen zu bekommen, vor allem vom sehr verehrten Vater, trifft Renée-Marie hart. Seine weit ausholenden, pädagogischen Ausführungen tragen außerdem noch zu ihrer Verwirrung bei. Renée-Marie hatte lediglich um die Erlaubnis gefragt, am Ausflug einer Gruppe junger Leute zur Wieskirche teilnehmen zu dürfen. Auf dieses eigentliche Anliegen seiner Tochter geht Hausenstein, der vermutlich den Fahrkünsten der jungen Leute misstraut, erst ganz zum Schluss seines Briefs ein: *Der ganze Gedanke dieses Ausflugs im Auto gefällt mir nicht sehr – er überzeugt mich nicht davon, daß er*

Dir, Deinen Jahren, Deinem inneren und äußeren Wohlsein gemäss sein würde. [...] *Und hier ist nun eine gute Gelegenheit für Dich, durch einen Verzicht, durch eine Enthaltung Dich vor Gott und uns zu bewähren: als ein junges Mädchen, das (auch gegen seine eigene Idee) darauf* <u>*vertraut,*</u> *daß die Eltern recht haben.*

Renée-Maries charakterliche und geistige Entwicklung scheint ihn nicht zufriedenzustellen. Vor allem vermisst er bei ihr die Beschäftigung mit ernsthaften Dingen und fordert sie auf, *täglich nur 10 innige Minuten der Lektüre* zu widmen. Als das junge Mädchen die Eltern einmal darum bittet, an einem von ihrer Klasse geplanten Tanzvergnügen teilnehmen zu dürfen, will Hausenstein es ihr anscheinend nicht rundweg verbieten. Nach einigem Hin und Her antwortet er ausweichend, Voraussetzung sei, dass *von Seiten des* <u>*Klosters*</u> *keine Einwendungen dagegen erhoben werden (*<u>*aber auch nicht die leisesten*</u>*)*.

Renée-Marie ist keine sonderlich ehrgeizige Schülerin, was dem Vater zusätzliche Sorgen bereitet. Um ihr zu besseren Noten zu verhelfen, setzt sich Wilhelm Hausenstein oft noch nach anstrengenden Redaktionstagen bis spät in die Nacht hin, wie er betont, und verfasst Gliederungen für ihre Schulaufsätze und Gedichtinterpretationen. Wie viele Eltern, die nicht mehr ganz jung sind und nur ein einziges Kind haben, neigen auch Wilhelm und Margot Hausenstein zur Überbesorgnis und Überbetreuung. Als sie beispielsweise Renée-Marie zum Nikolaustag 1937 eine Skiausrüstung ins Internat schicken, gibt der Vater ihr brieflich Anweisungen, wie sie die Skier tragen soll: [...] *die Spitzen nach oben (Skis [sic] geschultert);* <u>*oder*</u> *Skis schräg unterm Arm und* <u>*dann*</u> *die Spitzen nach unten; die Stöcke in der andern Hand, die Spitzen auf den Boden aufstoßend.* Außerdem erteilt er ihr schriftlich Skiunterricht: *Beim Kehren den einen Ski (Spitze) tüchtig hochwerfen und dann beim Niedersetzen* <u>*recht dicht*</u> *mit dem* <u>*drehenden*</u> *Fuß an den* <u>*stehenden*</u> *Fuß heran, derart, dass beide Füße gleichsam einen festen Stamm bilden.* [...] *Sieh zu, dass Du Dir nicht wehtust.* Und Margot ermahnt sie: *Beim Hinfallen muß man jetzt nass werden. Bitte fang nur bei sehr schönem* <u>*Pulverschnee*</u> *an. Pappschnee ist auch gar kein Vergnügen, verdirbt die Lust an der Sache. Wir trauen Dir Verantwortlichkeit, Gewissen und* <u>*Selbständigkeit*</u> *genug zu, daß Du Dein Fahren nicht bei nassem Schnee anfängst.* Renée-Marie möge, so fügt sie abschließend hinzu, *am Samstag Vormittag halbzehn ein Gebet für Grossmamas arme Seele* beten. [Wilhelm Hausensteins Mutter war am 27. November 1937 verstorben.]

1938–1939

Was die 16-jährige Renée-Marie machen soll, nachdem sie die Abschlussprüfung bestanden und die Mittlere Reife erlangt hat, *weiß der liebe Gott*, schreibt Hausenstein an Freund Picard am 5. März 1938. Die Eltern wissen es offensichtlich nicht, und auch Renée-Marie scheint keine Vorstellungen zu haben. Ins Internat hat Hausenstein ihr noch geschrieben, sie brauche sich keine Sorgen machen, denn er habe in seinem Leben *mehr und mehr die unmittelbare, reale Wahrheit des Bibelsatzes erfahren: »Sorget nicht für den kommenden Morgen, der kommende Tag wird für das Seine sorgen.« Gewiß, man soll nicht gedankenlos in die Zukunft schauen; man <u>soll</u> Perspektiven haben; aber man soll sich <u>nicht beunruhigen</u>, nicht sich quälen! Laß es Dir gesagt sein. Um Deine Zukunft ist mir im Grund nicht bange. Es braucht Dir auch nicht bang zu sein. Deine Eltern machen <u>jeden</u> menschenmöglichen Einsatz für Dich.* Anscheinend halten die Eltern es nicht für ausgeschlossen, wie der Vater in einem seiner Briefe erwähnt, dass ihrer Tochter *vielleicht schon bald die Ehe beschieden* sein

Renée-Marie, 1938.

könnte. Da liegt es nahe – möglicherweise ist es die Entscheidung der ebenso praktischen wie resoluten Margot –, sie fürs Erste in die Lehre bei der drallen, rotbäckigen bayerischen Köchin der Hausensteins, Libosa, zu geben. Zwar hat Renée-Marie später nie mehr an einem gewaltigen Küchenherd wie dem im Buchenhaus gekocht, der noch mit Briketts oder Holz beheizt werden musste, aber von der Kochkunst der tüchtigen Libosa hat sie nach eigener Aussage sehr profitiert.

Auch wenn Wilhelm Hausenstein prinzipiell der traditionellen Vorstellung anhängt, dass »die Frau« im Hintergrund des Mannes zu stehen hat, möchte er dennoch seine Tochter geistig fördern und ihr die für ihn maßgeblich wichtigen Dinge nahe bringen. Auf Grund seiner persönlichen Kontakte erreicht er schließlich, dass die 16-jährige Renée-Marie ohne Abitur an der Münchner Universität Vorlesungen in Kunstgeschichte und bei dem berühmten Artur Kutscher Literatur- und Theaterwissenschaft hören darf. Verständlicherweise gefällt das Renée-Marie besser als das Erlernen von Haushaltsführung unter der gestrengen mütterlichen Regie. Leider bleibt ihre Sonderstellung der Universitätsleitung auf Dauer nicht verborgen. Um den Professoren keine größeren Schwierigkeiten zu bereiten, fügt sich Renée-Marie dem Wunsch des Vaters und macht eine Ausbildung an der Handelsschule Sabel. Das hat immerhin für sie den Vorteil, in München bleiben zu können, wo sie in der Ohmstraße 13 bei einer Bekannten der Familie zur Untermiete wohnt und weiterhin freundschaftlichen Kontakt zu Studenten und anderen jungen Leuten haben kann.

1940

Wie lang, fragt sich Wilhelm Hausenstein, wird er als »arischer Ehemann« noch ein Schutz für seine Frau sein? Der Kreisleiter von Starnberg hat gegen Margot, die 1934 die belgische Staatsangehörigkeit zurückerworben hat, eine Ausweisungsverfügung erlassen. Nur ein Eingreifen der Herausgeber von der »Frankfurter Zeitung« kann letztlich verhindern, dass Margot als Jüdin und Ausländerin ausgewiesen wird. Das Netz um sie herum wird spürbar engmaschiger. Tutzings Ortsschild trägt zwar noch nicht den Hinweis »judenfrei«, aber die Bestrebungen des Bürgermeisters Karl Seemann, der aus seiner nationalsozialistischen und antisemitischen Gesinnung keinen Hehl macht, gehen dahin, zumindest jüdische Gäste und Erholungsuchende fernzuhalten. Auf eine Anfrage des Hoteliers Max Simson bei der Gemeinde wird diesem erklärt, dass gegen öffentliche Anpöbelungen seiner jüdischen Gäste nichts unternommen werde, da sie im Südstrandbad *nicht erwünscht* seien. In Flugblättern, öffentlichen Anschlägen und in der Presse wird Max Simson als *Judenknecht* und *entarteter Volksgenosse* diffamiert.

Im Juli 1940 erlebt Margot Hausenstein – vielleicht zum ersten Mal –, dass jemand seine antisemitische Haltung ihr gegenüber in aller Öffentlichkeit zum Ausdruck bringt. Renée-Marie erfährt von diesem Vorfall erst Jahrzehnte später, als sie 1999 an der Elisabeth-von-Thadden-Schule in Heidelberg-Wieblingen einen Vortrag »Überleben unter Hitler: in Tutzing und im Exil« hält. In der Festschrift zum 60. Jahrestag der Schule wird an die Feier zum 50. Geburtstag von Elisabeth von Thadden im Juli 1940 in Tutzing erinnert und aus einem Geheimbericht der Gestapo zitiert: *Der Leiter des benachbarten und mit Fräulein von Thadden befreundeten Landschulheimes Schondorf, Reisinger, hielt die Festrede und betonte, daß hier das religiöse Leben noch hochgehalten würde und daß sich das Landeserziehungsheim Tutzing und Schondorf dies religiöse Leben auch von keiner Macht rauben ließe. Nach dieser Ansprache führten die Schülerinnen Szenen aus Shakespeare's »Sommernachtstraum« in englischer Sprache auf, wobei als Ehrengäste in der vordersten Reihe die Volljüdin Hausenstein zwischen der Th. und dem*

Pfarrer Frommel saß. Bei der nachfolgenden Defiliercour gratulierte auch die Ortsfrauenschaftsleiterin von Tutzing, Baronin Reichlin von Meldegg, dem Frl. von Thadden. Neben der Th. stand die Volljüdin Hausenstein. Frl. von Thadden sagte: »Darf ich bekannt machen? Frau Hausenstein.« Die Ortsfrauenschaftsleiterin sagte darauf mit lauter Stimme: »Nein.« und verließ mit »Heil Hitler« die Gesellschaft.

Einige Seiten weiter heißt es: *Die Reaktion der Thadden auf die Vorgänge bei ihrer Geburtstagsfeier bestand zunächst darin, die allgemeine Empörung der Tutzinger »Gesellschaft« über die »Taktlosigkeit« der Baronin Reichlin zu schüren, um dann bei Frau von Reichlin Anschluß zu suchen und von Frau Hausenstein abzurücken. Der Schulleiter, Dr. Fink, machte einen Bericht an das Bayerische Staatsministerium für Unterricht und Kultus (16.12.1940) wo er – nicht ganz sachgetreu – geltend macht, daß Frau Hausenstein nach sehr viel anderen Gratulanten »einfach zum Zwecke der Gratulation und zwar nicht etwa allein, sondern an der Seite ihres arischen Ehemannes« erschienen sei und daß sie, um Frl. von Thadden »die Möglichkeit von Mißverständnissen zu ersparen«, das Landeserziehungsheim nicht mehr betreten werde.*

Zum besseren Verständnis muss Folgendes nachgetragen werden: Im Oktober 1939 hatte Elisabeth von Thadden, die dem ostpreußischen Landadel der Thadden-Triglaffs entstammte und eine überzeugte Protestantin war, mit ihrem Mädchenpensionat im Tutzinger Hotel »Simson« Quartier bezogen. Mit diesem Arrangement war sowohl Frau von Thadden als auch der Familie Simson geholfen. Den Institutsbetrieb an seinem bisherigen Standort im Schloss Waiblingen hatte die Schulleiterin eingestellt, da die Eltern ihrer Schülerinnen die nahe Grenze zum »Erzfeind« Frankreich und Bombardierungen fürchteten. Max Simson wiederum, der angesichts der politischen Lage und des nachlassenden Fremdenverkehrs kaum noch wusste, wie er über die Runden kommen sollte, zumal er sein Saisonhotel ohnehin nur während der Sommermonate öffnete, war froh über die Anfrage der Frau von Thadden, das Hotel ganzjährig zu pachten.

Seit dem Sommer 1940 hatten die Verdächtigungen gegen Frau von Thaddens Institut zugenommen, wobei die 13-jährige Tochter jener NS-Frauenschaftsleiterin von Tutzing, einer früheren Volksschullehrerin, die nach Renée-Maries Erinnerung *weithin recht unbeliebt war und nach Hitlers Untergang Selbstmord beging*, eine nicht unerhebliche Rolle gespielt haben soll. Das Mädchen besuchte als Externe den Unterricht im Hotel »Simson« und wurde, wie es heißt, von ihrer Mutter angehalten, im Unterricht »Gesinnungsmängel« zu registrieren. Das

Ergebnis der Denunziationen war, dass die Schule von November 1940 an vom bayerischen Kultusministerium wiederholt aufgefordert wurde, Stellung zu nehmen. Im Englischunterricht hätten die Schülerinnen das Lied »Rule, Britannia! Britannia, rule the waves: Britons never will be slaves« lernen müssen, und bei der Schulfeier anlässlich des Waffenstillstands zwischen Deutschland und Frankreich wären zwei alttestamentliche Psalmen, mithin jüdische Gebete, gesprochen worden. Außerdem wurde bemängelt, dass die Schülerinnen die Bewohner Tutzings nicht grüßten, und wenn, dann selten mit dem »Deutschen Gruß«. Am 26. und 28. Februar 1941 kam es schließlich auch zu Verhören von Elisabeth von Thadden, des Schulleiters Dr. Fink, von Lehrkräften und von Pfarrer Frommel durch die Gestapo und den Sicherheitsdienst (SD), Leitstelle München.

Im Februar 1941 wurde die Genehmigung zur *gastweisen Unterbringung in Bayern* schließlich zurückgezogen, da Elisabeth von Thaddens Landeserziehungsheim *eine verkappte konfessionelle Schule und mit ihren vielen Schülerinnen aus dem Adel eine abgehobene Standesschule* wäre, die somit keine Gewähr für eine nationalsozialistische Erziehung böte. Ostern 1941 kehrte die Schule nach Heidelberg zurück und wurde bald darauf verstaatlicht. Elisabeth von Thadden durfte fortan keine Schule leiten. Sie betätigte sich in den folgenden Jahren in Berlin im Präsidium des Deutschen Roten Kreuzes und als Schwesternhelferin. Als Mitglied des »Solf-Kreises«, benannt nach Hanna Solf, in deren Wohnung sich Gegner des Nationalsozialismus bei sogenannten Teegesellschaften zum Austausch trafen, wurde auch sie schließlich im Januar 1944 in Meaux (Frankreich) verhaftet, im Juli 1944 vom Volksgerichtshof unter dessen Präsidenten Roland Freisler zum Tod verurteilt und am 8. September in Berlin-Plötzensee hingerichtet.

Das kompromittierende Verhalten der Tutzinger NS-Frauenschaftsleiterin bei der Geburtstagsfeier von Elisabeth von Thadden lässt Wilhelm und Margot Hausenstein in den folgenden Jahren offizielle Veranstaltungen im Ort meiden, und auch bei privaten Einladungen mit vielen Gästen üben sie Zurückhaltung. So sagt Hausenstein beispielsweise im Februar 1945 ihre Teilnahme an einer »Schubert-Feier« zum 60. Geburtstag ihres Freundes Rolf von Hoerschelmann mit folgender Erklärung ab: […] *aber Sie wissen, es ist nun so, dass wir uns in keinem grösseren* [sic] *Kreis zeigen, aus einer grundsätzlichen Erwägung, zu der wir vor Jahren einmal Anlass gefunden haben und die wir, wie um unsretwillen, so um der anderen willen, auch weiterhin zu respektieren für richtig halten müssen.*

Wenn Renée-Marie an den Wochenenden von München nach Tutzing herauskommt, empfindet sie die Stimmung im Elternhaus oft als bedrückend. Sie ist froh, wenn sie dem entfliehen und mit Tutzinger Freunden wandern gehen kann oder man sie zum Segeln einlädt. Doch dieses Vergnügen wird ihr im Sommer 1940 genommen. Etwas verlegen bittet sie eines Tages der Präsident des Segelvereins, mit dem sie in den vergangenen Jahren auch einige Male gesegelt ist, sie möge sich und den Mitgliedern *unter den gegebenen Umständen die Peinlichkeit ersparen* und sich zukünftig nicht mehr einladen lassen. Sie hat das Gefühl, als schlage man ihr eine Tür zur Außenwelt nach der anderen vor der Nase zu. Es kränkt sie so sehr, und sie würde sich gerne wehren gegen diese Ungerechtigkeit.

Man ahnt, dass das Verhältnis zwischen Eltern und Tochter nicht ungetrübt, sondern oft angespannt ist. An seinem Geburtstag am 17. Juni 1940 schreibt Hausenstein an Renée-Marie, dass sie beide im vergangenen Jahr ihre verschiedene Meinung *wohl etwas zu leidenschaftlich zum Ausdruck gebracht* [hätten], *da wir beide von dem nämlichen sanguinischen Temperament sind*. Auch wenn er ihr im Sachlichen nicht beipflichten kann, bedauert er sehr, *so heftig gewesen zu sein*, zumal er als der um 40 Jahre Ältere sich hätte mehr in der Gewalt haben müssen.

1941

Im Januar 1941 wird Renée-Marie überraschend von drei mit ihr befreundeten Geschwistern zu einem Skiurlaub am Arlberg eingeladen. Eine willkommene Abwechslung! Renée-Marie ist selig. Die zwei Schwestern und ihr Bruder sind etwa in ihrem Alter und auch halbjüdisch. Mit ihnen kann sie reden, ohne jedes Wort auf die Goldwaage legen zu müssen. Auf der Zugfahrt erzählen die Mädchen, dass man während ihrer Schulzeit ausgerechnet sie einmal unter ihren Klassenkameradinnen ausgewählt habe, Hitler bei einem offiziellen Auftritt einen Blumenstrauß zu überreichen. Er habe sie, beide blond und blauäugig, mit Wohlgefallen angelächelt und ihnen, *diesen kleinen Vorzeige-Ariern*, die Wange getätschelt.

Am Bahnhof Langen am Arlberg wartet auf Renée-Marie und ihre Freunde bereits ein Schlitten mit Maultiergespann. Die Fahrt unter dem Geläut der Geschirrglöckchen durch die tief verschneite Berglandschaft, beleuchtet von den Strahlen der untergehenden Sonne, ist Renée-Marie unauslöschlich in Erinnerung geblieben. Nachdem der Weg für die Maultiere zu eisig geworden ist und sie das letzte Stück zu dem kleinen, 1750 Meter hoch gelegenen Dorf Zürs zu Fuß aufgestiegen sind, quartiert man sie in einem kleinen Holzhaus mit Sprossenfenstern und dunkelgrünen Läden ein, das zum Hotel »Lorünser« gehört. Renée-Marie ist entzückt von dem gemütlichen Zimmer mit Waschschüssel und Wasserkrug aus Porzellan, dem bemalten Holzschrank mit Namen und Hochzeitsdatum der ursprünglichen Besitzer und dem mächtigen Daunenoberbett. Während des Auspackens hört sie aus dem angrenzenden Zimmer auf einmal ausgelassenes Gelächter. Sie weiß, dass die Geschwister noch einen Freund erwartet haben, der wohl angekommen zu sein scheint. Renée-Marie sagt, sie sei *wie gebannt* gewesen *von der voll tönenden Stimme des Fremden, die sie zuinnerst tief berührt* habe. Nie zuvor in ihrem Leben, noch danach, habe sie sich von einer Empfindung so überwältigt gefühlt, und sie habe gewusst, etwas unvergleichlich Wunderbares würde mit ihr geschehen.

Dann klopft jemand an ihre Tür. Es ist Jochen mit seinem Freund. Renée-Marie meint, sie sei wie geblendet von der Erscheinung des jungen Mannes gewesen. *Sein Haar mit dem Schimmer von poliertem*

Ebenholz, sein leicht olivfarbener Teint und seine haselnussbraunen Augen ließen sie an einen Italiener denken. *Diese Augen konnten vor Lebensfreude sprühen und im nächsten Moment düster und traurig blicken.* Der junge Oberleutnant Hans Graf von Hertling, von seinen Freunden Lupo genannt, ist beurlaubt worden von seinem Einsatz an der Westfront, um sich von einer schweren Schusswunde im Rücken, die glücklicherweise seine Wirbelsäule nicht in Mitleidenschaft gezogen hat, zu erholen.

Renée-Marie ist verliebt und erlebt zwei Wochen ungetrübten Glücks. Dann müssen sie zurück in die Realität, in der Krieg herrscht. Lupo, ein Enkel von Georg Graf von Hertling, Reichskanzler des deutschen Kaiserreichs von November 1917 bis September 1918, ist davon überzeugt, dass man ihn als Abkömmling eines ehemaligen Politikers gezielt an die gefährlichsten Frontabschnitte entsendet. In Kürze wird man ihn, kaum genesen von seiner Verletzung, davon geht er aus, mit einem motorisierten Stoßtrupp von seiner Basis nahe Wien auf den Balkan schicken. Vermutlich wird Renée-Marie ihn auf unabsehbar lange Zeit nicht wieder sehen. Den beiden jungen Leuten ist auch bewusst, dass sie ihre Beziehung geheim halten müssen. Gemeinsam mit Renée-Marie fährt der junge Mann zunächst nach Tutzing. Er möchte sich Wilhelm und Margot Hausenstein vorstellen und ihnen mitteilen, dass er und Renée-Marie sich als verlobt betrachten.

Um jede Minute bis zu seiner Weiterfahrt nach Wien auszukosten, begleitet Renée-Marie

Hans Graf von Hertling, Renée-Maries Verlobter, um 1940.

ihn am Abend nach München. In der Stadt liegt kein weiß glitzernder Schnee, der das düstere Schwarz des Himmels und das melancholische Grau etwas mildert. Schweigend und die Hand des anderen umklammernd, überqueren sie den Bahnhofsvorplatz. Unversehens stehen sie Ellen Bühler, einer Freundin Renée-Maries, in Begleitung eines jungen Manns gegenüber. Renée-Marie weiß, dass die beiden ein Paar sind und heiraten möchten. Sie meint zu sehen, wie Ellen, mit einem ängstlichen Blick auf den ihr unbekannten jungen Mann in Uniform neben Renée-Marie, etwas an ihrem dunkelgrauen Mantel zu verbergen sucht. Nachdem die Freundinnen sich umarmt haben und Lupo sich vorgestellt hat, scheint Ellen sich sicherer zu fühlen. Mit tonloser Stimme vertraut sie Renée-Marie an, dass sie in der ständigen Angst lebe, bei einem der nächsten Transporte nach Polen deportiert zu werden. Renée-Marie ist starr vor Schrecken. Sie umschlingt Ellen in ihrem hilflosen Entsetzen, und, nach Worten suchend, kann sie nur hervorstoßen: *Mein Gott, es muss doch etwas geben, um das zu verhindern!*

Die Erinnerung an dieses Zusammentreffen und wie der Begleiter ihrer Freundin in stiller Verzweiflung den Blick gesenkt habe, ist ihr noch heute unerträglich. Weil die Zeit gedrängt habe, hätten sie sich überstürzt verabschieden müssen. Danach habe sie Ellen Bühler nicht wiedergesehen. Erst nach dem Krieg sei ihr berichtet worden, dass ihre liebenswerte Freundin mit ihrem sommersprossigen Gesicht, ihren dunkelblonden, lockigen Haaren und blaugrauen Augen gezwungen worden sei, deutschen Soldaten hinter den Frontlinien zu Willen zu sein. Sie sei in einem Konzentrationslager umgebracht worden.

Die Wochen und Monate nach Lupos Abreise vergehen für Renée-Marie in Angst und bangem Warten. Die wenigen Briefe ihres Verlobten, *in einer sehr merkwürdigen, eher deprimierten Stimmung geschrieben*, geben ihr wenig Zuversicht. Sie kann an nichts anderes denken und stellt sich vor, dass er *mitten drin steht, und wer weiß – nein, es ist zu grausig. Man könnte verrückt darüber werden.*

Renée-Marie sieht Lupo nicht wieder. Klaus Ruppert, ein Kamerad, benachrichtigt sie am 17. April 1941: *Als wir von Horn weggingen, gab mir Lupo sein Bild mit Ihrer Anschrift und ich ihm meins mit der Anschrift einer bekannten Familie, wir sagten uns damals für alle Fälle, nun ist die Reihe an mir. Ich habe die traurige Pflicht, Ihnen zu schreiben, dass Lupo am 14.4.41 mittags fiel. Er fiel durch Splitter einer Fliegerbombe auf der Straße zwischen Ptolemais und Kozani, er hat nicht gelitten und war sofort tot. [...] Trösten kann ich Sie nicht, es hat uns selbst zu hart getroffen.*

Später erfährt Renée-Marie, dass Lupo wenige Minuten zuvor mit seinem Fahrer den Platz getauscht hatte, um ihm eine Erholungspause im Beiwagen des Motorrads zu gönnen, und dass jener überlebte.

Nach nur zwei Wochen ungetrübten Glücks und monatelanger Angst bleiben Renée-Marie einige wenige Fotos von Lupo und das von seinem Grab mit Holzkreuz und Helm auf dem Friedhof von Kozani in Westmakedonien/Griechenland. Schlimm ist für die 19-Jährige, dass die entsetzliche Nachricht sie in Maria Enzersdorf nahe Wien erreicht, wo sie ihr sogenanntes Pflichtjahr absolvieren soll. Niemand nimmt sie dort in ihrer Verzweiflung in die Arme. Nur in einem Telegramm können die Eltern sie ihrer innigen und liebevollen Gedanken versichern. Am 1. Mai 1941 schreibt Renée-Marie:

Liebste Eltern!
Meine ersten Zeilen nach diesem Unglück gehen zu Euch. Was Schlimmeres hätte mich nicht mehr treffen können, ich kann auch gar nichts mehr dazu sagen, als bitterlich weinen, Stunde um Stunden und nach dem Sinn meines Lebens suchen. Ich habe Lupo heiß und innig geliebt und war ihm das, was ihm und mein Leben bedeutete, und ich wäre seine Frau geworden. Warum der liebe Gott ihn mir genommen hat, weiß ich nicht, ich bete und wünsche nur, er möge ihn zu sich genommen haben und möge mir Kraft geben, mein Schicksal zu tragen. Wie hart es ist, kann ich mit Worten nicht sagen, und so küsse ich Euch und bin Eure zutiefst trauernde Renée-Marie. Ich danke Euch innig für das Telegramm; es tat so wohl.

Sie hadert in ihrem fassungslosen Schmerz mit dem Schicksal, das ihr Lupo genommen hat. Wilhelm Hausenstein ist darüber wohl zutiefst beunruhigt, denn er antwortet umgehend in ungewohnt großer, erregt wirkender Schrift und mit zahlreichen Unterstreichungen. Er beschwört seine Tochter, nicht zu denken, *daß L. »umsonst« gefallen sei. Er ist es höchstens von einem zeitweiligen, irdenen Gesichtspunkt oder Zweck her.* [...] *Er ist aber nicht umsonst gefallen, auf gar keinen Fall umsonst, da man das Ereignis aus der Perspektive des Ewigen sehen muß: und kein Mensch fällt (stirbt) außerhalb des göttlichen Weltplans.* [...] *Als Menschen können wir diesen Plan nur glauben, was viel geistigen Mut, viel geistige Kühnheit (aber keinen Hochmut) verlangt. Hat man diesen Mut, ist man über die eigenen irdenen Grenzen emporgestiegen (ohne vermessen zu sein), so wird plötzlich ganz klar, und zwar über alles blosse* [sic] *»Wissen« hinaus (wie Wissen ja viel weniger* *ist als Glauben): jawohl, dieser göttliche Weltplan existiert, auch wenn wir seinen Inhalt nicht begreifen; er existiert und ist die eigentlichste Wirklichkeit.*

Hierzu ist nachzutragen, dass Wilhelm und Margot Hausenstein an Ostern 1940 gemeinsam konvertiert sind. Sie seien, so Hausenstein, *in der Heimlichkeit, in einer wahrhaft katakombenhaften Heimlichkeit katholisch geworden, womit eine seit den zwanziger Jahren sich vorbereitende Entwicklung ihren Abschluß fand.* Da Margots Konversion *gegen eine Verfügung der Nazis »verstieß«,* habe Luitpold Kuhnmünch den Akt bei ihnen zu Hause vollzogen. Eine enge Freundschaft verband den seit 1935 in Landsberg am Lech amtierenden Stadtpfarrer mit Hausensteins, seitdem er 1932 als Kaplan nach Tutzing gekommen war. W. E. Süskind, der Wilhelm Hausenstein sehr gut kannte, findet folgende Erklärung dafür, weshalb dieser im Alter von 58 Jahren sich für den katholischen Glauben entscheidet: *Man tut dem Konvertiten Hausenstein wohl nicht unrecht, wenn man seinen Katholizismus (gerade wegen eines gelegentlichen Eiferns) aufgebaut findet auf Grundlagen seiner evangelischen Herkunft und Erziehung, und wenn man seine Hinwendung zum homo religiosus und zum ordo ecclesiae vorbereitet sieht in der nicht unmittelbar kirchengläubigen, sondern philosophischen Grundlage des Mannes.* Und Max Picard schrieb seinem Freund am 14. Oktober 1945, nachdem er von dessen Konversion erfahren hatte: *Ich weiss* [sic] *auch, dass dein* [sic] *Katholizismus nicht der Traktätchenkatholizismus ist, auch nicht der harte, bloss* [sic] *apologetische, sondern jener, wie er bestand vor der Reformation, als der Protest gegen das Unheil und die Liebe zum Heil noch beieinander waren im Katholizismus.* Renée-Marie ist sich sicher, dass Margot nicht aus Überzeugung, sondern nur ihrem Mann zuliebe sich damals hat katholisch taufen lassen.

Seit Anfang April 1941 hat Renée-Marie eine Stelle bei der Baronin Passavant, die in ihrem Schloss eine Privatpension für Knaben unterhält. Über Beziehungen der Eltern ist ihr diese Stelle vermittelt worden. Weibliche Jugendliche unter 25 Jahren, die eine berufliche Ausbildung anstreben, müssen seit dem 15. Februar 1938 ein Pflichtjahr absolvieren, in der Landwirtschaft oder im Haushalt kinderreicher Familien, überall da, wo es an Arbeitskräften mangelt. Wilhelm Hausenstein hofft, dass die Arbeit von amtlicher Seite angerechnet und für seine Tochter erträglich sein wird. Es ist für Renée-Marie eine völlig neue Erfahrung, und am liebsten wäre sie sofort wieder heimgefahren, denn bei der

Baronin Passavant, berichtet sie in einem ersten Brief, herrschten unglaubliche Zustände. Ihre Arbeit bestehe vorrangig darin, dreckige Böden zu schrubben, die Nachttöpfe der Buben auszuleeren und dergleichen. Der Vater räumt ein, dass die Stelle vielleicht *nicht ideal* zu sein scheine, aber so redet er ihr liebevoll zu*: Deine angeborene Reinlichkeit und Energie werden Dir helfen, bald alles um Dich herum sauber zu machen; es ist nur eine Willens- und Kraftprobe, aber ich bin überzeugt, daß Du sie bestehst.* Wenn Renée-Marie, was er verstehen könne, das Ausleeren der *Potschamberln* [Nachttöpfe] anwidere, so solle sie versuchen, diese Arbeit loszuwerden, allerdings möglichst auf indirektem Wege. *Du darfst es nicht so behandeln, daß Du Dich einem förmlichen Refus der Baronin aussetzest; sonst ist es eine »Niederlage« für Dich, und so etwas vermeidet man besser.* Etwas energischer reagiert er jedoch, als Renée-Marie nach wenigen Wochen am liebsten abbrechen möchte und meint, stattdessen als *Haustochter, wie das die jungen Mädchen vor dem Kriege 14 auch waren,* nach Hause zurückkehren und ihrer Mutter helfen zu wollen. Es bleibe ihr gar nichts anderes übrig, als dort zu bleiben, damit ihre Arbeit *nachher im Zeugnis auch wirklich als Pflichtjahr=Arbeit anerkannt wird.* Sie müsse die Situation mit der gebotenen Objektivität betrachten und als unausweichlich hinnehmen. *Vergiß nicht, daß die allermeisten Mädchen Deines Alters in keiner besseren Lage sind und daß das Leben heutzutage eben so aussieht; für die meisten Mädchen Deiner Generation ist dies normal.* Selbstredend will der Vater alles Erdenkliche tun, um ihr für den 1. Oktober eine andere Halbjahresstelle zu besorgen. Margot schlägt einen resoluten Ton an, auch wenn sie ihre Tochter *ma porcelaine* [mein Kostbares], *ma poupée* [mein Püppchen] oder *ma petite Bien-Aimée* [meine kleine über alles Geliebte] nennt: [...] *ça ira et ... ça ira* [...] [das wird schon ... das wird schon]. Sei Renée-Marie nicht ihre Tochter? Habe sie denn nicht von ihr die Fähigkeit geerbt, alles zum Besten zu wenden, und gehöre ihre Tochter nicht wie ihre Mutter zu den Frauen, die sofort Hand anlegen, wo immer es nötig ist? *Tapferle, Tapferle!* Habe Renée-Marie nicht selbst gesagt, dass sie zu jeder Arbeit bereit sei bei dem Gedanken an Lupo und seine Kameraden und an das, was diese auszuhalten hätten?

Nun ist Lupo tot und Renée-Marie will nur noch weg aus diesem grässlichen Schloss, heim zu den Eltern, wie aus Wilhelm Hausensteins Brief vom 2. Mai hervorgeht. Der Vater bittet sie nochmals inständig, *in diesem schmerzlich angespannten Augenblick* nicht unbesonnen zu handeln und ihre Zelte dort nicht ganz und gar abzubrechen, sondern zumindest die Entscheidung des dortigen Arbeitsamts abzuwarten. *Es ist sehr schwer, ordentliche Pflichtjahrstellen zu finden – viel schwerer, als Du Dir denkst.* Würde sie nach Tutzing zurückkehren, wäre nicht mehr das Arbeitsamt München, sondern das in Weilheim für sie zuständig, wo er niemanden kenne, und es gäbe keine Gewähr dafür, dass sie nicht zu *irgendeinem Kriegshilfsdienst (Munitionsfabrik usw.)* eingezogen würde.

Die Eltern geben schließlich nach. Sie sehen ein, dass Renée-Marie psychisch nicht durchhalten wird. Sie ist völlig verstört. Nach ihrer Rückkehr ist sie nur fähig zu essen, zu trinken und zu schlafen, kann sich auf nichts konzentrieren, geschweige denn über ihre Zukunft nachdenken. Um sie aus ihrer Depression herauszuholen und sie abzulenken, nimmt Wilhelm Hausenstein seine Tochter auf eine berufliche Reise nach Wien und Salzburg mit.

Da Renée-Marie das Pflichtjahr nicht zu Ende gebracht hat, muss anschließend erneut überlegt werden, wie es weitergehen soll. Sie hat Margots Musikalität geerbt und scheint begabt zu sein. Jedenfalls besitzt sie eine klare Sopranstimme und kann schwierigste Mozart-Arien auswendig singen. Man kommt überein, das Urteil einer Expertin einzuholen. Die Opernsängerin Erna Morena in München zeigt sich von Renée-Maries Können beeindruckt und erklärt sich sofort bereit, sie privat zu unterrichten.

Doch dazu kommt es nicht mehr. Im Sommer 1941 werden Hausensteins von einem Freund gewarnt. In Kürze müsse mit einer verschärften Verfolgung der Juden gerechnet werden. Seit Anfang März 1941 sind Juden ab dem 14. Lebensjahr zur Zwangsarbeit verpflichtet, und auf Ladenschildern steht »Kein Verkauf an Juden und kein Verkauf an Personen, die für Juden einkaufen wollen«. Vom 1. September an müssen sie vom vollendeten sechsten Lebensjahr an in der Öffentlichkeit sichtbar einen handtellergroßen gelben »Judenstern« tragen, auf der linken Brustseite ihrer Kleidung – »jede Verdeckung des Kennzeichens ist unzulässig«. Die soziale Isolierung und völlige Entrechtung der Juden ist in vollem Gang. Es ist ihnen das Betreten öffentlicher Anlagen verboten, der Besuch von Theatern, Kinos, Museen, Bibliotheken, Sportveranstaltungen und Schwimmbädern, die Benützung der Straßenbahnen sowie der städtischen Autobusse und der öffentlichen Fernsprecher, die Benützung und der Besitz von Rundfunkgeräten, und es besteht ein Ausgehverbot zu bestimmten Zeiten. Die Weichen für die Deportation der Juden aus dem Großdeutschen Reich und der besetzten Tschechoslowakei nach dem Osten werden gestellt. Offiziell wird von

Renée-Marie und ihr Vater Wilhelm Hausenstein, 1941, hinter dem Buchenhaus in Tutzing.

Aussiedelung, Umsiedelung, Evakuierung gesprochen. Seit Juli 1941 wird in Berlin an Plänen zur »Endlösung der Judenfrage«, der systematischen Ermordung aller europäischen Juden, circa elf Millionen, gearbeitet.

Schon länger als zehn Jahre verbindet Wilhelm und Margot Hausenstein mit Franz-Xaver und Frieda Hirschbold eine Freundschaft. Hirschbolds leben nahe Starnberg in dem kleinen Dorf Leutstetten, wo sich das Schloss von Rupprecht Kronprinz von Bayern befindet. Hausensteins stehen auch zum Kronprinzen in einer freundschaftlichen Beziehung. Der Ingenieur Hirschbold ist ein langjähriger, intimer Gesprächspartner Hausensteins, mit dem er über Poesie und Prosa diskutiert und, wie man so sagt, über Gott und die Welt. Hausenstein schätzt den gestandenen Altbayern, der kein *jargonhaft verdorbenes Bayrisch* spricht, sondern dessen Bayrisch so recht nach Hausensteins Geschmack noch die *ganze Kraft und überzeugende Schönheit* entfaltet, wenn er beispielsweise Ludwig Thomas »Weihnachtslegende« vorliest. Franz-Xaver Hirschbold, ein erklärter Gegner der Nationalsozialisten, kennt viele Leute und erfährt viel. Wann immer ihm etwas zu Ohren kommt, was Hausensteins gefährlich werden könnte, informiert er seine Freunde.

Die Warnung Hirschbolds lässt Wilhelm und Margot Hausenstein nicht daran zweifeln, dass auch sie mit dem Schlimmsten zu rechnen haben. Ein hinterhältiger Hinweis aus ihrer Umgebung, der Wink eines nationalsozialistischen Funktionärs in München oder Berlin können schon genügen. Emigration haben sie nie in Erwägung gezogen und denken auch jetzt nicht daran. Bislang haben beide den Standpunkt vertreten, dass Flucht für sie nicht in Frage kommt, dass sie ausharren werden, denn wenn *der Nazi-Spuk* ein Ende fände, dann bedürfe der Wiederaufbau Deutschlands moralisch und politisch integrer Deutscher. Überdies hat Wilhelm Hausenstein insgeheim längst für sich entschieden, an der Seite seiner Frau zu bleiben, was auch geschehen würde.

Schon im Jahr 1935 war Wilhelm und Margot Hausenstein von ihrem Freund Dr. Erwin Rosenthal angeboten worden, die damals 13-jährige Renée-Marie außer Landes zu bringen, sie mitzunehmen nach Italien, in die Schweiz oder vielleicht in die USA. Der Enkel von Joseph Rosenthal, dem Begründer der Antiquariatsdynastie Rosenthal, und Sohn von Jakob (Jacques) Rosenthal führte als dessen Nachfolger das 1895 gegründete, weltweit bekannte Antiquariat in der Brienner Straße 47. Im Zuge der Ausgrenzungs- und Verfolgungsmaßnahmen gegenüber jüdischen Bürgern erzwangen die Nationalsozialisten durch schikanöse

Verordnungen den Rückzug der Familie Rosenthal aus dem Münchner Antiquariatsgeschäft und den Rücktritt Erwin Rosenthals vom Amt eines vereidigten Sachverständigen für alte Handzeichnungen und Grafik sowie für mittelalterliche Handschriften und Frühdrucke. 1936 gaben Erwin und Margherita Rosenthal, Tochter von Leo Olschki, dem bedeutendsten italienischen Antiquar um die Jahrhundertwende, ihren Wohnsitz in München auf, gingen zunächst nach Florenz und emigrierten dann in die Schweiz. Die älteste Tochter Gabriella, verheiratet mit Schalom Ben-Chorin, war 1935 sofort nach der Hochzeit nach Palästina ausgewandert. Für ihre anderen Kinder Albi, Nicoletta, Felix und Bernard, Renée-Maries Spielkameraden in Kindertagen, hatten sich die Eltern früh genug um langfristige Auslandsaufenthalte bemüht. Sie lebten bereits in Israel, England und Italien. 1935 wollte Hausenstein noch glauben, dass auch andere die *Substanzlosigkeit der Nationalsozialisten*, wie er es nannte, erkennen würden. Einem Bekannten, der damals nach Brasilien emigrierte, hatte er, neben dem schon fahrenden Zug herlaufend, zugerufen: *Vergessen Sie nicht, es gibt ein anderes Deutschland!*

Kurz nachdem Franz-Xaver Hirschbold Hausensteins gewarnt hat, machen deutsch-brasilianische Freunde von Renée-Marie den Vorschlag, ihre Tochter nach Rio de Janeiro mitzunehmen. Wahrscheinlich

Margot und Wilhelm Hausenstein in Tutzing, 1941. ▼ ▶

wäre es die letzte Gelegenheit, durch die doppelte Ringmauer der nationalsozialistischen Herrschaft und Weltkriegsabsperrung noch hinaus und in Sicherheit zu gelangen. Viel Zeit zum Überlegen bleibt nicht. Die vier jungen Männer, die in München studiert haben, wollen möglichst bald nach Brasilien zurückkehren. Sie befürchten, als Abkömmlinge deutschstämmiger Eltern eingezogen zu werden. Helmut, der sich in die aparte Renée-Marie verliebt hat, will sie als seine Verlobte ausgeben, damit sie eine Ausreisegenehmigung erhält. Er ist ehrlich genug, Hausensteins nicht zu verschweigen, dass seine Eltern die antisemitische Haltung des brasilianischen Präsidenten und Diktators Getúlio Vargas teilen und voll Bewunderung auf das »neue Deutschland« blicken. Sein Vater, Besitzer von Kaufhäusern in verschiedenen brasilianischen Städten, habe ihm unlängst geschrieben, Helmut solle stolz sein, in Deutschland ein derart historisches Ereignis persönlich erleben zu dürfen.

Antisemitismus und Antikommunismus sind in Brasilien weit verbreitet. Ihre größte Anhängerschaft haben sie in den deutschen Kolonien. Deutsche Emigranten haben sich nicht wie viele Portugiesen und Italiener mit der einheimischen Bevölkerung vermischt, sondern halten Distanz und leben unter sich. Juden werden als »gefährliche Subjekte« definiert, und brasilianische Diplomaten in Europa empfehlen den Regierungen, die Pforten für »die unerwünschten Elemente« zu schließen.

Helmuts Plan geht jedoch nicht auf. Alle Versuche, eine Ausreisegenehmigung für Renée-Marie zu erhalten, scheitern. Schließlich wendet er sich an einen einflussreichen Brasilianer in Berlin, der zur Hälfte deutschstämmig ist und offiziell eine brasilianisch-deutsche Handelsniederlassung betreibt. Wie Helmut zu wissen glaubt, ist der Mann in dubiose Geschäfte verwickelt und unterhält Verbindungen zur Gestapo, was einerseits beunruhigend ist, andererseits hilfreich sein könnte. Dieser meint, Helmut müsse Renée-Marie heiraten. Nur als seine Ehefrau habe sie eine Chance, ein Visum bewilligt zu bekommen. Renée-Marie ist entsetzt. An Heirat hat sie nie gedacht. Sie ist nicht einmal verliebt in Helmut. Die Zeit drängt. Die Eltern reden ihr zu. Alles geht für sie rasend schnell. Die Trauungszeremonie vor dem Münchner Standesamt bleibt ihr als ein unpersönlicher, bürokratischer Vorgang im Gedächtnis, den sie in einem Gefühl der Ohnmacht und des Ausgeliefertseins über sich ergehen lässt. Im Dezember fährt sie mit Helmut nach Berlin, wo er seine Ausreise bewilligen lassen und sie ihr Visum beantragen muss. Wie einen schlechten Traum erlebt sie die Unterredung im Büro jenes Senhor Gelser-Netto – so klingt sein Name zumindest für sie. Sie versteht kein Wort und starrt die ganze Zeit wie hypnotisiert auf die Wand hinter Senhor Gelser-Netto, wo die nationalsozialistische Flagge mit *dem schwarzen, brutal kantigen Hakenkreuz* auf weißem und rotem Grund *freundschaftlich gekreuzt* mit der von Brasilien hängt, die eine gelbe Raute auf grünem Grund zeigt. Grün ist die Farbe des Hauses Braganza, Gelb die der Habsburger. Inmitten der Raute stellt eine blaue Himmelskugel mit signifikanten Sternbildern den Himmel über Rio de Janeiro am 15. November 1889 um 8.30 Uhr dar, Ort und Zeit der Proklamation der Republik. Ein weißes Band, die Himmelskugel umschlingend, verkündet das portugiesische Motto ORDEM E PROGRESSO [Ordnung und Fortschritt], welches auf den Franzosen Auguste Comte zurückgeht, dessen Philosophie vom Positivismus die Gründerväter der Republik anhingen. Ihre Rückreise nach München müssen sie einen um den anderen Tag verschieben. Wegen eines überraschend erlassenen Einreiseverbots von Seiten Portugals und Spaniens gibt es Probleme. Es sei *noch nicht aussichtslos*, schreibt Renée-Marie aus Berlin an die Eltern, aber eben auch nicht sicher, ob sie tatsächlich die Ausreisegenehmigungen bekämen.

1942

Renée-Maries Erinnerungen an die letzten Wochen vor ihrer Emigration, an Weihnachten 1941 und ihren 20. Geburtstag am 3. Februar 1942 sind wie ausgelöscht. Sie und die Eltern versuchen, den Gedanken an den näher rückenden Abschied zurückzudrängen. Über ihre Angst, einander vielleicht nie mehr wiederzusehen, sprechen sie nicht. Sie wollen es sich nicht noch schwerer machen. Auch um sich abzulenken, meint Renée-Marie, habe sie damals angefangen, anhand einer französisch-portugiesischen Grammatik die neue Sprache zu lernen. Im Gegensatz zu vielen Emigranten, die sich nur schwer vorstellen können, in einem fremden Sprachraum leben zu müssen, macht dieser Gedanke Renée-Marie, die zweisprachig aufgewachsen ist, keine Angst. Unter anderen Umständen wäre sie hellauf begeistert gewesen, dieses ihr völlig fremde und exotische Land kennenlernen zu dürfen.

Am 6. Februar 1942 verfasst Wilhelm Hausenstein einen langen Brief an seine Tochter. Er schreibt ihn als *ein Vermächtnis* für ihre Zukunft, *eine Art geistiger Mitgift*, da er ihr *eine materielle durch die Schuld der Verhältnisse ja nicht bieten* könne. Renée-Marie ist noch so jung und ihr impulsives Wesen veranlasst ihn dazu. Sie habe von ihm und seinem Großvater mütterlicherseits *eine Untugend mitbekommen: die Ungeduld, die unbesonnene Heftigkeit im Reagieren*. Sehr spät erst habe er begonnen, diese Gemütsverfassung zu überwinden, und dadurch sich selbst *und anderen Menschen, und den nächsten, liebsten, viele schwere Momente, viele arge Belastungen bereitet*. Das möchte er ihr ersparen und *die wohl letzte Gelegenheit benutzen*, damit sie an sich arbeite und *diese unglückselige Erbschaft* ablege. Abschließend bemüht er sich, zuversichtlich und positiv zu klingen:

Bist Du erst unterwegs und in einer wunderbaren neuen Landschaft, dann wird alles Komplizierte, alles Schwierige, Disharmonische, Quälende der letzten Zeit (wie sehr habe ich es im Stillen mit Dir durchgemacht) sich klären, vereinfachen und ins sehr Positive wenden. Daß Dir, wenn Du meiner in irgendeiner Weise einmal bedürfen solltest, immer unbedingt, ganz unbedingt auf mich zählen kannst, ist zu selbstverständlich, als dass ich es mit viel Ton eigens sagen möchte; auch ist mir wirklich nichts Menschliches fremd. Immer und für alle Zeit Dein getreuer Papa.

Daran haben die Eltern und Renée-Marie vielleicht zunächst gar nicht gedacht. Wie können sie zukünftig schriftlich Kontakt aufnehmen, ohne einander zu gefährden? Dolores Caballero, eine enge Freundin Margots, schlägt ihnen ihre in Madrid lebende Mutter sozusagen als Deckadresse vor. Zufällig heißt sie auch Maria, wie Wilhelm Hausenstein seine Tochter zu nennen pflegt. In den 20er-Jahren hatten sich Hausensteins mit Maria Caballero und deren Mann, dem damaligen Repräsentanten Spaniens in München, befreundet. Der Plan sieht folgendermaßen aus: Wilhelm und Margot Hausenstein werden ihre Briefe an die Freundin Maria in Madrid richten, und diese wird sie, neu kuvertiert und mit spanischen Briefmarken versehen, nach Brasilien weiterleiten. Renée-Marie muss ihre Briefe als Mitteilungen Maria Caballeros »an die Freunde in Tutzing« abfassen.

Eine gewisse Beruhigung für Wilhelm und Margot Hausenstein ist der Gedanke, dass sie ihr Kind nicht allein in die Fremde schicken. Sie vertrauen dem jungen Deutsch-Brasilianer, an dem sie *so viel Noblesse, so viel Klugheit, Haltung, Souveränität schätzen gelernt haben.* Renée-Marie hat zwar den Eltern gesagt, dass sie in Brasilien nicht mit Helmut als dessen Ehefrau zusammenleben wolle und er das wisse, aber sie hoffen, dass sie sich noch anders besinnt. Margots Abschiedsgeschenk an ihre Tochter ist ein Paar wertvolle Ohrringe, die sie von Wilhelm Hausenstein zur Verlobung erhalten hatte.

Es ist der kälteste Winter, an den sich Renée-Marie erinnern kann. Das Schiff, das sie und die vier jungen Männer nach Rio bringen wird, soll am 22. Februar 1942 in Lissabon ablegen. Viele Monate später wird Renée-Marie erfahren, dass an eben diesem 22. Februar der 60-jährige Schriftsteller Stefan Zweig und seine Frau Lotte in ihrem Bungalow im Viertel Valparaíso von Petrópolis gemeinsam in den Tod gegangen sind. Schon Tage vor der Abreise von München liegt der Schnee meterhoch. Flugzeuge verspäten sich, Flüge in München werden annulliert. Man rät ihnen, von Berlin aus zu fliegen. Nach einer umständlichen und zeitraubenden Bahnreise müssen sie erfahren, dass auch von dort in den nächsten Tagen kein Flug gehen wird. Also zurück nach München, was erneut Zeit kostet. In München sind keine Zimmer aufzutreiben. Erschöpft kampieren sie schließlich in den Sesseln einer Hoteleingangshalle. Renée-Marie würde zu gerne ihre Eltern anrufen, um ihnen zu sagen, dass sie immer noch in München sind, und um noch einmal ihre Stimmen zu hören. Sie kämpft mit sich und lässt es, so schwer es fällt. Der Abschied war entsetzlich und tränenreich gewesen.

Am 22. Februar sind sie immer noch in München und fahren wieder in aller Früh zum Flughafen hinaus. Dieses Mal scheint es zu klappen. Doch dann werden bei der Passkontrolle zu Renée-Maries Schrecken alle Passagiere mit Dokumenten für Brasilien aufgefordert, beiseite zu treten. Was hat das zu bedeuten? Es scheint eine Ewigkeit zu vergehen, bis ein Beamter den vier jungen Leuten in unverbindlichem Ton sagt, sie hätten unverzüglich im Polizeipräsidium in der Innenstadt vorstellig zu werden. Auf ihren Protest, das Schiff in Lissabon zu verpassen und ihr Anrecht auf die Passage zu verlieren, reagiert er nicht, nennt die Adresse der Gestapo und macht auf dem Absatz kehrt. Helmut entscheidet, es sei für Renée-Marie zu gefährlich mitzukommen. Sie soll mit allem Gepäck wieder in die Hotelhalle zurückkehren und dort auf sie warten. Mit ihren Koffern und Taschen belegt sie Sessel, um sie für die kommende Nacht frei zu halten. Was will man von ihnen, was hat das alles zu bedeuten? Sie vergeht vor Angst und Ungeduld. Keinen Blick lässt sie von der Drehtür des Hotels. Als Helmut mit den anderen nach Stunden die Eingangshalle betritt, verrät sein Gesichtsausdruck Renée-Marie, dass sie die Angelegenheit regeln konnten. Zunächst, so berichtet er, habe man ihnen lediglich erklärt, dass alle Passagiere mit brasilianischen Pässen und Visa zurückgehalten würden, weil Brasilien die diplomatischen Beziehungen zu Deutschland abgebrochen habe. Nachdem Helmut jedoch dem Gestapobeamten die Telefonnummer des brasilianischen Repräsentanten in Berlin angegeben habe, hätte man sie nach geraumer Zeit ohne eine weitere Erklärung gehen lassen. Zum Glück hat man nicht nach Renée-Marie gefragt.

Es herrscht nach wie vor dichtes Schneetreiben und sie klammern sich an die Hoffnung, dass das Flugzeug nicht starten konnte. Nach mehreren vergeblichen Telefonaten sagt man ihnen, sie sollten am folgenden Tag nach Lyon, von dort nach Barcelona und Madrid fliegen. Alles Weitere dürfe dann kein Problem sein.

Nach einer weiteren schlaflosen Nacht in den Hotelsesseln sind sie wieder früh am Flughafen und müssen warten. Inzwischen ist es für sie fast einerlei, da sie ohnehin nicht wissen, wie es weitergeht. Das Schiff wird in der Zwischenzeit Lissabon verlassen haben. Wieder unterdrückt Renée-Marie das heftige Verlangen, ihre Eltern noch einmal anzurufen. Als sie schließlich ungehindert durch die Passkontrolle kommen, sind sie erst einmal erleichtert.

Im Gedränge der Passagiere spürt Renée-Marie, dass sich ein Mann eng an sie presst. Er ist Mitte 40, von mittlerer Größe und trägt einen eleganten Mantel und Hut. Soweit sie sich erinnern kann, hat er ihr Folgendes ins Ohr geraunt: *Sie reisen nach Brasilien und sollten unbedingt einmal im Monat von sich hören lassen. Sachdienliche Hinweise! Enttäuschen Sie mich nicht! Sie sind klug und wissen, was ich meine.* Er drückt ihr noch eine Karte in die Hand und ist in der Menge verschwunden. Auf der Visitenkarte stehen ein deutscher Name, eine ihr unbekannte Adresse und eine Telefonnummer. Sie ist außer sich vor Angst. Das kann nichts anderes bedeuten, als dass man sie mit ihrer Ausreise in der Hand hat und ihre Eltern das Pfand sind, wenn sie nicht mitspielt. Die Freunde versuchen, sie zu beruhigen, aber sie kann an nichts anderes denken. Von ihrem ersten Flug nimmt sie kaum etwas wahr.

Sie können ihr Glück nicht fassen, als bei ihrer Ankunft in Lissabon die »Siqueira Campos« noch im Hafen liegt. Nachdem Brasilien seine diplomatischen Beziehungen zu Deutschland abgebrochen hat, soll jedes Schiff, das an seiner Flagge nicht identifiziert werden kann, ohne vorherige Warnung torpediert werden. Deshalb ist man dabei, den ehemaligen »Reichspostdampfer« mit einem Schutzanstrich zu tarnen. Die Arbeiten, so erfahren sie, werden noch weitere zehn Tage dauern. Renée-Marie ahnt nicht, wie dankbar sie sein muss, ein gültiges Einreisevisum und eine Schiffspassage zu besitzen. Während sie mit den Freunden Lissabon besichtigen kann, ins Museum geht und sich an lang entbehrten Sachen wieder einmal satt isst, kämpfen zahllose Emigranten verzweifelt darum, die nötigen Papiere für die Schiffspassage nach Übersee zu bekommen. Sie sind einem zermürbenden Papierkrieg mit den Behörden ausgesetzt, um Aufenthaltsgenehmigungen, Bürgschaften, Aus- und Einreisedokumente, besonders aber um einen Schiffsplatz und das begehrte wie rare Transitvisum zu erhalten. Die portugiesische Hauptstadt ist 1942 eine der letzten europäischen Hafenstädte, von wo aus noch Schiffe in die freie Welt gehen. Für unzählige namenlose Verfolgte und vor dem NS-Regime flüchtende Prominente wie beispielsweise Heinrich Mann, Alfred Döblin, Lion Feuchtwanger, Franz Werfel und ihre Frauen ist Lissabon *der Hafen der Hoffnung*, das letzte *Tor in die Freiheit*.

Man hat Renée-Marie und ihre Freunde gewarnt, dass Lissabon im neutralen Portugal die europäische Zentrale für Spionage sei. Doch zu Renée-Maries unendlicher Erleichterung wiederholt sich ein ähnlicher

Vorfall wie am Münchner Flughafen nicht. Die Tage in Lissabon sind wunderschön, wenn da nicht die Karte jenes unheimlichen Mannes in ihrer Tasche wäre. Am liebsten würde Renée-Marie sie in Stücke reißen und wegwerfen. Sie wagt es nicht. An die Eltern schreibt sie einen zwölf Seiten langen Brief und schickt ihnen einen Gemäldekatalog, in dem sie das Bild des Malers Domingos António de Segueira von seiner Tochter Mariana Benedicta Victoria am Klavier mit dem Vermerk *très jolie* [sehr hübsch] versieht. Von diesem Porträt lässt sich Wilhelm Hausenstein einige Monate später zu dem Essay »Vom Vater gemalt« inspirieren, der von der Redaktion zunächst als *inopportun* abgelehnt und schließlich am 28. Dezember 1942 in der Frauenbeilage der »Frankfurter Zeitung« doch veröffentlicht wird.

Am 6. März 1942 ist die »Siqueira Campos« zum Auslaufen bereit. Der Anblick des Schiffs mit seinem grauen Farbanstrich und den geschwärzten Bullaugen versetzt Renée-Marie allerdings einen Schock. Es gleicht eher einem Kriegsschiff als einem Linienschiff. An Bord sind zu ihrer Überraschung nur wenige Passagiere. Offensichtlich haben viele kein Vertrauen in die Seetüchtigkeit der »Siqueira Campos« gehabt, nachdem bekannt geworden war, dass es sich um ein ehemaliges deutsches Schiff handelt, das Brasilien nach dem Ersten Weltkrieg neben anderen Reparationen erhalten hatte. Auch Renée-Marie hat deshalb ein mulmiges Gefühl, als sie den Hafen von Lissabon allmählich entschwinden sieht. Während ihre Freunde sich auf die Rückkehr in die Heimat freuen und beim Abendessen mit ihr auf die Zukunft trinken wollen, wird ihr bewusst, dass sie sich nun endgültig und jeden Tag weiter von ihren Eltern, ihrem Zuhause und gewohnten Leben entfernt. Wie es mit ihr weitergehen wird in dem völlig fremden Land kann sie sich nicht einmal vorstellen.

Im Vergleich zu den meisten Emigranten reist Renée-Marie höchst komfortabel, sogar in einer Einzelkabine. Im Gegensatz zu ihr können sich viele auf einem Passagierschiff gerade einmal die Unterbringung im Zwischendeck leisten, wo sie für Wochen mit anderen Passagieren einen Raum mit mehreren Betten teilen müssen, oder sind froh, von einem Frachter mitgenommen zu werden. Nachdem sich Renée-Marie am ersten Abend häuslich in ihrer Kabine eingerichtet hat, schläft sie sofort ein. Ein donnernder und brüllender Lärm weckt sie aus dem Tiefschlaf und lässt sie aus dem Bett springen. Ihr erster Gedanke ist, dass das Schiff torpediert wurde und sinken wird. Sie reißt ihre Tasche mit Wertsachen und Papieren an sich und stürzt aus der Kabine. Wieder erschreckt sie ein ohrenbetäubendes Donnern, dem ein heftiger Schlag folgt. An Deck kann sie kein Feuer, keinen Rauch entdecken, weder andere Passagiere noch jemanden von der Besatzung. So unvermittelt, wie der Lärm eingesetzt hat, hört er auch wieder auf. Wenn sie in Gefahr wären, beruhigt sie sich, hätte jemand die Passagiere warnen müssen, und kehrt in ihre Kabine zurück. Sie weiß nicht, ob sie nur einige Minuten oder eine Stunde geschlafen hat, als sie ein weiteres Mal von demselben Lärm hochschreckt, der nach wenigen Minuten abebbt. Nachdem sie sich erneut überzeugt hat, dass niemand auf dem Gang zu sehen ist, zwingt sie sich weiterzuschlafen.

Sofort nach dem Aufwachen läutet sie nach dem Steward, der Französisch spricht und ihr die Ursache des furchterregenden Lärms in der Nacht erklären kann. Von Zeit zu Zeit müsse auf dem alten Schiff, dessen Turbinen noch durch Kohlenfeuerung angetrieben würden, die Asche ins Meer gekippt werden. Und das Gleis für die Lore verlaufe nun ausgerechnet unterhalb ihrer Kabine. Man bietet ihr an, die Kabine zu wechseln. Doch es gibt keine andere, von der sie im Ernstfall schnell auf das Hauptdeck und damit ins Freie gelangen könnte. Also zieht sie es vor zu bleiben und sich nachts etwas in die Ohren zu stopfen.

Tagelang regnet es und dunkle Wolkenmassen färben den Atlantik grau. Renée-Marie verkriecht sich in ihrer Kabine. Mit den jungen Männern kann und mag sie nicht darüber sprechen, was ihr durch den Kopf geht und was sie bedrückt. Sie verstehen nicht, dass sie keine Erleichterung empfindet, dem Krieg und dem Leben unter den Nationalsozialisten entkommen zu sein. Sie wissen nicht, unter welchem Druck sie in den vergangenen Jahren stand. Immer hieß es, spontane Reaktionen zu unterdrücken, sich zu kontrollieren, nichts zu sagen und zu tun, was sie und ihre Eltern hätte gefährden können. Eigentlich hat sie seit ihrem 14. Lebensjahr nicht mehr sie selbst sein dürfen. Nun ist sie von diesem Druck befreit, aber Erleichterung verspürt sie nicht. Sie kann nicht aufhören zu grübeln. Ist sie nicht unverzeihlich egoistisch und eine schlechte Tochter? Sie hat ihre Eltern im Stich gelassen und bringt sich selbst in Sicherheit. Wer weiß, ob sie sich jemals wiedersehen werden. Sie weint und weint.

Aus dieser verzweifelten Stimmung findet sie nur allmählich heraus. Vielleicht hilft es ihr, als nach Tagen das Wetter aufklart. Auf einmal ist der Himmel nur noch leuchtend blau, die Sonne scheint und die Temperaturen steigen. Alles um sie herum kommt ihr mit einem Mal hell vor; sogar die Besatzung hat ihre dunklen gegen blendend weiße Uniformen getauscht. Renée-Marie macht beim Essen die Bekanntschaft einer französischen Familie und freundet sich mit der 17-jährigen Tochter an. Beide tanzen gern, und die jungen Offiziere zeigen ihnen an den Abenden, wie man Samba tanzt. Renée-Marie stellt erfreut fest, dass ihr Portugiesisch Fortschritte macht, auch wenn das eigene Sprechen noch holperig geht. Sie versteht bereits viel, sogar von den portugiesischen Liedern, mit denen der Bordpianist die Passagiere allabendlich unterhält. Sie bekommt nach und nach ein Gefühl für den sprachlichen Klang. Es geht ihr besser, sie fängt an, nach vorne zu schauen. Nun bringt sie es auch fertig, die Visitenkarte des unheimlichen Manns vom Münchner Flughafen in kleine Stücke zu zerreißen und in hohem Bogen über die Reling in den Atlantik zu werfen.

Pflanzen und Tiere haben Renée-Marie in ihrer Vielfalt immer fasziniert, aber dieses Insekt, das sie eines Morgens auf dem Griff ihrer Zahnbürste entdeckt, ein mindestens fünf Zentimeter großes, rostig braunes Tier mit langen, sich unaufhörlich bewegenden Fühlern, ist widerwärtig. Als der von ihr gerufene Steward die Tür zur Kabine öffnet, fliegt es davon und ist verschwunden. Der junge Mann meint lachend: *Nao e nada, minha Senhora. E uma barata!* Sie fleht ihn an, ihre Kabine sorgfältig zu durchsuchen und das ekelhafte Tier zu entfernen. Aber was ist *uma barata*? An Deck beobachtet ein Steward, wie sie in ihrem Wörterbuch sucht, und klärt sie auf Französisch über dieses in den Tropen weit verbreitete Ungeziefer auf – eine Kakerlake. In Brasilien, rät er ihr, solle sie Schränke, und vor allem ihren Kleiderschrank, immer gut verschließen, denn schon kleinste Essensspuren würden Kakerlaken anlocken, und sie seien imstande, aus jedem Material große Löcher herauszufressen. Wie riesig brasilianische Kakerlaken sein können, sollte Renée-Marie allerdings erst noch zu sehen bekommen und auch erleben, dass man sich in den Tropen manchmal einer ganzen Horde von ihnen erwehren muss.

Die Schiffsreise geht dem Ende zu. Zunächst wird die »Siqueira Campos« Recife, den östlichsten Hafen im Norden von Brasilien, dann Salvador da Bahia im Süden und zuletzt Rio de Janeiro anlaufen, informiert man die Passagiere. Die letzten Nächte schläft Renée-Marie schlecht. Wie werden Helmuts Eltern ihr begegnen und wie werden sie reagieren, wenn sie erfahren, dass sie nicht mit ihrem Sohn als dessen Ehefrau zusammenleben will?

Ein Sonnenaufgang, den sie am letzten Morgen ganz allein erlebt, während die anderen Passagiere noch schlafen, bleibt eines ihrer schönsten Erlebnisse an Bord. Der dunkelblaue Ozean ist vollkommen ruhig, wie eine spiegelnde Fläche. Am Horizont zeichnen sich bereits die Umrisse des südamerikanischen Kontinents ab, den sie in einigen Stunden erreichen werden. Und da sind sie! Nur wenige Meter vom Schiff entfernt schwimmt eine Gruppe von Delfinen, die sie bisher nur von Fotos kennt. Gebannt und atemlos vor Glück, dies als Einzige sehen zu dürfen, beobachtet Renée-Marie die synchronen und rhythmischen Bewegungen der Tiere beim Auftauchen aus dem Wasser, ihre sich überschlagenden Sprünge, das in der aufgehenden Sonne glänzende Silbergrau ihrer schlanken Körper und das Eintauchen und Zurückgleiten unter die Wasseroberfläche. Sie ist wie verzaubert und *fühlt sich unendlich weit entfernt von der Welt, in der Böses und Hass regieren, Bomben fallen und zerstören.* Sie glaubt, die Erde, der sie sich nähern, schon riechen zu können. Nie hätte sie geglaubt, dass ein Geruch wie der in den Tropen so stark sein kann. Nach Wochen, in denen ihre Nase nur salzige Seeluft gerochen hat, saugt sie den Duft tief ein. Bilder von üppiger Vegetation, Herden von Rindern und von Menschen, die schon am Morgen in sengender Hitze auf den Feldern arbeiten, tauchen vor ihrem inneren Auge auf. Renée-Marie meint später, dass sie in diesem Moment begann, sich zu lösen und ihr bisheriges Leben hinter sich zu lassen. Noch kann sie sich nicht vorstellen, dass die quälenden Gedanken an die Trennung von den Eltern und ihre letzte Umarmung mit jedem Tag ein wenig mehr verblassen und zurückgedrängt werden von den Anforderungen und Erfahrungen in dieser völlig anderen, fremdartigen Welt. Viele Jahre später ist ihr klar geworden, dass sie an jenem Morgen an Bord nicht nur den ersten Schritt in eine sehr viel größere Welt, sondern auch in eine Zukunft getan hat, in der sie lange Zeit *wie ein umherirrender Planet um ihren Platz kämpfen sollte.*

In Recife und in Bahia dürfen die Passagiere jeweils für ein paar Stunden an Land gehen. Ein seltsames Gefühl ist es schon, nach so langer Zeit festen Boden unter den Füßen zu spüren. Im Hafen von Bahia herrscht lebhaftes, lautes Treiben bunt gekleideter Menschen. Renée-Marie ist überrascht von ihrer tiefschwarzen und braunen Hautfarbe. Sie weiß nicht, dass Bahia, von 1549 bis ins 18. Jahrhundert Brasiliens Hauptstadt, über drei Jahrhunderte Zentrum für den transatlantischen Sklavenhandel war; circa vier Millionen Menschen von der Westküste Afrikas wurden dorthin verschleppt. Menschen mit einer anderen Hautfarbe hat Renée-Marie bisher vielleicht bei Aufenthalten mit ihrer Mutter in Paris gesehen, als Darsteller in kleinen

Rollen in amerikanischen Filmen oder auf dem Münchner Oktoberfest im Jahr 1930. Der Schausteller und legendäre Kinobegründer Carl Gabriel und der Schausteller Willy Siebold aus Essen hatten damals die Oktoberfestbesucher angelockt mit einer »Völkerschau der aussterbenden Lippen-Negerinnen vom Stamm der Sara-Kaba«, wie das Plakat reißerisch verhieß. Ungeniert stellten sie Menschen anderer Länder wie exotische Tiere zur Schau und in nachgebauten Dörfern wurde den Besuchern scheinbar authentisches Leben von Eingeborenen vorgeführt.

Bahia mit seinem spanischen Charakter und einer Ober- und Unterstadt, die durch eine Art von Aufzug miteinander verbunden sind, fasziniert Renée-Marie, und sie ist sprachlos beim Anblick der zahlreichen aus der Kolonialzeit stammenden und zum Teil ungeheuer prunkvollen Kirchen. Helmut erklärt voll Stolz, dass es in Bahia so viele Kirchen gebe wie das Jahr Tage habe. Benommen von der tropischen Hitze und erschöpft von all dem Neuen, den herrlichen Sandstränden, dem üppigen Grün überall, den leuchtenden Farben, den fremdartigen Gerüchen und Düften, den unendlich hohen Kokospalmen mit ihren fächerartig im Luftzug schwingenden Blätterwedeln und den in ihrer Physiognomie so ganz andersartigen Menschen, kehrt Renée-Marie bei Sonnenuntergang auf das Schiff zurück.

Rio de Janeiro, historische Ansichtskarte, 1935.

Die Einfahrt nach Rio de Janeiro mit der schön geschwungenen Linie der Landzungen, den vorgelagerten kleineren und größeren Inseln, den zackigen Schattenrissen des Gebirges und dem spitzen, vorgeneigten Kegel des Zuckerhuts ist ein einzigartiges Erlebnis, und das, wie gesagt wird, sowohl bei strahlend schönem als auch bei schlechtem Wetter, zu jeder Jahreszeit. Für den Schriftsteller Stefan Zweig war es 1936 einer *der mächtigsten Eindrücke.* Angesichts des Bergmassivs fühlte er sich an *einen im blauen Meer schlafenden Riesen* erinnert. Er *war fasziniert und gleichzeitig erschüttert. Denn hier trat mir nicht nur eine der herrlichsten Landschaften der Erde entgegen, diese einzigartige Kombination von Meer und Gebirge, Stadt und tropischer Natur, sondern auch eine ganz neue Art der Zivilisation.* Auch Renée-Marie ist überwältigt von dem Anblick, aber das bevorstehende Zusammentreffen mit Helmuts Familie lässt sie diesen Augenblick nicht in vollen Zügen genießen. Der Kai ist schwarz von Menschen. Helmut zeigt ihr seine Eltern, die am Dock stehen, klein von Statur und eher unauffällig, daneben eine stattliche Erscheinung, der Chauffeur der Familie, wie sie erfährt. Er blickt als Einziger Renée-Marie freundlich und mit Wärme entgegen. Nach einer knappen Begrüßung von Seiten der Eltern stellt man ihr einen nachlässig elegant gekleideten Mann als Nonato Cruz vor. Er sei der Anwalt der Familie und werde möglichst schnell die Formalitäten für ihre Immigration erledigen, wofür er Renée-Maries Pass braucht und mit sich nimmt. Während sie warten, bemüht sich Renée-Marie, die spürbar angespannte Stimmung zu überspielen, indem sie Helmuts Mutter von den Hindernissen bei ihrer Abreise in Deutschland, dem Aufenthalt in Lissabon und ihrer Schiffsreise erzählt. Sie beobachtet, dass Helmut seinen Vater beiseite genommen hat. Offensichtlich erklärt er ihm, dass es sich bei seiner und Renée-Maries Heirat um ein *gentleman's agreement* handelt und er noch einen oder zwei Tage bei ihr in Rio bleiben will, bevor er zu ihnen nach São Paulo kommt. Sie sieht, wie die zunächst abweisende Miene des Vaters sich ärgerlich verzieht, wie bei jemandem, der keinen Widerspruch und Ungehorsam duldet. Er bricht die Unterredung abrupt ab und sagt laut zu seiner Frau in einem Ton, der keine weitere Frage zulässt und als geschehe es auf seine Anordnung: *Die Kinder werden noch einige Tage in Rio bleiben.* Er gibt seinem Sohn ein paar Geldscheine, und nach einer eiligen Verabschiedung, ehe Renée-Marie weiß, wie ihr geschieht, sitzt sie mit Helmut in einem Taxi. Er war darauf gefasst gewesen, dass die Eltern für seine Beweggründe, Renée-Marie vor den Nationalsozialisten in Sicherheit zu bringen, kein Verständnis haben würden. Trotzdem tut es ihr leid, dass er sich ihretwegen mit den Eltern derart überworfen hat.

Beide schweigen und hängen ihren Gedanken nach, bis das Taxi im Stadtteil Flamengo in einer breiten Avenue, gesäumt von Schatten spendenden Bäumen, vor dem kleinen Hotel »Suisso« hält. Nachdem man ihnen ein Zimmer gegeben hat, drängt Renée-Marie Helmut, er solle sofort mit seinen Eltern nach São Paulo fahren und ihnen in Ruhe alles erklären. Vielleicht könne er sie so am ehesten beschwichtigen. Das Geld von seinem Vater würde ohnehin für sie beide nicht lange reichen. Sie werde allein zurechtkommen und versuchen, über eine Anzeige so schnell wie möglich eine Arbeit zu finden. Als der Chauffeur das Gepäck in ihr Zimmer bringt, erklären sie ihm die Situation. Er kennt Helmut von Kindheit an und ist ihm sehr zugetan. Als wäre es für ihn ganz selbstverständlich, entnimmt er seiner Brieftasche Geldscheine und gibt sie Renée-Marie. Sie beteuert noch einmal, dass Helmut sich um sie keine Sorgen machen müsse, und mit dem Versprechen, täglich miteinander zu telefonieren, trennen sie sich.

Es ist erst Nachmittag und das Wetter herrlich. Vom Fenster aus kann Renée-Marie eine Bushaltestelle sehen. Vielleicht ist es möglich, eine Stadtrundfahrt zu machen. Damit geht sie keinerlei Risiko ein und verschafft sich einen ersten Überblick. Sie hat gelesen, dass Rio eine der schönsten Städte der Welt sei, aber was sie auf dieser ersten Fahrt sieht, übertrifft alle ihre Erwartungen und Vorstellungen. Nachdem der Bus ziemlich lang durch einen dunklen Tunnel gefahren ist, wird sie geblendet vom gleißenden Licht, in dem sich vor ihren Augen die Strände Copacabana und Ipanema ausbreiten, wo sich riesige Wellen in unbeschreiblichen Blau- und Türkistönen brechen. Ob sie es jemals wagen wird, dort zu schwimmen? Mitfahrende im Bus werden aufmerksam auf die freudig erregte junge Frau und wollen wissen, woher sie kommt und wie lang sie schon in Rio ist.

Von einer Minute auf die nächste geht ein gewaltiger Regen nieder. Es ist Ende März, die größte Sommerhitze vorbei. Als der Regen aufhört, dampfen der Asphalt und die Erd- und Grasflecken an den Straßen. Aus den Gärten hinter den Häusern dringt ein eigenartig schwerer Geruch durch die geöffneten Fenster in den Bus. Zufrieden mit ihrem Ausflug, kehrt Renée-Marie ins Hotel zurück und fällt nach einem sparsam spärlichen Abendessen in tiefen Schlaf.

Am nächsten Morgen macht sie sich mutig zu Fuß auf Richtung Stadtzentrum. In Cinelândia findet sie eine kleine Drogerie, wo sie eine Zahnbürste kaufen will. Im Eingang trifft sie mit einer Nonne zusammen, die den Habit der Missionsbenediktinerinnen der Schule in Tutzing trägt. Ja, natürlich! Wie hat sie das vergessen können? Eine Schwester, bei der sie auch Unterricht hatte, ist damals nach Brasilien gegangen. Renée-Marie grüßt die Nonne zunächst auf Portugiesisch, dann auf Deutsch, danach auf Französisch, aber die schaut sie nur freundlich an. Vielleicht sagt ihr der Name der Tutzinger Schwester etwas. Also fragt Renée-Marie: *Madre Theofóra – Conhece?* Keine Reaktion. Sie wiederholt den Namen mehrmals, bis die Nonne auf einmal ihren Arm ergreift und mit breitem Lächeln ausruft: *Madre Theofóra!* Sie holt ein Stück Papier hervor, schreibt eine Adresse auf und verabschiedet sich, immer noch lachend über das sprachliche Missverständnis. Wie man Renée-Marie später erklärt, habe sie nicht das erste *o* im Namen, sondern das zweite betont, was *ohne Gott* bedeutet.

Renée-Marie ist sich ganz sicher, dass das kein Zufall gewesen sein kann. Ihr Schutzengel hat sie über den Atlantik begleitet, während der ganzen Reise über sie gewacht und jetzt diese glückliche Begegnung herbeigeführt. Wenn man sie im »Colégio Santo Amaro« in Botafogo, wie die aufgeschriebene Adresse lautet, aufnähme, wäre sie auf keine weitere Hilfe von Helmut angewiesen, und das wäre ihr am liebsten. Er hat schon genug für sie getan. Aufgeregt kehrt sie in ihr Hotel zurück und wählt erwartungsvoll die angegebene Telefonnummer. Das Kloster meldet sich. Renée-Marie weiß noch aus ihrer Schulzeit, dass es einige Minuten dauern kann, bis man Schwester Theófora aus ihrer Zelle geholt haben wird. *Maria Hausenstein! Du bist es tatsächlich?* Die Schwester klingt erregt. Beide können es kaum erwarten, einander zu sehen. Renée-Marie solle gleich morgen am Vormittag ins Kollegium kommen. Der hilfsbereite Concierge im Hotel beschreibt den Weg und sagt ihr, welche Busse sie nehmen muss. In aller Herrgottsfrühe macht sie sich auf den Weg, falls ihr beim Umsteigen doch ein Irrtum passieren sollte.

Das Kollegium liegt in einem herrschaftlich anmutenden Teil von Botafogo. Hinter dem Eingangstor breitet sich ein herrlicher Garten aus, woran sich ein Schulhof mit mehreren Gebäuden anschließt. Das schmiedeeiserne Tor öffnet sich mit einem Summton nach dem Läuten. Als Renée-Marie eintritt, hat sie das Gefühl, zu Hause zu sein. Eine junge brasilianische Schwester bittet sie, in einem kleinen, freundlichen Empfangszimmer zu warten. Genau solch einen Raum gab es auch in Tutzing. Etwa eine halbe Stunde muss sie sich gedulden, dann öffnet sich die Tür. Schwester Theófora steht leibhaftig vor ihr und schließt sie mit Tränen in den Augen in die Arme. Renée-Marie ist überrascht, denn Schwester Theófora war eine der strengsten ihrer Lehrerinnen und Erzieherinnen gewesen, die sie nicht nur respektiert, sondern gefürchtet hatte. Die Gesichtszüge Theófóras sind weicher geworden, sie strahlen Güte aus. Ihre erste Frage gilt Renée-Maries Eltern. Sind sie am Leben? Dann lässt sie ihre ehemalige Schülerin erzählen. Renée-Marie braucht gar nicht um Hilfe zu bitten. *Wie schnell kannst Du Deine Sachen zusammenpacken und mit einem Taxi wieder zurück sein?* Sie einigen sich auf den folgenden Vormittag, denn erst muss sie Helmut Bescheid sagen, der sich über die gute Nachricht sicherlich freuen wird. Schwester Theófora muss allerdings noch die Zustimmung der Schwester Oberin einholen. Erneutes banges Warten. Die Schwester kehrt zurück und lächelt sie beruhigend an: *Es ist alles in Ordnung, Marialein.* Die Schwester Oberin sei glücklich, einer Schülerin der Tutzinger Schule, ihrem Mutterhaus, helfen zu können.

Helmuts Stimme am Telefon ist die Erleichterung anzuhören. Er ist mit allem einverstanden. Die Stimmung bei ihm daheim ist nicht besser, hat sich eher verschlechtert. Die Eltern argwöhnen, dass Renée-Marie ihnen noch Schwierigkeiten bereiten wird.

Wie im Flug vergehen für Renée-Marie die Wochen im Kollegium. Die Tage sind streng reglementiert nach dem Leitwort der Benediktinerinnen: »ora et labora« – Gebete, Studium, Mahlzeiten, Freizeit. Die Schwestern unterstützen Renée-Marie eifrig beim Erlernen der portugiesischen Sprache, und wann immer Zeit bleibt, spricht sie mit Schwester Theófora über die gute alte Zeit in Tutzing. Doch wie soll es mit ihr weitergehen? Das Beste wäre, meinen die Schwestern, wenn Renée-Marie sich zunächst um eine Stelle als Gouvernante bewerben würde, mit dem Angebot, Kindern die französische Sprache beizubringen. Sie geben eine entsprechende Anzeige auf: *Governante – Jovem senhora recem-chegada da Europa, desejaria colocacão em familia de alto tratamento para tomar conta de criancas. Ensinaria francês. Reposta, por favor, pelo tel. 42-4708.* Es dauert nicht lang, bis sich einige Familien melden, darunter die Familie eines Arztes mit zwei Kindern.

Wie sich herausstellt, hätte Renée-Marie es nicht besser treffen können. Die Familie Xeres lebt in einer komfortablen Villa außerhalb von Rio in der Nähe eines Sees, und Renée-Marie hat weiter nichts zu tun, als entweder mit der kleinen Eloisa und ihrem jüngeren Bruder Roberto spazieren zu gehen oder den Tag am Strand zu verbringen.

Eloisa Xeres und ihr
Bruder Roberto, 1942.

Es bleibt ihr genügend Freizeit, Rio zu erkunden und an den Abenden ihr Portugiesisch zu verbessern. Ein denkbar angenehmes Leben, ein *Carióca*-Leben, wie man in Brasilien sagt. *Carióca* werden die Einwohner von Rio genannt und ist ursprünglich ein Begriff aus der Sprache der Tupi-Indianer, was so viel heißt wie *Haus des weißen Mannes*.

Es müssen mehr als fünf Monate seit Renée-Maries Ankunft in Rio vergangen sein, als eines Tages Dona Xeres ihr die Frage stellt, ob sie sich eigentlich bei der Fremdenpolizei angemeldet habe. Renée-Marie meint, sie beruhigen zu können. Der Anwalt von Helmuts Familie, dem sie ihren Pass gegeben habe, hätte das sicher für sie erledigt. Wie dieser Anwalt denn heiße oder ob sie ihn beschreiben könne? Als Dona Xeres, Tochter eines angesehenen Richters, den Namen hört, gerät sie in helle Aufregung. Sie befürchtet, dass der obskure Anwalt Renée-Marie nicht angemeldet hat. Wenn alles mit rechten Dingen zugegangen wäre, hätte man ihr schon längst den Pass mit einem Stempel der Fremdenpolizei zurückgegeben, denn schließlich brauche sie ihn, um sich gegebenenfalls ausweisen zu können. Nach dem Gesetz droht Renée-Marie die Ausweisung, wenn sie sich nicht innerhalb von sechs Monaten nach der Einreise angemeldet hat. Sie müssen also schleunigst etwas unternehmen. Dona Xeres hat auch sofort einen Plan. Am folgenden Tag wird Renée-Marie um 12.30 Uhr ein Taxi nehmen und zum Büro des Anwalts fahren. Um Punkt 13 Uhr sollte sie da sein, weil um diese Zeit der Anwalt wahrscheinlich zu Mittag isst. Den Taxifahrer wird Dona Xeres anweisen, vor der Kanzlei mit laufendem Motor auf Renée-Marie zu warten. Mit ihrem charmantesten Lächeln muss Renée-Marie dann die Sekretärin des Anwalts bitten, etwas in ihrem Pass nachsehen zu dürfen. Sobald diese ihr den Pass ausgehändigt hat, wird sie hinunterlaufen und unverzüglich zur Fremdenpolizei fahren. Ein gewagtes Unternehmen, aber sie sieht ein, dass ihr nichts anderes übrig bleibt. Wie naiv sie gewesen ist! Helmut hätte sie darauf hinweisen können, aber vielleicht ist er mit den Bestimmungen für Ausländer nicht vertraut, versucht sie ihn zu entschuldigen. Den ganzen Abend rätseln sie, warum Helmuts Eltern den Anwalt beauftragt haben könnten, ihren Pass einzubehalten.

Am nächsten Morgen lässt Dona Xeres ein Taxi kommen, gibt dem Fahrer die Adresse an und genaue Instruktionen. Alles läuft wie geplant. Die Sekretärin schaut Renée-Marie, als diese ihren Wunsch äußert, zunächst verdutzt an und zögert, aber dann sucht sie tatsächlich den Pass heraus. Den verblüfften Gesichtsausdruck bekommt Renée-Marie, nachdem sie auf dem Absatz kehrtgemacht hat, nicht mehr mit. Sie hört nur, dass die Sekretärin ihr folgt und mit entsetzter Stimme *Senhora, Senhora!* ruft. Renée-Marie springt ins Taxi und sieht im Wegfahren, wie die Sekretärin aus dem Haus stürzt und ihnen fassungslos nachblickt. Dona Xeres hat richtig vermutet, es gibt keinen Stempel in ihrem Pass. Auf der Polizeistation wirft der Beamte einen kurzen Blick auf das Datum ihrer Ankunft, meint, sie habe sich viel Zeit gelassen und lässt ihr von einem Jungen in weißer Uniform einen Kaffee servieren. Da hat sie noch einmal Glück gehabt.

Am Abend feiern sie und Dona Xeres bei Musik und einem Glas Wein Renée-Maries amtlich bestätigte Aufenthaltsgenehmigung. In den vergangenen Monaten hat sich zwischen den beiden Frauen ein fast freundschaftliches Verhältnis entwickelt. Dona Xeres hat erfahren, warum und wie Renée-Marie nach Rio gekommen ist und hat großes

Mitgefühl mit ihr. Nun müsse allerdings auch sie ihr etwas anvertrauen, meint sie unvermittelt. Sie habe sich endlich dazu durchgerungen, von ihrem Mann die Trennung zu fordern. Sicherlich habe sich Renée-Marie schon gewundert, ihn so selten bei ihnen zu sehen. Er sei Gynäkologe, wie sie wisse, und in seiner Praxis lerne er natürlich viele Frauen kennen. Dona Xeres beginnt zu weinen. Wie viele brasilianische Männer führe auch er seit Langem ein Doppelleben. Manche Frauen, vor allem in den Großstädten, zögen es vor, nicht zu heiraten, sondern ließen sich lieber aushalten. Als Ehefrauen müssten sie Kinder aufziehen, den Haushalt führen und sich um die eigene sowie die Familie des Ehemanns und die anderen Verwandten kümmern. Eine Geliebte sei für den brasilianischen Mann, der es sich leisten kann, so etwas wie ein Statussymbol, mit dem er unter seinesgleichen renommiere. Diese Frauen lebten häufig in Luxusappartements mit Dienerschaft, würden mit Schmuck überhäuft und auf Reisen mitgenommen. Die Männer betrachteten sie als ihr bezahltes Eigentum. Deshalb ließen sie ihre Geliebten überwachen *von einer dame de compagnie* [Gesellschaftsdame], die bei ihnen wohne.

Dona Xeres erklärt Renée-Marie, warum sie so lange gezögert hat. Es gebe in Brasilien keine Scheidung im üblichen Sinne, nur einen »Desquite Amigável«, eine formale, nach außen hin freundschaftliche Trennung. Finanziell und gesellschaftlich trage sie als Ehefrau allein den Schaden. Auch Renée-Marie, so meint sie, solle sich möglichst bald zu einer Trennung von Helmut entschließen. Dessen Familie werde sicher alles tun, um eine Zahlung der Unterhaltskosten, die Renée-Marie zuständen, zu umgehen. Vermutlich würden Helmuts Eltern nichts unversucht lassen, um Renée-Marie aus dem Land zu vertreiben, damit sie ihnen keine Probleme bereiten könne. Nicht im Traum würde ihr einfallen, erklärt Renée-Marie entrüstet, von Helmut auch nur einen Pfennig zu fordern, nach all dem, was er für sie getan und riskiert habe. Durch sie hätte er schon genügend Schwierigkeiten mit seiner Familie bekommen. So dürfe sie nicht denken, entgegnet Dona Xeres energisch. Die Familie sei sehr vermögend und habe ihr übel mitgespielt. Sie geht davon aus, dass Helmuts Eltern überzeugte Antisemiten und Mitglieder der »Fifth Column« sind, einer nationalsozialistischen Ortsgruppe in Rio de Janeiro. Und mit einem freundschaftlichen Klaps auf Renée-Maries Wange meint sie, im Übrigen sei sie ziemlich sicher, dass der Richter bei einer Trennung auf der Zahlung von Unterhaltskosten bestehen werde, denn Renée-Marie sei ja noch nicht 21 Jahre alt.

Dona Xeres verlässt bald darauf mit ihren beiden Kindern die schöne Villa und zieht in eine Wohnung in Copacabana. Ein Kindermädchen kann sie sich zwar nicht länger leisten, aber Renée-Marie soll auf jeden Fall weiterhin bei ihnen wohnen. Eine neue Stelle wird sie in dieser dicht besiedelten Gegend sicher schnell finden. Als Renée-Marie eines Tages nach dem Besuch einer Kino-Matinee mit Eloisa und Roberto an einer eleganten Boutique in der Nähe des »Copacabana Palace Hotels« vorbeikommt, entdeckt sie ein im Schaufenster diskret angebrachtes Anzeigentäfelchen, mit dem eine Verkäuferin gesucht wird. Das könnte ihr gefallen. Die Ladeninhaber, das Ehepaar Abramovich, beide Ende 40 und vor einigen Jahren aus Osteuropa hierher geflohen, machen einen sympathischen Eindruck und scheinen ein florierendes Geschäft zu führen. Renée-Marie kann sofort anfangen zu einem zufriedenstellenden Gehalt, das ihr an jedem Monatsende ausbezahlt werden soll. Erfahrungen im Verkauf seien nicht nötig. Dona Xeres zeigt sich sehr skeptisch, als Renée-Marie, stolz auf ihre Eigeninitiative, von der neuen Stelle erzählt. Wenn Renée-Marie sich Zeit gelassen und nach einer ähnlichen Stelle in einer seriösen Familie gesucht hätte, wäre das Dona Xeres sehr viel lieber gewesen.

Vom ersten Tag an wundert sich Renée-Marie über die wenigen Kunden, denn die Lage des Geschäfts ist hervorragend. Sie solle, fordern die Abramovichs sie auf, sich direkt neben der Schaufensterauslage aufstellen und freundlich einladend die Vorübergehenden anblicken. Nach einigen Tagen muss sie sich eingestehen, dass Dona Xeres' Argwohn berechtigt gewesen ist. Man hat sie lediglich wegen ihres Aussehens eingestellt, um Kunden anzulocken, und damit jemand im Geschäft ist, während das Ehepaar privaten Beschäftigungen, vielleicht auch anderen Geschäften, nachgeht. Als Renée-Marie am Monatsende nur die Hälfte des zugesagten Gehalts erhält, ist sie mehr als enttäuscht und kündigt auf der Stelle. Das Ehepaar, Emigranten wie sie, hat sie schlicht und einfach ausgenutzt.

Nach dieser unerfreulichen Erfahrung beschließt sie, ihre Sprachkenntnisse stärker zu nutzen. Walter Geyerhahn, einer der beiden Besitzer der großen, gut gehenden Buchhandlung »Kosmos« in Rio, erlaubt ihr, eine Anzeige im Geschäft anzubringen mit dem Angebot für privaten Französisch- und Deutschunterricht. Es melden sich erstaunlich viele Interessenten. In den sozial höherstehenden Gesellschaftsschichten Rios gehört es zu jener Zeit zum guten Stil, sich auf Französisch unterhalten zu können. Renée-Maries jüngster Schüler ist acht und ihr ältester 70 Jahre alt. Anscheinend ist man mit ihr zufrieden, jedenfalls wird sie weiterempfohlen. Weil ihr kaum noch Zeit bleibt, sich um die beiden Kinder zu kümmern, will sie die Gastfreundschaft von Dona Xeres nicht länger in Anspruch nehmen. Bei einer italienischen Familie findet sie ein Zimmer zur Untermiete, nur einen halben Block von Copacabana Beach entfernt, so kann sie Dona Xeres und ihre Kinder jederzeit besuchen. Renée-Marie nimmt sich vor, sehr sparsam zu leben, damit sie sich vielleicht schon bald eine eigene kleine Wohnung leisten kann. Tagsüber eilt sie von einem Schüler zum nächsten. Nur an den Sonntagen gönnt sie sich für ein paar Stunden Erholung. Meist geht sie an den Strand, wo sie die Bekanntschaft einer jungen Frau macht. Andrée Koller arbeitet bei der Schweizer Botschaft und führt Renée-Marie in ihren Kollegen- und Freundeskreis ein. Damit kommt etwas Abwechslung in ihren ausgefüllten und streng geregelten Alltag.

Tatsächlich kann Renée-Marie nach einiger Zeit von ihren Ersparnissen in einem neu erbauten Appartementhaus in der nicht weit entfernten Rua General Azevedo Pimentel eine erschwingliche Zweizimmerwohnung mit Bad und Miniküche mieten. Auch wenn sie nur das Allernotwendigste an Mobiliar hat anschaffen können, ist sie froh über ihre eigenen vier Wände und stolz, das ganz allein geschafft zu haben. Was sie wirklich vermisst, ist das Zusammensein mit Menschen, die nicht nur Vergnügen und Ablenkung suchen. Die Unternehmungen mit den Botschaftsangehörigen, die sie durch Andrée Koller kennengelernt hat, sind hin und wieder ganz lustig, aber worüber gesprochen wird ist unverbindlich und eher oberflächlich. Für diese jungen Leute ist Rio nur eine vorübergehende Station. Renée-Maries Kontakte zu Brasilianern beschränken sich bislang auf Dona Xeres und ihre Kinder und auf ihre Schüler. Für die Schüler und deren Familien steht sie als eine Frau, die für ihren Lebensunterhalt arbeitet, sozial unter ihnen, und das lassen sie Renée-Marie deutlich spüren. Engere Kontakte zu anderen europäischen Emigranten haben sich bisher nicht ergeben. Abends in ihrer Wohnung kommt sie jetzt öfter ins Grübeln. Wie soll ihr Leben in Rio weitergehen, welche Möglichkeiten, außer Sprachunterricht zu geben, hat sie hier überhaupt? Die brasilianische Staatsangehörigkeit erhält man nach zwölf Jahren Aufenthalt, was der 20-Jährigen eine Ewigkeit zu sein scheint. Irgendwann möchte sie heiraten und eine Familie haben, aber nicht mit einem brasilianischen Mann, da ist sie sich schon ganz sicher. Deren oftmals machohaftes Auftreten findet sie abstoßend. Einen Amerikaner zu heiraten, kann sie sich hingegen eher vorstellen, vor allem nachdem sie die Bekanntschaft eines jungen Leutnants gemacht hat. Er gehörte zur Mannschaft eines Flugzeugträgers der USA, des neuen, mächtigen Bündnispartners von Brasilien. Ganz offiziell hat er sie eines Tages im Hafen zu einer Besichtigung des imposanten Kriegsschiffs eingeladen, wo die Bordmusik spielte und Tee gereicht wurde. Anschließend hat sie mit dem jungen Offizier, der ihr in seiner eleganten weißen Uniform sehr gefiel, den Abend bei einer fantastischen und für sie unvergesslichen Tanzshow im »Casino Atlantico« des vornehmen »Copacabana Palace Hotels« verbracht. Seine respektvolle, zurückhaltende Art hatte sie an Lupo erinnert.

Renée-Marie im »Copacabana Palace Hotel« in Rio de Janeiro.

Nach ihrer Ankunft in Rio hat Renée-Marie in regelmäßigen Abständen ihre Briefe an Maria Caballero in Madrid geschickt, aber keine Antwort von den Eltern erhalten. Ein erster Brief erreicht sie im November 1942, den sie mit klopfendem Herzen öffnet, denn er ist nicht von Wilhelm und Margot Hausenstein, sondern von Hans G. Pauls, einem Korrespondenten der »Frankfurter Zeitung« in Zürich. Pauls berichtet von seinem Besuch in Tutzing am 17. Juni aus Anlass von Wilhelm Hausensteins 60. Geburtstag. Es sei ein schöner Festtag für den Jubilar gewesen, im Kreis der Redaktionskollegen Benno Reifenberg, Dolf Sternberger, Max von Brück, dem Kunsthistoriker Hermann Uhde-Bernays, dem Maler Max Unold, zahlreichen weiteren Gratulanten und mit einer Flut von Telegrammen und Briefen. Dem Brief hat er ein extra für Renée-Marie aufgenommenes Foto von den Eltern beigelegt. Nach monatelanger Ungewissheit ist für sie die allerwichtigste Nachricht in Pauls' Schreiben, dass es Wilhelm und Margot Hausenstein gut geht und auch ihrer 80-jährigen Großmutter in Belgien.

Auch Wilhelm und Margot Hausenstein warten nach dem Brief Renée-Maries aus Lissabon wochen- und monatelang auf ein weiteres Lebenszeichen ihrer Tochter und sind in großer Sorge und Aufregung. Sie können sich nicht vorstellen, dass die Post so lange braucht. Ihre Erleichterung beschreibt Hausenstein, nachdem sie am Abend des 19. Oktober 1942 einen Anruf erhalten haben, in einem mit rotem Leder eingebundenen Notizbuch: *Pauls hat Nachricht von und über Renée-Marie, und so scheint es, gute! Die Freudentränen wollten mir auf den Hörapparat fallen. Diese Monate ohne alle Nachricht waren schlimm genug. Dem Himmel gedankt und den Entschluß befestigt, mich nie wieder bei Besorgnis erregenden Situationen oder Nachrichten in eine Panik zu stürzen, in Kummer stuporös werden zu lassen, sondern zu vertrauen.*
Wie aus einem Vorspruch des Notizbuches hervorgeht, hat ihn dieses von Renée-Marie vor Jahren begonnene Haushaltsbuch auf den Gedanken gebracht, es als Tagebuch zu führen. *Vielleicht wird es meiner Tochter (die so fern ist) eines Tages in die Hände fallen – dann möge sie diese Seiten als einen Gruß betrachten. Von den Zeitläuften* berichten die Aufzeichnungen bis Kriegsende kaum, auch wenn er nach eigener Aussage oft versucht war. Angesichts ständiger Lebensbedrohung wäre dies viel zu gefährlich gewesen. Eine Hausdurchsuchung im Jahr 1942 – *Gottseidank ohne Folgen* – sei ihm eine nachdrückliche Warnung gewesen. Man muss Wilhelm Hausensteins

Tagebuchaufzeichnungen während der Kriegsjahre, wie W. E. Süskind schreibt, als einen *Zustandsbericht von innen* sehen. Alltägliche Begebenheiten und seine persönliche Befindlichkeit werden beschrieben und hinterfragt, Begegnungen und Gespräche überdacht, seine tägliche Lektüre und seine ungebrochene literarische Arbeit, allerdings nur für die Schublade, kommentiert. Einen zunehmend breiten Raum nimmt seine Auseinandersetzung mit religiösen und theologischen Fragen ein. Alles *gedeiht diesem stets bewegten Geist zur philosophischen Reflexion und damit zur Selbstbehauptung in einer sonst alle Stützen hinwegschwemmenden Zeit.*

Erst Ende Oktober erfahren die Eltern, dass Renée-Marie sich ohne Helmuts Hilfe allein durchschlägt. *Gestern Abend endlich, endlich eine Nachricht von Renée-Marie! Wir haben sie wieder und wieder gelesen. Alles scheint gut – nur dass Renée-Marie und Helmut offenbar nicht beisammen sind, bleibt eine schmerzlich nachwirkende Vorstellung, wiewohl von vornherein die evidente Frage bestand, ob die Beiden ein Paar seien, nämlich in des Wortes umschließender Bedeutung. Wie sehr lieben wir die einzige Tochter! Aber wie sehr auch den Jungen, an dem wir so viel Noblesse, so viel Klugheit, Haltung, Souveränität schätzen gelernt haben, dass wir ihn nie aus unseren Herzen werden entlassen können. Der Himmel stehe beiden bei und gebe jedem das Seine!*

Anfang November machen dem 60-jährigen Hausenstein, ist seinem Tagebucheintrag zu entnehmen, erhebliche gesundheitliche Probleme zu schaffen, die vermutlich auch psychische Ursachen haben. Er hat den alten Sanitätsrat Dr. Struppler in Feldafing konsultiert, der ihm *doch der Beste zu sein scheint.* Anschließende Röntgenaufnahmen führen zu der *Diagnose: Sinus-Bradycardie. Angedeutetes und unbestimmtes Zeichen einer beginnenden linksseitigen Coronarinsuffizienz.* Dr. Struppler halte eine Heilung für möglich, doch müsse Hausenstein *ruhig, sorgenfrei, behaglich leben und bloß »con amore« arbeiten. Das einem Manne, der zur Zeit in der Hauptsache immerhin den Beruf des Journalisten ausübt ... Ganz zu schweigen von den anderen Belastungen!*

Sein *ramponiertes Herz – Es ist ramponiert, ich spüre es; ich spüre auch, dass ich seit der Vollendung des sechzigsten Jahres um vieles älter geworden bin.* Weder diese Befürchtung noch die Mahnungen des Arztes halten Hausenstein davon ab, beispielsweise den Weg und den Kiesplatz vor und hinter dem Haus mit dem Laubrechen so zu durchziehen, dass ein *Tannenmuster* entsteht, wie er es liebt. Er habe sich *offenbar nun doch wieder den Beweis liefern müssen (ja:* müssen*), dass der Drang nach geordneten Umständen auch im Äußeren heftiger ist als der vernünftige Gedanke.*

Nach mehr als zehn Monaten kommt via Madrid das erste von Margot auf Französisch geschriebene Lebenszeichen bei Renée-Marie an. In dem zweiseitigen Schreiben vom 25. Oktober 1942, an die liebe Freundin Maria gerichtet, berichtet sie vom 60. Geburtstag Wilhelm Hausensteins und ihrem und Gilles erholsamen Aufenthalt bei einer Familie in den Bergen, wo, wie sie hinzufügt, Renée-Marie als Kind auch des Öfteren gewesen sei. An den Abenden dort habe sie Gilles »Die Odyssee« vorgelesen. Sie erinnere sich, daraus auch einmal ihrer Tochter vorgelesen zu haben und wie beeindruckt damals die Neunjährige von diesem großen Epos gewesen sei. Die wenigen von Wilhelm Hausenstein angefügten Zeilen sind nahezu unleserlich. Spuren einer Flüssigkeit auf dem dünnen Luftpostpapier lassen vermuten, dass die Gestapo den Brief auf Mitteilungen in unsichtbarer Tinte untersucht hat.

Nur für Renée-Marie verständlich gibt Margot verklausuliert ihrer Tochter zu verstehen, wie sehr sie Renée-Marie vermisst, aber wie präsent sie ist bei allem, was sie und der Vater tun. In ihrem zweiten Brief vom 30. November gibt Margot vor, sich bei Maria Caballero für *zwei entzückende Taschentücher* noch bedanken zu müssen, die in Wirklichkeit Renée-Marie vor längerer Zeit einmal für sie liebevoll bestickt hat und die sie ständig bei sich trage. Auf die Rückseite hat Wilhelm Hausenstein in klitzekleiner Schrift, auch auf Französisch, hinzugefügt: *Geliebte Freundin, ich bin Dir sehr nahe, von einem Tag zum anderen, mit meinen wärmsten Wünschen, und ich lebe glücklich in dem Bewusstsein, dass es Dir gut geht! Von ganzem Herzen, Dein Gilles.*

Margots dritter Brief vom 4. Januar 1943 erzählt vom Weihnachtsfest, das sie erstmals ohne ihre Tochter hätten feiern müssen, aber drei Tage vor dem Fest sei ein langer Brief von Renée-Marie eingetroffen. Gilles habe ihr einen Hund geschenkt, der Ähnlichkeit mit einem Lamm habe. Wie Wilhelm Hausenstein am 3. Dezember ins Tagebuch eingetragen hat, ist der Hund eine *Kreuzung von Pudel, Windhund und Airdale-Terrier, sehr zärtlich, überaus liebenswürdig, höchst klug und so empfindsam* und heißt *Grisette*. Besorgt erkundigt sich Margot nach dem Zustand der Zähne *der lieben Freundin*, und ob sie auch genügend schlafe. Vor allem die Stunden vor Mitternacht seien wichtig, und die

Mutter hofft, dass sie nicht zu viel rauche. Auch im Namen von Gilles wünscht sie zum bevorstehenden Geburtstag ein gutes und glückliches Jahr. Am 2. Februar 1943 trägt Wilhelm Hausenstein ins Tagebuch ein: *Morgen, am 3. Februar, wird Renée-Marie 21 Jahre alt. Voriges Jahr hat sie den Geburtstag noch hier gefeiert. Wann werden wir sie wiedersehen? Werden wir sie wiedersehen? Werden wir leben?* Am 4. Februar notiert er: *Ungeheure physische und moralische Depression. Entsetzen (mit Neugier) im Dorf drunten: der zehnjährige Bub des Bäckers Brunner hat sich erschossen. [...] Man könnte sich denken, dass aus der gesamten Disposition der Epoche dieses Krieges sinistre Anziehungen selbst auf ein Bubengemüt ausgehen [...] Man wird täglich geneigter, alle Einzelvorgänge aufs Ganze zu beziehen, das düster herschaut – wie mit einem Medusenhaupt.*

Margot verschweigt gegenüber Renée-Marie in ihren Briefen, dass es mit Wilhelm Hausensteins Herz nicht gut steht. Erst Ende Dezember bessert sich nach zwei schlechten Monaten sein Befinden etwas, wie man dem Tagebuch am 29. Dezember entnehmen kann. Stattdessen schreibt sie, natürlich würden sie allmählich etwas älter, was sich auch gesundheitlich bemerkbar mache und insofern normal sei. Es gehe ihnen jedoch insgesamt gut, und ihr Leben sei immer das gleiche, so *wie Du es kennst*. So beruhigend die Briefe klingen mögen, überzeugen können die Aussagen Renée-Marie nicht, weshalb sie sich die Schrift ihrer Mutter und die kurzen Nachträge des Vaters sehr genau anschaut. Kann sie eine Veränderung im Schriftbild, ein Zittern oder Ähnliches erkennen? Kopfzerbrechen bereiten ihr die eigenen Briefe an die Eltern, denn was sie berichtet, soll keinen Hinweis auf ihren Aufenthalt in Rio geben, sondern weitgehend Maria Caballeros Lebenssituation in Madrid entsprechen. Aber auch sie findet Mittel und Wege, den Eltern sozusagen zwischen den Zeilen immerhin eine vage Vorstellung von ihrem Leben in Brasilien zu vermitteln. Von Ambrosina, die seit Kurzem zu ihrem Leben gehört und ein ganz erstaunliches Mädchen ist, kann sie freilich nicht erzählen, wie sie gerne täte. Die 18-jährige Brasilianerin, mit einer Haut schwarz wie Ebenholz, die ihr Kräuselhaar zu lustigen Schwänzchen geflochten hat, hält Renée-Maries Wohnung in Ordnung, wenn sie tagsüber von einem Schüler zum anderen unterwegs ist, macht die Wäsche und kauft für sie ein. Von Ambrosina erfährt Renée-Marie sehr viel über das armselige Leben in den *favelas*, wie man in Brasilien die Armensiedlungen nennt. Mit ihren Eltern und zahlreichen Geschwistern haust Ambrosina in einer engen, selbst gebauten Hütte in den Hügeln oberhalb von Rio. Obwohl die sanitären Verhältnisse dort katastrophal sind, schafft sie es, immer sauber gekleidet zu sein. Renée-Marie will es nicht glauben, als das Mädchen ihr erzählt, dass ein katholischer Priester von Nachbarn, deren zehntes Kind er taufen sollte, dafür die Hälfte von dem Monatsverdienst des Vaters verlangt habe. Aus Furcht, dass das schwächliche Kind ungetauft sterben werde und *ins ewige Höllenfeuer* komme, hätten die Eltern gezahlt. Ambrosina kann zwar kaum lesen und schreiben, ist aber sehr wissbegierig und fragt Renée-Marie über Europa aus, wie man dort lebe, was dort anders sei, warum und wie sie nach Brasilien gekommen sei. Oft verblüfft sie Renée-Marie mit dem, was sie alles weiß. Als Renée-Marie ihr beispielsweise von einer Art Nesselausschlag berichtet, mit dem ihr Körper seit Langem über und über bedeckt ist und der fürchterlich juckt, und dass die von verschiedenen Ärzten verschriebenen Salben, Pillen und Tinkturen bisher nichts geholfen hätten, klärt Ambrosina sie auf. Viele hellhäutige Menschen würden wegen der Sonnenbestrahlung in den Tropen darunter leiden und sie rät ihr, sich von dem Apotheker an der nächsten Ecke *uma injeção de calcio na veia* geben zu lassen. Das sei in diesem Fall das Einzige, was helfe. Der Apotheker erklärt sich sofort bereit, Renée-Marie eine Injektion zu verabreichen. Sie könne zwischen verschiedenen Calciumpräparaten wählen. Ein Markenname erscheint ihr auf Anhieb sehr vertrauenswürdig, die Firma »Merck & Co«, ist doch ihre Patentante Elisabeth eine geborene Merck. Tatsächlich verschwindet der Hautausschlag innerhalb kürzester Zeit und kehrt auch nicht mehr zurück.

Sehr lange hört Renée-Marie zu ihrer Verwunderung nichts von Helmut, bis eines Tages der Chauffeur der Familie bei ihr anruft. Seiner Stimme kann sie anmerken, dass etwas passiert ist, worüber er aber am Telefon keine Auskunft geben will. Offenbar befürchtet er, dass ihr Telefon abgehört wird, und möchte sie treffen. Am folgenden Tag erfährt sie von ihm, dass Helmut in São Paulo verhaftet wurde und man nicht von einer baldigen Entlassung ausgehen könne. Obwohl er sie nicht darum bittet, spürt sie, dass er hofft, sie werde etwas unternehmen. Mit keinem Wort kommentiert er ihre Vermutung, Helmuts Inhaftierung könne möglicherweise mit der direkten oder indirekten Beziehung seiner Eltern zur »Fifth Column« in Zusammenhang stehen. Niemand habe ihn geschickt, versichert der durch und durch loyale Angestellte, ganz allein aus eigenem Antrieb habe er sich an sie gewandt. Helmut im Gefängnis, Renée-Marie kann es nicht fassen. Ausgerechnet Helmut, ein überzeugter Gegner des nationalsozialistischen Regimes, der das Risiko nicht gescheut hat, sie nach Brasilien und in Sicherheit zu bringen, und sich deshalb mit seiner Familie überworfen hat. Sie wird ihn jetzt nicht im Stich lassen, gleich morgen wird sie nach São Paulo fahren, versichert sie dem Chauffeur. So einfach sei das allerdings nicht, klärt dieser sie auf, dazu brauche sie eine spezielle Erlaubnis der Polizei. Deutschen, Italienern und Japanern, den Gegnern der Alliierten, sei das Reisen nicht ohne Weiteres erlaubt, und er nennt ihr eine Adresse. Vorsichtshalber ruft Renée-Marie einen mit Dona Xeres befreundeten Anwalt an und fragt ihn um Rat. Er warnt sie, was sie vorhabe, sei nicht ungefährlich. Sie solle sich besser nicht einmischen. Da Renée-Marie nicht davon abzubringen ist, besteht er darauf, sie zu begleiten.

Als sie zwei Tage später in São Paulo dem Zug entsteigen, ergreifen zwei Männer Renée-Marie. Die Geheimpolizisten, wie sich später herausstellt, setzen sie in ein wartendes Auto. Die Fahrt geht zunächst durch ein hässliches Fabrikviertel. Vage nimmt sie Menschen verschiedenster Hautfarbe in Arbeiterkleidung wahr. Nach geraumer Zeit halten sie vor einem Gebäude. Es ist das Gefängnis, in dem Helmut inhaftiert ist. Der Anwalt trifft kurze Zeit später ein, aber er kann nichts für Renée-Marie tun. Man führt sie durch endlos lange Flure zu einem schäbigen Bürozimmer, wo zwei Beamte ohne eine weitere Erklärung ihr Namen nennen und Fragen zu Sachverhalten stellen, von denen sie keine Ahnung hat. Obwohl Renée-Marie keine ihrer Fragen beantworten kann, setzen die Beamten das Verhör stur fort. Schließlich wird es ihr zu viel. Sie nimmt ihren ganzen Mut zusammen und erklärt ihnen, wo sie Helmut kennengelernt hat, dass er 1942 aus überzeugter Gegnerschaft zum NS-Regime Deutschland verlassen und ihr das Leben gerettet habe, wofür sie ihm lebenslang dankbar sein werde, und jetzt wolle sie ihn endlich sehen. Immerhin hat sie erreicht, dass die beiden Männer keine weiteren Fragen stellen. Dann lässt man sie warten, legt ihr nach einer Ewigkeit mehrere Seiten mit ihrer angeblichen Aussage zum Unterschreiben vor. Sehr sorgfältig liest sie alles durch, korrigiert falsche Angaben und unterschreibt mit sehr gemischten Gefühlen. Kurz darauf führt man Helmut in den Raum. Mit ausdrucksloser Miene, blass und sichtlich abgemagert steht er ihr gegenüber. Schon will sie fragen, ob man ihn misshandelt hat, aber der strenge Blick des Beamten hinter ihm schnürt ihr die Kehle zu. Sie macht einen Schritt auf Helmut zu, will seine Hand nehmen, doch unmerklich weicht er zurück. Hilflos stottert sie, dass sie gekommen sei, um auszusagen, wie viel sie ihm als ihrem Lebensretter zu verdanken habe und dass sie sicherlich die Beamten von seiner politischen Integrität habe überzeugen können. Sie bildet sich ein, den Anflug eines Lächelns in Helmuts Gesicht zu erkennen. Genug, heißt es dann. Man führt ihn ab. Die Polizeibeamten entlassen sie ohne ein weiteres erklärendes Wort.

Der Vorfall in São Paulo, wie man sie in das Auto gezwungen hat und wie sie den Fragen der Beamten ausgeliefert war, der fürchterliche Anblick Helmuts und ihre Hilflosigkeit verfolgen Renée-Marie bis in ihre Träume. Hier will sie nicht bleiben. Wohin dann? Die USA seien liberal und die Menschen dort sehr tolerant, hört sie von ihren Bekannten bei der Botschaft. Außerdem gebe es in den USA für sie viel mehr Möglichkeiten, ihren Lebensunterhalt zu verdienen.

Sie braucht unbedingt eine Kontaktadresse in Amerika. Der mit ihren Eltern befreundete Literaturprofessor Curt von Faber du Faur hat nach seiner Emigration 1939, so viel sie weiß, als Gastdozent an der Harvard University gelehrt hat, und Kurt Wolff, Verleger und geschiedener Mann ihrer Patentante Elisabeth, muss inzwischen in New York leben.

1930 hatte sich Wolff aus seinem bis 1924 überaus erfolgreichen Verlag in der Münchner Luisenstraße 31 zurückgezogen und scheiden lassen. Er verließ Deutschland und heiratete Helene Mosel, eine ehemalige Verlagspraktikantin. Bis Anfang 1935 lebte das Paar in Nizza, wo 1934 der Sohn Christian geboren wurde. Die Familie übersiedelte nach Italien, in die Nähe von Florenz, wo sie sich mit einer Gästepension über Wasser hielt. 1939 zogen sie nach Südfrankreich, dann nach Paris. Kurt Wolff wurde in mehreren französischen Lagern interniert. 1941 gelang ihm mit Frau und Sohn die Flucht in die USA.

Als Renée-Marie eines Abends ihre Wohnung verlässt, um Briefe zum Postamt zu bringen, bemerkt sie, dass ihr zwei Männer folgen. Bald hat sie den Eindruck, dass man sie rund um die Uhr bewacht, denn wenn sie morgens aus dem Haus tritt, warten immer schon zwei Männer und heften sich an ihre Fersen. Während sie sich in der Wohnung eines Schülers aufhält, warten zwei Männer auf der gegenüberliegenden Straßenseite, bis sie wieder herauskommt. Sie verbergen sich nicht vor ihr, sondern observieren sie ganz offensichtlich. Eines Tages fasst sich Renée-Marie ein Herz, geht auf sie zu, hält ihnen einen Brief direkt unter die Nase und erklärt, was darin steht und dass sie hoffe, dieses Land, wo man bespitzelt werde, möglichst bald verlassen zu können. Die Männer sagen nichts, ihre Miene ist undurchdringlich.

1943

Anfang 1943 zeigt in Tutzing das Thermometer etwas über null Grad an und der Schnee liegt mehrere Zentimeter dick. In Brasilien herrscht die größte Hitze und Renée-Marie erlebt zum ersten Mal den berühmten Karneval in Rio. Wilhelm und Margot Hausenstein bemühen sich, in München noch das Notwendigste zu kaufen, ehe die Geschäfte mehr oder minder schließen. Am 10. März 1943 schreibt Hausenstein ins Tagebuch: *In der Nacht von gestern auf heute Flieger über München. Es ist das dritte Mal, dass ein bedeutender Angriff stattgefunden hat: um den 20. September und um Weihnachten war je einer (bei Vollmond) vorangegangen.* Am 15. März heftet er ins Tagebuch einen Bericht ein, den er für die Zeitung über die Zerstörungen in München geschrieben hat, mit der Anmerkung: *er wird dich, liebe Renée-Marie, vielleicht einmal interessieren.*

Am Abend des 9. März haben amerikanische Bekannte Renée-Marie zum Tanzen ins »Casino Atlantico« eingeladen. Zwei der jungen Männer sind Offiziere, während ein Dritter mit seiner Stellung bei der »Lockheed Corporation«, einem amerikanischen Luft- und Raumfahrtunternehmen, prahlt, was sie allerdings nicht sonderlich beeindruckt, weil ihr der Name und das Unternehmen nichts sagen. Renée-Marie trägt ein schwarzes Moirée-Kleid mit kleinem Stehkragen, tiefem Rückenausschnitt und einem schwingenden Rock, das sie vor Jahren selbst genäht hat während einer kurzen Ausbildungszeit an der Münchner Modeschule. Ausnahmsweise hat sie auch die wertvollen Ohrringe, das Abschiedsgeschenk ihrer Mutter, angelegt. Die Band im »Casino Atlantico« spielt eine mitreißende Samba, und einer der jungen Amerikaner fordert Renée-Marie zum Tanzen auf. Sie will sich erheben und fühlt im selben Augenblick, wie eine Hand von hinten sich auf ihre Schulter legt und sie festhält. Als sie sich umdreht, stehen hinter ihr zwei Männer. Der eine zieht sie am Arm mit sich, gerade dass sie noch nach ihrer Handtasche greifen kann, und befiehlt ihr mitzukommen, ohne Aufsehen zu erregen. Ihre amerikanischen Begleiter, zunächst wie erstarrt, folgen ihnen bis auf die Straße und reden auf die Männer ein. Wie in São Paulo wird sie in eine schwarze Limousine gesetzt, die sofort losfährt. Es ist fast Mitternacht, als der Wagen vor einem großen Gebäude hält, das wie eine heruntergekommene Villa aussieht. Die Männer übergeben sie einem Wachmann in Zivilkleidung, den sie mit Paulo anreden und der sie offenbar erwartet hat. Schweigend und mit ausdrucksloser Miene führt sie der etwa 30- bis 40-jährige Mann über mehrere Stockwerke in einen kahlen Raum, wo sie sich auf den einzigen vorhandenen Stuhl setzen soll und, wie er sagt, bis zum Morgen warten muss. Das Licht lässt er eingeschaltet und die Tür weit offen stehen, sodass er sie von seinem Schreibtisch im Vorraum sehen kann. Ihre Handtasche hat er ihr abgenommen und verschließt sie in einer der Schreibtischschubladen. Renée-Marie ist starr vor Angst, zwingt sich, ruhig zu atmen und einen klaren Gedanken zu fassen. Warum hat man sie hierher gebracht? Was hat man mit ihr vor? Sie hat absolut nichts gemacht, versucht sie sich zu beruhigen, was man ihr vorwerfen könnte. Andererseits: Helmut hat sich, soviel sie weiß, auch nichts zu Schulden kommen lassen und wurde verhaftet. Fieberhaft überlegt sie, wer ihr helfen könnte. Ihre amerikanischen Begleiter, werden sie etwas unternehmen? Ihre Schüler müssten sich morgen fragen, wo sie bleibt. Verspätung kennen sie von ihr nicht, und über einen Stundenausfall informiert sie immer telefonisch. Ambrosina vielleicht, wenn sie sie nicht in ihrer Wohnung antrifft? Aber wenn irgendjemand bei der Polizei nach ihr fragt, welche Lügen wird man demjenigen auftischen? Es ist ein Albtraum. An Schlaf auf dem harten Holzstuhl ist nicht zu denken, obwohl sie fürchterlich müde ist. Endlich wird es draußen hell. Sie bittet Paulo, den Waschraum benützen zu dürfen. Er habe strikte Anweisung, erwidert er, ihr Schlafen und Waschen zu verbieten, aber sie dürfe zur Toilette gehen. Sein Ton ist nicht unfreundlich, fast etwas mitleidig. Er deutet auf den tiefen Rückenausschnitt ihres Cocktailkleides und reicht ihr eine Nadel.

Um 9 Uhr wird sie abgeholt und in ein Büro gebracht. Zwei Männer, ein Herr Naumann und ein Herr Baumann – ihre Großmutter ist eine geborene Baumann, welch ein Irrsinn! – stellen ihr nacheinander eine Menge Fragen, ähnlich wie in São Paulo, zu ihr völlig unbekannten Sachverhalten, Personen und Lokalitäten. Als sie einsehen müssen, dass sie so nicht weiterkommen, fragen sie nach Renée-Maries Schwiegereltern. Warum sie diese eigentlich ablehne und sich so negativ über sie in São Paulo geäußert habe. Auf ihre Antwort, dass Helmuts Eltern es darauf angelegt hätten, ihre Aufenthaltsbewilligung zu verhindern, reagieren sie nicht. Offensichtlich versuchen sie, irgendetwas aus ihr herauszulocken, was sich verwenden lässt, um ihre Verhaftung zu rechtfertigen. Stecken vielleicht Helmuts Eltern hinter all dem? Gibt man ihr die Schuld für seine Inhaftierung? Bemerkungen der Männer lassen darauf schließen, dass Helmut immer noch in São Paulo im Gefängnis ist. Oder hält man sie und Helmut fest, weil seine Eltern oder andere Familienmitglieder unter Verdacht stehen, mit den Nationalsozialisten zu kollaborieren? Vielleicht verdächtigt man sie als Spitzel, weil sie mit einer der letzten Flüchtlingsgruppen nach Brasilien gekommen ist, Deutsch sowie Französisch spricht und schnell Portugiesisch gelernt hat. Auf den Gedanken, nach einem Anwalt zu fragen, kommt Renée-Marie in ihrer Unerfahrenheit nicht. Aber wahrscheinlich hätte man sie ohnehin nur höhnisch ausgelacht.

Am Abend bringt man sie zurück in denselben Raum. Sie ist erschöpft, zermürbt von der pausenlosen Befragung ohne Essen und Trinken. Paulo, der wieder ihre nächtliche Bewachung übernimmt, vergewissert sich, dass außer ihnen niemand mehr da ist. Zu ihrer Überraschung packt er für sie ein mit Fleisch belegtes Sandwich aus und gießt ihr ein Glas Wasser ein. Nie hat Renée-Marie etwas so gut geschmeckt. Als sie um Mitternacht auf dem Holzstuhl einschläft und herunterzukippen droht, weckt Paulo sie und zeigt ihr eine Pritsche mit Matratze gegenüber seinem Schreibtisch. Bei dem Gedanken, sich in ihrem ziemlich aufreizenden Kleid dort auszustrecken, ist ihr zwar nicht ganz wohl, aber ihre Müdigkeit ist stärker. Am Morgen bittet sie ihn wieder, den Waschraum benützen zu dürfen, weil sie verschwitzt ist und sich schmutzig fühlt. Doch er meint, sie solle sich weder das Gesicht waschen noch ihr Haar kämmen. Dann würde sie erschöpft und verzweifelt wirken, und beim Verhör solle sie sich apathisch geben und auf die Fragen möglichst nicht reagieren. Anschließend teilt er mit ihr seinen Milchkaffee.

Die Befragung verläuft wie am Tag zuvor. Renée-Marie gibt sich teilnahmslos, wie Paulo ihr geraten hat, und reagiert höchstens mit einem müden Kopfschütteln. Da sie aus ihr nichts herausbekommen können, werfen ihr die beiden Männer schließlich vor, sie habe einer Verordnung zuwidergehandelt, die Ausländern verbiete, abends öffentliche Plätze und Lokalitäten aufzusuchen. Am Abend bringt man sie zu ihrer Verwunderung nicht in den Raum zurück, sondern ohne eine Erklärung hinaus auf die Straße, wo sie in dasselbe schwarze Auto, das sie hergebracht hat, einsteigen muss. Sie fahren durch dichter besiedelte Viertel, bis sie vor einem großen, dunklen Gebäude anhalten. Ein Wachmann führt sie durch schwach beleuchtete Korridore und über endlose Galerien, die sich über mehrere Stockwerke zu einem Innenhof öffnen. Schließlich klopft er an einer Eisentür. Sie betritt einen karg möblierten Raum, wo ein Mann in Uniform ihre Einlieferung quittiert. Als die schwere Tür hinter dem Mann, der sie hergebracht hat, zufällt, bricht Renée-Marie in lautes Weinen aus. Der Mann schaut sie nicht an, als er ihr die Handtasche und den Gürtel ihres Kleides abnimmt. Er wirft einen prüfenden Blick auf die Nadel, mit der sie auf Paulos Geheiß den Ausschnitt zusammengeheftet hat, aber er lässt sie ihr. Dann muss sie ihm durch einen engen, dunklen Flur folgen, wo er mit einem großen Schlüssel erneut eine schwere, metallene Tür aufsperrt. Er schließt hinter ihr ab, öffnet noch einmal von außen den Sehschlitz in der Tür.

Die Zelle wird durch eine von der Decke baumelnde Glühbirne nur spärlich erhellt. Alles was sie erkennen kann, sind an drei Wänden drei Etagenbetten, Metallpritschen mit schmutzigen Matratzen. Der Tür gegenüber befindet sich ein kleines Waschbecken und daneben eine Art Holzverschlag, hinter dem sich offenbar eine Toilettenschüssel befindet, von der ein bestialischer Gestank ausgeht. Die Luft ist entsetzlich stickig im Raum, denn es gibt kein Fenster nach außen, nur eine rechteckige, vergitterte Öffnung hoch über dem Waschbecken, durch die schwaches Licht vom Flur dringt. Wer oder was kann ihr jetzt noch helfen, hier jemals wieder herauszukommen? Laut weinend wirft sie sich auf die der Tür nächste untere Pritsche. Sie schaut auch nicht auf, als nach einer Weile jemand einen Teller neben sie stellt. Irgendwann versiegen die Tränen, und obwohl der Geruch des Essens ekelerregend ist, nimmt sie einen Löffel von den schwarzen Bohnen mit Reis. Es knirscht zwischen ihren Zähnen. Der einstmals weiß emaillierte Teller ist schwarz. Der Wachmann schaut durch den Sehschlitz und fährt sie an, sie solle gefälligst essen. Erneutes Weinen schüttelt sie, bis sie schließlich vor Erschöpfung einschläft. Immer wieder wacht sie auf. Die grobe braune Decke am Fußende kratzt und stinkt, ebenso die Füllung des Kopfkissens. Durch die Gitterstäbe der Wandöffnung zum Flur kann sie nur ahnen, dass die Nacht vorbei ist und der Morgen dämmert. Den Tag verbringt sie zusammengekrümmt und meist vor sich hin weinend auf der Pritsche. Auf ihre Frage, warum sie hier sei, gibt der Wachmann keine Antwort.

In der zweiten Nacht wird Renée-Marie aus ihrem unruhigen Schlaf gerissen, als jemand an ihrem Bettgestell rüttelt. Es ist kurz nach Mitternacht, wie sie auf der Uhr mit den großen schwarzen Zeigern hinter dem Schreibtisch des Wachmanns erkennen kann. Sie folgt ihm über endlos erscheinende Galerien, bis er vor einer Tür stehen bleibt und anklopft. *Entra!,* sagt eine müde klingende männliche Stimme. Den uniformierten Mann, vor dem der Wachmann salutiert, kann sie hinter den aufgetürmten Akten und Mappen auf dem Schreibtisch kaum sehen. Er schaut nicht auf, öffnet eine vor ihm liegende Mappe und weist wortlos auf einen Stuhl unter einer Lampe mit grellem Licht. Ihre Augen sind vom Weinen zugeschwollen und die ungewohnte Helligkeit blendet sie. Wieder werden ihr Fragen zu Personen und Lokalitäten gestellt, zu denen sie nichts sagen kann. In einer Pause, als der Mann in den Unterlagen blättert und etwas aufschreibt, nimmt sie ihren ganzen Mut zusammen, spricht von der verzweifelten Lage ihrer Eltern in Deutschland, ihrer Großmutter, ihres Onkels in Belgien und anderer Verwandter in Holland. Sie sagt, wie unendlich dankbar sie sei, dass sie nach Brasilien habe fliehen können und dass allein Helmut das ermöglicht habe und sie habe gerade begonnen mithilfe von Sprachunterricht ein selbstständiges Leben zu führen. Immer wieder fragt sie, warum man sie verhaftet hat. Der Offizier unterbricht sie nicht, reagiert aber mit keinem Wort, macht sich lediglich Notizen. Als der Wachmann Renée-Marie abholt, nach einer Ewigkeit, wie ihr vorkommt, hört sie, wie dieser ihn *Colonel* nennt.

Diese im Prinzip immer gleich ablaufenden Befragungen werden in den folgenden vier Wochen manchmal einmal, manchmal zweimal pro Woche wiederholt werden, und immer nachts. Die einzige Frage, zu der sie bei den Verhören etwas sagen kann, ist die, ob sie die »Lockheed Corporation« kenne. Ob sie etwas über deren Produktion wisse und jemanden kenne, der damit zu tun habe. Nein, sie wisse nicht, was dort hergestellt werde. Ja, sie habe einen Mann mit dem Namen Duke Robertson an dem Abend kennengelernt, an dem man sie verhaftet habe. Ihm sei es wichtig gewesen, ihr gegenüber zu erwähnen, dass er bei der »Lockheed Corporation« arbeitet, aber das sei schon alles. Mehr habe sie nicht erfahren, da es sie nicht interessiert und sie keine weiteren Fragen gestellt habe.

Jeden Morgen ritzt sie mit dem Fingernagel eine Kerbe in die Wand neben ihrer Pritsche – wie ein Gefangener in einem Roman, den sie einmal gelesen hat, kommt ihr in den Sinn. Die Tage, die sie allein in der düsteren Zelle verbringt, erscheinen ihr endlos. Sie sehnt sich nach Tageslicht, frischer Luft, einem Sonnenstrahl, aber man erlaubt ihr nicht, in den Innenhof hinauszugehen. Zusammengekrümmt auf der Pritsche, flüchtet sie in Erinnerungen. Wie herrlich war der Blick an Föhntagen vom Balkon des Tutzinger Hauses über den tiefblauen See mit der Gebirgskulisse. Wie würzig die Luft am Abend gerochen hat. Wenn ihre Eltern wüssten und sie hier sehen könnten! Seit dem Abend ihrer Verhaftung trägt sie immer noch ihr Kleid und hat sich nur notdürftig waschen können. Vom ständigen Weinen und Reiben ist die Haut um ihre Augen entzündet und es hat sich Schorf gebildet. Sie hat nichts, womit sie sich ablenken könnte, brütet stumpf vor sich hin. Was will man von ihr, woraus will man ihr einen Strick drehen? Wer steckt dahinter? Wer spielt ihr so übel mit? Nachdem während eines nächtlichen Verhörs der Oberst den Raum verlassen und ein anderer Mann, Amerikaner oder Engländer, die Befragung übernommen hat, grübelt sie darüber, ob vielleicht sogar die jungen Amerikaner an jenem Abend mit ihrer Verhaftung zu tun haben könnten. Renée-Marie glaubt, sehr viel später erfahren zu haben, dass das FBI und der British Secret Service mit der Regierung des Diktators Vargas kooperiert und nach dessen Wechsel zur Allianz gemeinsam versucht hätten, noch bestehende nationalsozialistische und faschistische Verbände aufzuspüren und auszuschalten.

Ob es außer ihr noch andere Häftlinge gibt, weiß sie nicht, da sie bisher weder einen zu sehen noch zu hören bekommen hat. Sie empfindet es fast als eine Erleichterung, als nach etwa einer Woche nachts die Tür ihrer Zelle aufgesperrt wird und fünf Frauen hereingebracht werden. Nach dem, was Renée-Marie aufschnappt, sind sie Prostituierte, die im Zuge einer Kampagne des neuen Polizeichefs zur Herstellung von Moral und Sitte in Rio verhaftet wurden. Die Frauen sind aufgebracht und reden alle durcheinander. *Von nun an*, schreit eine von ihnen mit wild fuchtelnder Faust, *wehe der Frau und dem Mann, die zusammen gefunden werden und über deren Bett keine Heiratsurkunde hängt!*

Rio ist die brasilianische Stadt mit den meisten Bordellen, und so viel Renée-Marie gehört hat, wurden die Bordelle bislang auch geduldet, weil sich dort oft Agenten versteckt hielten und von der Polizei gefasst werden konnten. Was wird man, wenn sie nun alle geschlossen werden, mit den abertausend Prostituierten machen? Will man sie alle einsperren? Die fünf Frauen sind zwischen 30 und 40 Jahre alt, mager und unscheinbar in ihren einfachen, billigen Kleidern, kein bisschen attraktiv. Renée-Maries elegantes Kleid, beziehungsweise was davon übrig geblieben ist, macht die Frauen neugierig. Sie wollen unbedingt erfahren, warum sie hier ist. Die Verzweiflung, die aus Renée-Marie spricht, weckt ihre Anteilnahme, und sie sprechen ihr Mut zu. Drei der Frauen haben an ihre Bettpfosten Rosenkränze gehängt und Renée-Marie hört sie laut zur Heiligen Jungfrau Maria beten und sie bitten, ihre Kinder zu beschützen, um die sich jetzt niemand kümmert. Es beschämt sie.

Ist das nicht noch sehr viel schlimmer als ihre eigene Situation? Als am folgenden Tag Renée-Marie nicht das Gefängnisessen bekommt, sondern der Wachmann ihr Sandwiches und Bananen bringt, erntet sie neidische Blicke. Sie gibt den Frauen davon ab und erklärt ihnen, dass die Wachleute sich schließlich hätten erweichen lassen, für sie etwas anderes zu besorgen, weil sie das Gefängnisessen nicht angerührt habe. Das Geld müsse sie ihnen natürlich zurückzahlen.

Zwei Wochen vergehen, in denen sie sich an die Hoffnung klammert, dass man sie vermissen und versuchen würde, sie herauszuholen. Da hört sie eines Morgens vor der Zellentür eine ihr vertraute Stimme. Sie kann es kaum glauben, aber es ist wirklich die Stimme von Stefan, von Stefan Wertheimer. Man hat sie doch nicht vergessen. Er nennt ihren Namen, besteht darauf, ihr einen kleinen Koffer persönlich übergeben zu müssen, und spricht betont laut zu dem Wachmann. Offenbar soll Renée-Marie zumindest hören, dass er gekommen ist, denn man erlaubt ihm nicht, sie zu sehen. Ihr kommen die Tränen, als sie sieht, was er wahrscheinlich mit Ambrosinas Hilfe eingepackt hat: einen sauberen Hauskittel und frische Unterwäsche, ein Paar bequeme Schuhe, etwas Obst und Geld. Aber zu ihrer großen Enttäuschung liegt kein Brief dabei. Stefan, ein deutscher Jude, der lange vor ihr nach Brasilien geflohen ist und ein Import-Export-Unternehmen in Rio aufgebaut hat, hat tatsächlich den Mut gehabt, hierher zu kommen. Er hat nachgeforscht, was mit ihr geschehen ist und wo man sie hingebracht hat. Sie gilt nicht weiter als einfach verschwunden, und Stefan wird sicherlich keine Ruhe geben. Sie schöpft wieder Hoffnung.

Doch schon in der folgenden Nacht überkommt sie erneut Panik. Anscheinend sind wieder Frauen eingeliefert worden. Man hört Lärm auf dem Flur, eine schreiende Frau wird an ihrer Tür vorbeigezerrt und kurz darauf eine Eisentür mit Wucht zugeschlagen. Eine der Frauen in ihrer Zelle ruft entsetzt: *Coitada! Foi posta na solitaria.* [Die Arme! Man hat sie in Einzelhaft gesteckt.] Was meinen sie damit? Renée-Marie war auch tagelang allein in einer Zelle gewesen. Vielleicht muss sie froh sein, bisher nicht körperlich misshandelt worden zu sein. Die Frauen beruhigen sie. Sie sei hier nur in einer Arrestzelle der Polizeizentrale von Rio, nicht in einem Gefängnis. Würde man sie dahinein stecken, käme sie nämlich erst nach Jahren wieder heraus.

Eine dritte Woche vergeht, ohne dass sich irgendetwas verändert. Renée-Marie merkt jedoch, wie sie körperlich immer mehr abbaut. Wochenlang hat sie kaum Bewegung gehabt, war nicht an der frischen Luft gewesen, hat kein Sonnenlicht gesehen. Ihre Menstruation ist ausgeblieben. Sie muss etwas unternehmen und bittet um Papier und Stift. Zumindest muss sie es versuchen und ein Gesuch an den Polizeichef richten. Um keine sprachlichen Missverständnisse zu riskieren, schreibt sie nicht in Portugiesisch, sondern auf Französisch. Sie erklärt, warum sie nach Brasilien gekommen ist, wer ihre Eltern sind und dass deren Überleben in Deutschland bedroht ist, dass sie seit mehr als drei Wochen in Haft ist, obwohl man sie bisher keines kriminellen Vergehens angeklagt hat, dass sie schwere gesundheitliche Probleme hat, dass man ihre berufliche Existenz vernichtet hat, Miete und andere Rechnungen nicht bezahlt werden und dass sie mit fünf Frauen eine kleine Zelle ohne Frischluftzufuhr teilen muss. Die nächtlichen Verhöre hätten bis jetzt nichts ergeben, da sie keine der Fragen habe beantworten können. Das Schlimmste aber sei, dass sie ihren Eltern nicht schreiben könne, die, wenn sie überhaupt noch am Leben seien, sich schreckliche Sorgen machten. Sie bitte deshalb um ihre Freilassung. Renée-Marie hat nie erfahren, ob ihr Schreiben jemals an den Polizeichef weitergeleitet wurde.

Eine vierte Woche vergeht. Dann wird sie nach längerer Unterbrechung wieder einmal geholt und in das Büro des Colonel gebracht. Erstmals am Vormittag. Für sie völlig überraschend, schaut er sie beim Eintreten an, stellt ihr auch keine Fragen, sondern erklärt ihr in einem fast freundlichen Tonfall, dass man sie nun lange genug in Arrest gehalten habe – und nicht in bester Gesellschaft. Gott sei Dank, ist ihr erster Gedanke, ich komme frei. Es sei, fährt er fort, wirklich höchste Zeit, dass sie an die frische Luft komme, besseres Essen erhalte und medizinisch versorgt werde. Deshalb habe er Anordnung gegeben, sie an einen Ort zu bringen, wo sie sich gesundheitlich erholen könne. Fassungslos bricht sie in Tränen aus, deutet auf die Aktenstapel auf seinem Schreibtisch und stammelt: *Sie wollen, dass ich dort vergessen werde.* Mit einem Lächeln entgegnet er: *Nein, nein, machen Sie sich keine Sorgen. Ihre Akte wird dort nicht verschwinden. Ich weiß, was das Beste für Sie ist.* Bevor sie noch einmal fragen kann, warum man sie nicht endlich entlässt, wird sie von dem Wachmann unsanft hinausbefördert. Die Reaktion der Frauen in ihrer Zelle auf ihre Verlegung an einen anderen Ort macht sie völlig mutlos: *Vamos rezar para você.* [Wir werden für Sie beten.] 33 Tage, wenn sie die Zeit bei der Fremdenpolizei mitrechnet, hält man sie nun eingesperrt.

Am späten Nachmittag holt sie ein Wachhabender ab. Die Frauen umarmen sie zum Abschied und reden ihr zu, die Hoffnung nicht aufzugeben. Sie hat gerade noch Zeit, den Wachleuten das ausgelegte Geld für ihre Extraverpflegung zurückzugeben. Dieses Mal wird sie in einer »Black Maria« [in Deutschland »Grüne Minna«] weggebracht. Wohin die Fahrt geht, wie lang sie dauert, nimmt sie nicht wahr. Es ist ihr alles egal. Jetzt wird sie niemand mehr finden, nicht einmal Stefan. Irgendwann hält der Wagen an. Sie wird einem kleinen, gedrungenen Wachmann in Khakiuniform übergeben. Mechanisch einen Fuß vor den anderen setzend, geht sie neben ihm her. Bei jedem seiner Schritte klirrt am Gürtel ein gewaltiges Schlüsselbund. Stimmen von Frauen sind in der Ferne zu hören, laute Rufe, vulgäres Gelächter. In der Abenddämmerung kann Renée-Marie ein riesiges umzäuntes Gelände erkennen. Es scheinen Hunderte von Frauen zu sein, die zusammengedrängt auf den Stufen eines Gebäudes mit vergitterten Fenstern sitzen oder in Gruppen beieinanderstehen. Sie verstummen, als der Wachmann mit seinem scheppernden Schlüsselbund näher kommt. Einige von ihnen greifen durch den Zaun nach Renée-Marie und fragen sie etwas, was sie nicht versteht. Andere zischen und johlen. Noch mehr Prostituierte, denkt sie. Der Wachmann fordert sie auf, schneller zu gehen. Vor einem massiven, spärlich beleuchteten Gebäude zieht er einen der größten Schlüssel hervor und sperrt eine Eisentür auf. Die Tür fällt laut hinter ihnen ins Schloss. Das Herz klopft ihr bis zum Hals. Sie kann kaum atmen. Er führt sie über eine steile Wendeltreppe hinauf. Die Mauern sind auffallend dick, es muss ein sehr altes Gefängnis sein. Im zweiten Stockwerk, hinter einem hohen Gitter aus schweren Eisenstäben, erstreckt sich ein schmaler Gang, wo sich viele Männer in Sträflingsanzügen zusammendrängen. Einige pressen ihre Gesichter nahe an die Eisenstäbe, starren sie an, grinsen oder machen obszöne Zeichen und pfeifen hinter ihr her. Der Wachmann treibt sie zur Eile an, hinauf in ein drittes, viertes und letztes Stockwerk. Dort sperrt er ein Eisengitter auf und sie betreten einen endlos langen Korridor unter einem hohen Gewölbe. Ihre Schritte hallen auf dem Steinboden. In dem dämmerigen Licht kann sie entlang einer Mauer in regelmäßigen Abständen niedrige, gebogene Gittertore mit mächtigen Schlössern erkennen. Dieses grauenhafte Verlies ist das Ende. In diesem finsteren Gemäuer wird sie niemand finden. Der Wachmann treibt sie weiter und weiter über den dunklen Gang. Plötzlich tauchen in einiger Entfernung geisterhaft zwei Gestalten auf, die in dem diffusen Licht auf sie zukommen. Renée-Marie bleibt starr vor Schrecken stehen, unfähig sich zu bewegen, zu sprechen oder zu schreien. Dann fühlt sie Arme, die sich um sie legen, und eine weibliche Stimme mit italienischem Akzent wispert ihr ins Ohr: *Morgen früh, wenn die Sonne in den Korridor scheint und unsere Zellen hell sind, wirst du dich besser fühlen. Es ist nicht schlecht hier.* Eine zweite Frau mit erkennbar deutschem Akzent überredet den Wachmann, ihre Zellen erst eine Stunde später als gewöhnlich abzuschließen. Er öffnet eines der schwarzen Löcher und dreht das Licht an. Das ist Renée-Maries Zelle. Nach ihren bisherigen Erfahrungen wirkt der Raum geradezu freundlich. Die Wände sind weiß getüncht und die abgewetzten Holzdielen sauber geschrubbt. Außer einem Eisenbett gibt es einen Holzstuhl und, was sie aufatmen lässt, ein richtiges, großes Fenster, vergittert mit Eisenstäben, durch die sie in der Ferne Lichter sehen kann.

Die beiden Frauen, die sie so freundlich angesprochen haben, wollen ihr unbedingt *ihr eigenes Wohnzimmer*, wie sie es nennen, zeigen. Es ist eine Eckzelle mit Fensteröffnungen an zwei Wänden, einem Tisch und zwei Holzbänken. Sie haben sogar Teller, Gläser und Besteck. Anscheinend sind sie schon lange hier. Die Frau, die Renée-Marie für eine Deutsche hält, scheint Anfang 50 zu sein. Ihr dünnes dunkelblondes Haar hat sie im Nacken zusammengebunden. Sie wirkt verhärmt und verhält sich auffallend zurückhaltend, während die etwas jüngere schwarzhaarige Frau mit italienischem Akzent lebhaft spricht und einen sehr selbstbewussten Eindruck macht. Ihr Name sei Maria Cavalcanti, aber man nenne sie auch *das Maskottchen der L.A.T.I.*, der italienischen Fluggesellschaft. Vielleicht, so vermutet Renée-Marie, war sie Kurier zwischen Getúlio Vargas und Mussolini gewesen und hatte zu viel gewusst. Die deutsch aussehende Frau erzählt nichts über sich. Gibt sie sich so verschlossen, weil Renée-Marie gesagt hat, dass sie Deutsche ist? Insofern wird es wohl besser sein, wenn auch sie möglichst wenig sagt, beschließt Renée-Marie, vor allem keine Namen nennt. Je weniger Fragen sie stellt, das hat sie inzwischen gelernt, desto weniger Fragen werden die Frauen auch ihr stellen. Nach einer Weile kommt der Wachmann und fordert Renée-Marie auf, in ihre Zelle zu gehen. Sie ist so müde, dass sie nur noch schlafen möchte. Gerade als sie das Licht ausschalten will, sieht sie, wie drei Kakerlaken über den Fenstersims zwischen den Eisenstäben der Fensteröffnung hineinkrabbeln, andere in die Zelle hereinfliegen. Es werden immer mehr. Ein ganzer Schwarm. Sie laufen die Wände rauf und runter, flitzen über den Zellenboden, lassen sich auf dem Stuhl und sogar auf ihrer Bettdecke nieder. Manche sind fünf bis zehn Zentimeter lang. Renée-Marie traut sich nicht, das Licht zu löschen, aus Angst, dass diese braun gepanzerten Monster mit ihren langen Fühlern in der Dunkelheit auf ihr landen könnten. Sie ekelt sich davor, sie totzuschlagen. Außerdem sind es viel zu viele. Sie krümmt sich auf der Liege unter der Decke zusammen und macht kein Auge zu, bis der Morgen dämmert. Zu ihrer Erleichterung entschwinden einige Kakerlaken unter der Gittertür in den Flur, als es in der Zelle heller wird, die anderen fliegen zwischen den Eisenstäben hindurch ins Freie.

Sie fällt in einen Halbschlaf, bis sie kurz darauf Schlüsselklirren hört, das Geräusch eines Metallwagens, der über den Korridor geschoben wird, und wie jemand das Schloss an ihrer Zellentür aufsperrt. Erschrocken fährt sie hoch, als sich ein riesiger Schwarzer in Gefängniskleidung über sie beugt. Er lächelt sie an und stellt einen Metallbecher mit Kaffee ab und legt ein Stück Brot auf den Stuhl neben ihrer Liege. Bei Tageslicht macht die Zelle, wie die Frauen gesagt haben, einen ganz freundlichen Eindruck im Vergleich zu der vorhergehenden fensterlosen Zelle, stellt Renée-Marie fest. Eine angenehm warme Brise kommt durch die Eisenstäbe herein. Wie kalt muss es jedoch in Winternächten hier sein! Es fröstelt Renée-Marie, wenn sie daran denkt, dass sie dann vielleicht noch immer hier eingesperrt sein könnte.

Von ihren beiden Zellennachbarinnen erfährt sie später, dass der schwarze Riese in seiner Jugend jemanden ermordet hat und seit mehr als 20 Jahren in Haft ist. Er ist mit dem Leben im Gefängnis sehr zufrieden, weil er ein Dach über dem Kopf, Nahrung und Arbeit hat, mehr als er in Freiheit jemals gehabt hätte. Vom Wachmann wollen sie erfahren haben, dass er, als vor Monaten seine Entlassung bevorstand, von Tag zu Tag unruhiger und unzugänglicher geworden sei, weil er sich ein Leben in Freiheit nicht mehr habe vorstellen können. Eine oder zwei Wochen vorher habe er dann einen Häftling, den er nicht mochte, offensichtlich in Panik umgebracht, um zu lebenslanger Haft verurteilt zu werden. Danach sei er wieder der freundliche und vorbildliche Gefangene gewesen wie zuvor. Renée-Marie kann das kaum glauben, aber tatsächlich zeigt der riesenhafte Mann immer ein freundliches Lächeln, wenn er das Frühstück oder die Abendration bringt oder ihr etwas Obst zusteckt, das er in seiner Jackentasche in ihre Zelle hineinschmuggelt.

Einmal, auf dem Weg zu ihrem täglichen Rundgang im Innenhof, bemerkt Renée-Marie einen schlanken Mann, der mit nachdenklichem Gesichtsausdruck und abwesendem Blick an den Eisenstäben lehnt, die den Gang von der Männerabteilung im zweiten Stockwerk abtrennen. Das sei Luís Carlos Prestes, der Führer der Kommunisten, wispert Maria ihr ins Ohr. Der Name sagt Renée-Marie nichts, und Maria kann ihr auch nicht viel mehr über ihn sagen. Erst Jahre später erfährt

Renée-Marie mehr über Luís Carlos Prestes und seine Rolle bei dem fehlgeschlagenen Putsch gegen das diktatorische Regime unter Getúlio Vargas im November 1935, und von Olga Benario, einer in München geborenen Jüdin, die mit Prestes auf Anordnung der Kommunistischen Internationale, der Komintern, die Revolution vorbereitet hatte und 1936 von Filinto Müller, dem Polizeichef von Rio de Janeiro, verhaftet und nach Deutschland ausgeliefert worden war. Dort hatte sie im November 1936 im Berliner Frauengefängnis Barnimstraße ihre und Prestes' gemeinsame Tochter Anita Leocádia zur Welt gebracht. 1938 war sie ins KZ Lichtenburg und 1939 ins KZ Ravensbrück gebracht worden. Anfang 1942, etwa zur selben Zeit, als Renée-Marie sich auf dem Weg nach Brasilien befand, war sie im Alter von 34 Jahren in der NS-Tötungsanstalt Bernburg vergast worden. Fernando Morais' Biografie der Olga Benario zu lesen, die ihr ein Freund 1989 schickte, kostete Renée-Marie große Überwindung. Das tragische Ende dieser Frau, die in ihrem bewegenden Abschiedsbrief an Luís Carlos Prestes und ihre damals vierjährige Tochter noch die Größe zeigt, ihnen Trost zu spenden, und die hoch erhobenen Kopfes in den Tod ging, hat sie zutiefst aufgewühlt.

Die Zeit scheint nicht zu vergehen. Renée-Marie sagt sich jeden Tag, dass sie die Hoffnung nicht aufgeben darf, irgendwann entlassen zu werden, auch wenn es ihr zunehmend schwerer fällt. Sie muss daran glauben, damit sie sich selbst nicht aufgibt. Vor allem darf sie sich nicht wieder tagelang dem Grübeln hingeben. Sie bemüht sich, die Dinge ebenso gelassen zu nehmen wie ihre beiden Leidensgenossinnen. Wenn es nur etwas gäbe, womit sie sich ablenken und sinnvoll beschäftigen könnte. Der Wachmann hat ihr netterweise Zeitungspapier gegeben, nachdem sie sich über die nächtliche Invasion der Kakerlaken beklagt hat. Damit kann sie am Abend die Fensteröffnung ihrer Zelle einigermaßen abdecken und die unerwünschten Eindringlinge draußen halten. Diese Zeitungsseiten nimmt sie sich tagsüber vor, ebenso ihr Toilettenpapier, das aus alten Zeitungen herausgeschnitten ist, und sucht ihr unbekannte Wörter und Redewendungen heraus. Auch für ihre beiden Zellennachbarinnen ist es eine willkommene Abwechslung, gemeinsam mit Renée-Marie hinter den Sinn der Artikel zu kommen und sie beim Memorieren der Vokabeln immer wieder abzuhören.

Am neunten Tag in der »Casa de Correcão« wird ihr gesagt, sie solle sich bereit machen, sie werde woanders hingebracht. Warum, weshalb, was hat man denn noch mit ihr vor? Bisher hat man sie nicht körperlich misshandelt oder durch eine Androhung unter Druck gesetzt. Die Schreie der Frau in dieser einen Nacht, als die Prostituierten in ihrer Zelle entsetzt von Einzelhaft sprachen, hat sie nicht vergessen. Maria und die andere Frau beruhigen sie. Sie sind überzeugt, dass es ein gutes Zeichen sei. Irgendjemand müsse sich mit ihrem Fall beschäftigen und ihre erneute Verlegung veranlasst haben. Aus dem Wachmann können sie nur so viel herausbekommen, dass es dort, wohin man Renée-Marie bringen wird, angenehmer für sie sein würde. Dieses Mal wird sie am Vormittag abgeholt, und wieder wartet die »Black Maria« auf sie. Sie bemüht sich, die Nerven zu behalten und ruhig zu bleiben, während sie durch verschiedene Vororte von Rio fahren, wie sie durch das verglaste Gitter in der Hecktür erkennen kann. Sie hat den Eindruck, dass die Fahrt in nördliche Richtung geht, vorbei an Fabriken in eine Gegend mit Feldern und Bäumen. Je länger es dauert, desto unruhiger wird sie. Endlich hält das Fahrzeug. Sie stehen vor einem stattlichen Gebäudekomplex, dessen Mauern dasselbe freundliche Ockergelb zeigen, das Renée-Marie von Barockbauten in Deutschland und Österreich kennt. Sie glaubt, ihren Augen nicht zu trauen: keine vergitterten Fenster. Noch mehr überrascht ist sie, als auf das Läuten einer Glocke die Tür von einer Nonne geöffnet wird. Auf Renée-Maries Frage, ob sie in einem Kloster sei, antwortet die Nonne mit einem Lächeln: *Ich fürchte nicht. Das ist das Frauengefängnis von Bangu, das allerdings von Schwestern geleitet wird.*

Sie wird in einen großen Raum mit zwölf oder noch mehr Betten geführt, alles makellos sauber, wie in einem Krankenhaus. Die Schwester fordert Renée-Marie auf, ihren kleinen Koffer auf einem der Betten abzusetzen, und zeigt ihr anschließend in einem weiß gekachelten Waschraum ihr eigenes Waschbecken. Nach ihren Erfahrungen in den vergangenen Wochen kommt es Renée-Marie vor, als befände sie sich in einem Sanatorium. Wie sie später erfahren sollte, war das Frauengefängnis von Bangu eine exakte Kopie einer modernen Besserungsanstalt für Frauen im amerikanischen Bundesstaat Pennsylvania.

Die Frauen, mit denen sie den Schlafsaal teilt, tragen dunkelblaue Kleider mit weißen Krägen, während die Mehrzahl der anderen Frauen, mit denen sie beim Essen und in der Freizeit zusammentrifft, hellbeige Gefängniskleidung trägt. Die meisten Insassinnen wie die in ihrem Schlafsaal, erfährt sie, verbüßen Haftstrafen wegen kleiner Delikte wie Diebstahl, andere sind wegen Mordes zu lebenslanger Haft verurteilt. Wie sie bald feststellt, reden ihre Mitbewohnerinnen nur ungern darüber, wofür sie verhaftet und verurteilt worden sind.

Als man Renée-Marie sagt, sie erhalte keine Anstaltskleidung, sondern könne ihr eigenes Kleid behalten, nachdem es gewaschen worden sei, schöpft sie Hoffnung. Das kann doch nur bedeuten, dass man sie nicht lange hierbehalten wird.

Am folgenden Morgen werden sie in aller Frühe geweckt, um mit den Schwestern an der Morgenmesse teilzunehmen. Wie im »Colégio Santo Amaro« wird die Messe auf Latein zelebriert. Die ihr so wohlbekannten Gebete, die Liturgie der katholischen Kirche und der Gesang des Schwesternchors versetzen sie zurück in ihre Schulzeit in Tutzing und Garmisch. Es ist ihr alles so vertraut, und voller Inbrunst nimmt sie am Gesang teil. Wie lang hat sie nicht gesungen! Am selben Tag noch kommt eine der Schwestern zu ihr und gibt ihr Liedertexte. Offenbar ist man auf ihre Stimme aufmerksam geworden und hat bemerkt, dass sie die lateinischen Texte beherrscht. Jederzeit und so lang sie wolle, dürfe sie in der Kapelle üben. Man würde sich freuen, heißt es, wenn sie in der Messe an den Ostertagen die Solostimme übernehmen könnte. Dafür würden die Schwestern ihr versprechen, für ihre Entlassung gleich nach Ostern inständig zu beten. Renée-Marie kommen die Tränen. Es ist lange her, dass jemand sie seine aufrichtige Anteilnahme und Warmherzigkeit hat spüren lassen.

Die Freundlichkeit, mit der die Schwestern sie umgeben und sich mit ihr unterhalten, lässt sie beinahe vergessen, dass sie sich nach wie vor in Haft befindet. Es spricht sich bald herum, dass sie Schülerin an zwei Klosterschulen in Deutschland gewesen ist und einige Zeit bei den Missionsbenediktinerinnen in Rio gelebt hat. Jeden Tag probt Renée-Marie in der Kapelle, die eine vorzügliche Akustik hat. Zum ersten Mal, da sie sich nach so langer Zeit ganz ihrem Gesang widmen darf, wird ihr schmerzlich bewusst, was ihr durch die erzwungene Emigration genommen wurde. Was hätte sie unter Anleitung von Erna Morena in München möglicherweise aus ihrer Stimme machen können?

Bei gutem Wetter dürfen sich die Gefängnisinsassinnen vor dem Abendessen in dem von Bäumen beschatteten Innenhof aufhalten. Da Renée-Marie inzwischen weiß, dass sie mit neugierigen Fragen Misstrauen erweckt, wartet sie erst einmal ab, bis die Frauen ihr Fragen stellen. Weil Renée-Marie zu ihrer Inhaftierung nicht viel sagen kann, sind die allgemeine Neugier und das Interesse an ihr schnell erloschen. Wenn die Frauen sich untereinander unterhalten, versteht Renée-Marie nicht alles, denn es wird schnell gesprochen und in ihr fremden Dialekten, aber was sie ab und an aufschnappt, ist so grauenhaft, dass sie es kaum glauben kann. Einige haben ihre Männer getötet, eine hat den ihren kastriert. Ihre Männer sind Trinker und Kriminelle, haben sie immer wieder blutig geschlagen und ihre Kinder missbraucht. Voll Wut und Hass berichten einige von ihnen, wie sie vorgegangen sind, wie sie die Männer zunächst betrunken und dann mit einem Hammerschlag auf den Kopf bewusstlos gemacht beziehungsweise getötet haben. Wie groß und wie scharf das Messer war, mit dem sie den Penis ihres Manns abgeschnitten hat, beschreibt die Frau, und wie schwierig das gewesen sei. Welche Brutalität müssen diese Frauen in ihrem Leben erfahren haben, dass sie zu einer derart teuflischen Rache fähig waren und davon immer noch triumphierend und mit Befriedigung in der Stimme erzählen. Renée-Marie ist entsetzt. Im nächsten Augenblick überkommt sie Mitleid, als eine von den Frauen, die gerade noch voll der Genugtuung zu sein schien, unvermittelt in Tränen ausbricht und unter lautem Weinen von den Gemeinheiten und Demütigungen durch ihren Mann erzählt. Renée-Marie ist völlig verwirrt. Was ist hier rechtens? Diese Frauen als allein schuldig zu verurteilen? Vielleicht war es oftmals für sie der einzige Ausweg, sich aus brutaler Unterdrückung zu befreien, um zu überleben. Sie muss sich eingestehen, dass sie nicht gewusst hat, in welchem Ausmaß Frauen in Brasilien schutz- und rechtlos sind. Ihr fällt Dona Xeres ein, wie gedemütigt sie von ihrem Mann wurde und wie problematisch und schwierig es in Brasilien selbst für Frauen der Oberschicht ist, sich aus einer entwürdigenden Beziehung zu befreien. Womöglich bleibt also Frauen aus unteren Schichten nur Gewalt oder sogar Mord, weil ihnen niemand hilft, sich und das Leben ihrer Kinder zu schützen.

Eine Nonne, die Renée-Marie mit den Frauen im Innenhof beobachtet hat, nimmt sie beiseite und ermahnt sie in eindringlichem Ton: *Gib dich nicht mit diesen Frauen ab! Es ist nicht gut für dich. Sie leben in Sünde.* Renée-Marie sieht die Schwester sprachlos an. Nicht, weil sie sich dabei ertappt fühlt, den unvorstellbar grauenvollen Geschichten der Frauen zugehört zu haben, sondern weil sie die verächtliche Haltung der Schwester fassungslos macht. Wie viel nötiger als sie selbst hätten diese verurteilten und auf Jahre eingesperrten Frauen den Zuspruch der Schwestern und dass ihnen jemand zuhört. Was mögen diese Frauen hinter ihren unwirschen, meist ausdruckslosen Mienen verbergen, da niemand an ihren persönlichen Schicksalen Anteil nimmt? Es beschämt Renée-Marie, wie man sich um sie kümmert und wie bevorzugt sie von den Schwestern behandelt wird. Mit sehr viel weniger Freude und Eifer geht sie in den folgenden Tagen ihren Gesangsübungen nach.

Die erste Woche im Frauengefängnis von Bangu ist vergangen. Die Schwestern sind nach wie vor überzeugt, dass ihre Gebete erhört werden und Renée-Marie am Tag nach Ostern entlassen wird. Es kommt anders. Am Karfreitag teilt man Renée-Marie mit, sie werde abgeholt und in die Polizeizentrale gebracht. Das könne nur Gutes bedeuten, meinen einige Schwestern. Es tue sich etwas. Sie werde sehen, in ein paar Tagen sei sie frei. Nur die Schwester, die den Chor dirigiert, kann sich nicht so recht mit ihr freuen, weil sie auf Renée-Maries Solostimme verzichten muss. Man verabschiedet sich dennoch sehr herzlich von ihr, die Schwester Oberin umarmt und segnet sie. Der Wachmann staunt nicht schlecht, als die Gefangene, die er abzuholen hat, von vier Schwestern bis zur wartenden »Black Maria« begleitet wird.

Es wird bereits dunkel, als der Wagen vor dem Gebäude der Polizeizentrale anhält. Die Erinnerung an die düstere Zelle, die ersten schrecklichen Nächte hier, die endlosen Verhöre durch den Colonel, an ihre Weinkrämpfe und die Verzweiflung steigen in ihr hoch, als sie dem Wachmann über die spärlich beleuchteten Galerien und langen Flure zu einer Zelle folgt. Sie ist über alle Maßen erleichtert, als sie sieht, dass sie dieses Mal dort nicht allein sein wird, auch wenn sie keine der Frauen kennt. Was die Schwestern gemeint hatten, erfüllt sich nicht. Weitere vier Wochen vergehen, in denen man Renée-Marie wiederholt zu demselben Colonel zum Verhör bringt. Sie kann es nicht fassen, aber beim ersten Mal stellt er ihr in Anwesenheit eines englischen und amerikanischen Agenten wieder Fragen zu ihr unbekannten Namen und Sachverhalten. Noch zweimal unterzieht er sie in den darauffolgenden Wochen ähnlichen Verhören. Beim vierten Mal fragt er sie, kaum dass sie sein Büro betreten und sich hingesetzt hat, zu welcher Tageszeit sie entlassen werden möchte. Am liebsten bei Dunkelheit, antwortet sie schnell, in der Nacht, wenn möglich. Sie denkt an die Nachbarn, wenn sie in der »Black Maria« vorfährt und man sie so heruntergekommen aussteigen sieht. Nein, sie würde nicht in der »Black Maria« gefahren werden, beruhigt sie der Colonel, als könnte er ihre Gedanken lesen. Sein Chauffeur werde Renée-Marie in seinem eigenen Wagen und so spät, wie sie wolle, nach Hause bringen. Das überrascht sie zwar, aber sie denkt über dieses höchst ungewöhnliche Angebot nicht weiter nach, auch nicht, als er ihr mit einer diskreten Geste einen Umschlag über den Schreibtisch zuschiebt. Als sie ihn verständnislos ansieht, meint er mit einer wegwerfenden Handbewegung: *Não è nada – è uma pequena ajuda para vôcé.* [Das ist nichts – eine Kleinigkeit, die Ihnen weiterhelfen soll.] Sie ist so aufgeregt, dass sie nur mit halbem Ohr zuhört, als er die ganze Angelegenheit bedauert und sie bittet, ihn unbedingt anzurufen, wenn er ihr irgendwie behilflich sein könnte. Mit diesen Worten reicht er ihr einen Zettel, auf dem er seine Telefonnummer notiert hat. Er hoffe sehr, dass von nun an für sie alles gut werden würde. Zurück in der Zelle öffnet sie, unbeobachtet von ihren Zellengenossinnen, hinter dem Holzverschlag, während sie die WC-Spülung betätigt, vorsichtig den Umschlag. Sie findet darin ein paar Geldscheine. Wie viel es ist, kann sie bei der spärlichen Beleuchtung nicht so schnell erkennen und steckt den Umschlag hastig in die Tasche ihres Hauskittels. Was hat das alles zu bedeuten, schießt es ihr erst jetzt durch den Kopf, das Geld und dass sein Chauffeur sie nach Hause fahren wird. Ihre anfängliche Freude, nach bald drei Monaten endlich entlassen zu werden, wieder frei zu sein, ist wie verflogen. Irgendetwas ist faul an der Sache, aber wie kommt sie da heraus? Wenn sie den Umschlag mit dem Geld zurückgibt und darauf besteht, mit einem Taxi fahren zu wollen, das sie von ihrem restlichen Geld selbst bezahlen könnte, wird sie höchstwahrscheinlich ihre Entlassung aufs Spiel setzen. Genauso willkürlich wie ihre Verhaftung und die Wochen in Haft waren, ist sie auch jetzt noch der Willkür des Colonels ausgeliefert.

Es vergehen noch einige Tage ungeduldigen und angstvollen Wartens. Endlich heißt es, Renée-Marie solle sich für ihre Entlassung in der kommenden Nacht bereit machen, und dann geht alles sehr schnell. Renée-Marie schüttelt zum Abschied den Frauen die Hände und bezahlt bei den Wachleuten ihre Schulden für die Sandwiches und Früchte, die sie ihr von Anfang an, ohne dass sie darum hatte bitten müssen, besorgt haben. Zum letzten Mal, so hofft sie, geht sie über mehrere Stockwerke die langen Flure entlang hinaus ins Freie, wo tatsächlich ein uniformierter Chauffeur sie erwartet und ihr höflich die Tür einer Limousine öffnet. Sie kann sich nicht vorstellen, dass sie in einer halben Stunde zu Hause in ihrer kleinen Wohnung sein wird. Es ist alles unwirklich und, wie sie staunend auf der Fahrt feststellt, es hat sich nichts verändert: Menschen flanieren auf den Straßen, sitzen in den Restaurants und Cafés. Kneipen, vor denen an kleinen Tischen Leute Kaffee und Pinga, den starken hellen Zuckerrohrschnaps, trinken, die Lichtreklamen für Champagner, die Luxusautomobile, die erleuchteten Kinopaläste. Sie fragt den Chauffeur nach dem Namen seines Chefs. *Colonel Olindo Deniz* bekommt sie zur Antwort. Nun erkennt sie ihren Stadtbezirk wieder, die Rua Barata Ribeiro. Der Wagen biegt in die kleine

Straße ein. Leute sind zu sehen und sie bittet den Chauffeur, einige Meter vor ihrem Hauseingang anzuhalten. Da steht sie mit ihrem kleinen Koffer und ihrer Handtasche, in einem verschmutzten Hauskittel, mit angeschwollenen Fußgelenken. Hoffentlich sieht oder erkennt sie niemand. Ihr fällt der schwarze Riese ein, der gemordet hatte aus Furcht vor der Rückkehr in ein freies Leben.

So behutsam und bewusst hat sie niemals vorher den Schlüssel in das Schloss ihrer Wohnungstür geschoben und gedreht. Ein symbolischer Akt, kommt ihr der Gedanke, ihr erster Schritt in die Freiheit. Nachdem sie die Tür hinter sich geschlossen hat, macht sie kein Licht, bleibt in der Dunkelheit erst einmal stehen, um sich zu orientieren. Die Straßenlampen werfen genügend Licht auf die Zimmerwände, um ins Badezimmer zu finden, wo sie sich die Kleidung herunterreißt und sie zu einem Bündel verschnürt. Wie ekelhaft alles riecht, merkt sie erst hier in der sauberen Umgebung. Sie seift sich ein und duscht und seift sich noch einmal ein, wäscht ihr Haar und genießt den warmen Wasserstrahl. Im Nachthemd und mit einem zum Turban um ihren Kopf geschlungenen Handtuch tanzt sie ausgelassen lachend durch die noch immer dunkle Wohnung. Ihr fällt ein, dass Briefe von ihren Eltern da sein müssten. Sie sucht nach dem Briefkastenschlüssel, wo sie ihn immer aufbewahrt hat, und rennt die Treppen hinunter. Aber zu ihrer grenzenlosen Enttäuschung ist der Briefkasten leer. Stefan Wertheimer! Vermutlich hat er ihre Post zur Sicherheit an sich genommen. Erst jetzt macht sie Licht im Zimmer und in der Küche. Alles ist sauber wie immer. Keine einzige tote Kakerlake in der Küche. Die treue Ambrosina hat für sie alles in Ordnung gehalten. Ihr fällt allerdings auf, dass ihre Unterlagen anders geordnet auf dem Tisch liegen und auch ihre Bücher anders stehen. Sie muss Stefan anrufen, aber es ist Nachtzeit, er wird schlafen. Funktioniert das Telefon überhaupt? Es ertönt das Freizeichen. Wer hat die Gebühren für sie bezahlt? Und die Miete? Sie dreht den Lichtschalter im Badezimmer und sieht sich seit langer Zeit zum ersten Mal im Spiegel. Entsetzt fährt sie zurück. Sie meint, um Jahre gealtert zu sein. Wie vulgär sie aussieht. Ihr Gesicht ist aufgequollen und bleich. Da sie kaum Bewegung hatte, hat sie deutlich zugenommen. In der Küche fällt ihr Blick auf den Wandkalender: 9. März 1943. Niemand hat in der Zwischenzeit die Seiten abgerissen. Welches Datum ist heute? 25. oder 26. Mai? Das spielt im Moment keine Rolle, sie ist frei. Renée-Marie öffnet weit die Fenster. Mit geschlossenen Augen atmet sie tief die frische Nachtbrise ein.

Nach dem Aufwachen in aller Frühe zieht sie Shorts, eine leichte Bluse und Strandschuhe an. Saubere Kleidung, ein lang entbehrter Luxus! Ohne anzuhalten läuft sie den Abhang, die steinernen Treppen hinunter, die Avenida Nossa Senhora de Copacabana entlang, in die Rua Fernando Mendes, überquert die Avenida Atlântica – und da ist der Strand. Sie zieht die Schuhe aus und rennt ausgelassen am Wasser entlang. Wie sehr hat sie sich das gewünscht. Doch sie kommt schnell außer Atem. Das Meer ist ungewöhnlich ruhig. Sie bleibt stehen, lässt ihre Füße vom Wasser umspülen, zieht die würzige Luft tief ein, reinigt ihre Lunge vom Desinfektionsmittelgestank, dem Staub und anderen Gefängnisgerüchen. Sie schmeckt Salz auf ihren Lippen und dreht sich mit weit geöffnetem Mund immer wieder um sich selbst. Sie ist frei, kann hingehen, wohin sie will. Sie wird alles daran setzen, Kontaktpersonen in den USA ausfindig zu machen, und sie muss sehen, dass sie genügend Geld für die Schiffspassage verdient. Dann wird sie dieses Land, in dem sie die entsetzlichsten Monate ihres Lebens erlebt hat, für immer verlassen.

Von Stefan Wertheimer erfährt Renée-Marie, dass in den vergangenen Monaten keine Post aus Europa für sie angekommen ist. Erst Anfang Juni erhält sie einen Brief. Margot hat ihn nicht datiert, aber er war lang unterwegs, denn sie bedankt sich darin für Renée-Maries letztes Schreiben vom 4. Februar. Die meisten Briefe von Margot während der Kriegsjahre sind nicht datiert. Manchmal lassen sie sich auf Grund ihrer Bemerkungen zu den Jahreszeiten, beispielsweise dass sie *die Juli-Marmelade gemacht* habe, oder im Vergleich mit Hausensteins Tagebucheintragungen zeitlich ungefähr ein- und zuordnen. So berichtet Margot in einem ihrer Briefe, dass Gilles plane, für seine Tochter eine Selbstbiografie zu schreiben. Damit hatte Hausenstein laut Tagebucheintrag bereits am 4. Januar 1943 angefangen: *Heute für Renée-Marie das Skriptum einer rein auf die Tatsachen gestellten kurzen Selbstbiographie begonnen. Legendäres aus der Familientradition, das dicht neben den Tatsachen liegt, mag wohl nicht ganz ausgeschlossen bleiben.* Die Briefe via Madrid in beide Richtungen waren in der Regel wochen-, oft monatelang unterwegs. Es konnte aber auch vorkommen, dass zwei in zeitlichem Abstand voneinander geschriebene und abgeschickte Briefe kurz nacheinander eintrafen. So schreibt Hausenstein am 30. Mai 1943 in sein Tagebuch, er habe Margot am Abend gebeten, ihm *wieder die zwei letzten Briefe von Renée-Marie vorzulesen, die vor einigen Tagen, in einer der schlimmsten Stunden unseres Lebens, unerwartet und beglückend angekommen sind.*

Quälend für alle drei sind jedes Mal die Monate der Ungewissheit. Vor allem Renée-Marie ist in ständiger Angst um ihre Eltern und wartet ungeduldig von einem Lebenszeichen auf das nächste. Wie viele Briefe sie einander tatsächlich geschrieben haben, weiß sie nicht. Sie hat mehrere 100 Briefe von Wilhelm und Margot Hausenstein aufbewahrt. Einige gingen sicherlich verloren. Zu beklagen ist, dass hingegen von Renée-Maries Briefen aus Rio kein einziger und auch aus den Jahren danach bis auf drei keiner erhalten ist. Verständlicherweise haben die Eltern bis Kriegsende aus Angst vor Hausdurchsuchungen alle Briefe nach kurzer Zeit vernichtet. Verwunderlich ist jedoch, dass auch von den späteren Briefen kaum einer aufgehoben wurde. Offenbar stellten sie für Margot Ballast dar, dessen sie sich von Zeit zu Zeit entledigte. Jedenfalls erklärt sie Renée-Marie in einem Brief vom 24. Juni 1946, dass sie frühere Briefe von ihr bis auf ganz wenige *zerrissen* habe, und fügt hinzu: *Man darf im Leben seine Flügel nicht belasten.* Erinnerungen bewahre man im Herzen, und deshalb rät sie auch ihr, nicht zu viele Briefe aufzuheben.

Margot Hausenstein konnte sehr rigoros sein. Sie sei, hat sie einmal geäußert, *robuster* als ihr Mann gewesen. Sentimentalität und Selbstmitleid waren ihr fremd. Auch in schwierigsten Lebenslagen ließ sie sich niemals gehen. Immer bewahrte sie Haltung, zeigte keine Schwäche bis ins hohe Alter. Es ist erstaunlich, wie heiter sie ihre Briefe an Renée-Marie beziehungsweise an die Freundin in Madrid abfassen konnte. Meist berichten sie über Alltägliches und Erfreuliches. Mit keiner Silbe deutet Margot beispielsweise an, was *in einer der schlimmsten Stunden ihres Lebens*, wie Hausenstein ins Tagebuch schreibt, geschehen ist. Am 30. April 1943 ist ihm auf Anordnung des Propagandaministeriums von der »Frankfurter Zeitung« gekündigt worden. Seinen Redaktionskollegen, Benno Reifenberg, der als Halbjude galt, und Dolf Sternberger, der wie Hausenstein mit einer Jüdin verheiratet war, ist es genauso ergangen. Am 19. Mai wird Hausenstein auch aus der Reichspressekammer ausgeschlossen. Er ist ohne jede journalistische und publizistische Verdienstmöglichkeit. Außerdem weiß er nicht, ob er und Margot *am 1. Januar 1944 noch ein Dach über dem Kopf haben werden.* Wie aus einem Brief vom 7. Juni 1943 hervorgeht, möchte Cäsar von Hofacker, der Eigentümer des Buchenhauses, nach einem schweren Luftangriff auf Berlin seine Frau und fünf Kinder im Tutzinger Haus in Sicherheit bringen. Die Frage Hofackers, ob eine Kündigung für Hausensteins *einen sehr harten Schlag bedeuten würde*, vermöge er, erwidert Hausenstein am 14. Juni, *bis auf weiteres nur mit dem entschiedensten Ja zu beantworten.* Für sie bestünde nicht die mindeste Chance, auch nur eine räumlich kleinere Wohnung zu finden, da Tutzing inzwischen vier Lazarette habe und alle Wohngelegenheiten, selbst die geringfügigsten, im Zusammenhang damit in Anspruch genommen würden. Bei ihnen im Buchenhaus sei beispielweise der Chefarzt des Lazaretts Beringerheim seit Kurzem einquartiert. Einem umfangreichen Schriftverkehr Hausensteins, unter anderem mit einem Anwalt und dem Tutzinger Bürgermeister Paul Herre, ist zu entnehmen, dass er aus Furcht vor einer plötzlichen Kündigung sich damals sehr bemüht, eine andere Wohnung zu finden. Man kann sich vorstellen, welche Erleichterung er empfindet, als nach einem Besuch von Frau von Hofacker Anfang Juli 1943 in Tutzing die unmittelbare Gefahr einer Kündigung für sie abgewendet zu sein scheint. Man hat Frau von Hofacker gestattet, bis auf Weiteres mit ihren Kindern in dem von ihnen seit drei Jahren bewohnten Haus in Krottenmühl bei Rosenheim, einem bescheidenen Zuhäusl, wie man in Bayern sagt, zu bleiben.

Die Aufregung über den Zusammenbruch seiner beruflichen Existenz und ihren Verbleib im Buchenhaus führt bei Hausenstein zu einem gesundheitlichen Kollaps. Nach ärztlicher Auskunft besteht zwar keine unmittelbare Gefahr, aber für Wochen wird ihm absolute Ruhe auferlegt. Er liege fast die ganze Zeit, schreibt er am 27. Juni an Max Ruland, einen ehemaligen Kollegen beim »Münchner Merkur«, und bis Jahresende könne von Arbeiten keine Rede sein. *Eine Seite zu schreiben ist ein Drama: das Herz springt in den Hals, von der Stirn läuft der Schweiß herunter.* Am 30. Juni ist sein *Befinden gegen den Stand vor fünf Wochen objektiv etwas gebessert,* aber er empfindet *trotzdem fortdauerndes subjektives Mißbefinden – Gefühl der Schwäche, einer nicht angenehmen, sondern leidigen Unkörperlichkeit.* Monatelang führt er *ein rein receptives* [sic] *Leben, vorwiegend eben in Lektüre.* Ein Bedürfnis, wieder mit Schreiben anzufangen, regt sich kaum. Er befinde sich in einem *trüben Dilemma.* Am 31. August ist die »Frankfurter Zeitung« verboten worden, was für Hausenstein zur Folge hat, dass die Klärung seiner *finanziellen Situation durch Pensionierung vom 1. Januar 1944 ab oder durch Abfindung* völlig ungewiss ist. Schwer zu schaffen macht ihm außerdem, dass sein und Margots *Leben den Charakter eines täglichen und stündlichen Kampfs um die notwendigsten Dinge des materiellen Lebens an*[nimmt]: *um Dinge zum Essen, um Dinge für den häuslichen, den äußeren Gebrauch. Das Dasein wird allmählich zu einer Art von Robinsonade: man ist mehr als zufrieden, irgend ein Küchengerät aufzutreiben, ein Paket anständige Maccaroni von München nach-*

hause zu bringen, ein paar Äpfel geschenkt zu bekommen. Zahlreiche Einzelhandelsgeschäfte, die nicht als kriegs- und lebenswichtig angesehen wurden, haben schließen müssen, nachdem von Goebbels am 18. Februar 1943 in seiner Sportpalast-Rede die Frage *Wollt ihr den totalen Krieg?* gestellt worden ist.

Einzigen Trost geben Wilhelm Hausenstein in dieser Zeit laut Tagebuch zwei Briefe von Renée-Marie, die am 15. Juni und 15. August eintreffen: *Wir gewinnen das Bild einer Tochter, die sich tapfer auf die eigenen Füße stellt – tapfer und mit Erfolg. – Heute früh ein Brief von Renée-Marie. Ich war die Tage her in unruhiger Erwartung gewesen, auch in einiger Sorge darüber, ob Renée-Maries Gesundheit standhalten werde, ob sie sich mit Arbeit nicht übernehme, und so fort. Der Brief vom 1. Juni, der heute kam, ist positiv in jedem Sinne, macht den Eindruck des Gereiften, Sicheren, Richtig-Bewußten. Wir waren glücklich und dankten Gott.*

Wie tapfer seine Tochter tatsächlich ist und was sie in den vergangenen Monaten durchgemacht hat, ahnt er gar nicht. Es muss Renée-Marie sehr viel Überwindung und Selbstbeherrschung abverlangt haben, in dem ersten Brief nach ihrer Entlassung aus der Haft nicht die leiseste Andeutung machen zu dürfen. Stattdessen musste sie sich verstellen und von einem ausgefüllten Alltag berichten. Für die Eltern jedenfalls klingt ihr Schreiben sehr beruhigend, wie auch aus Margots Antwort hervorgeht: *Welche Freude machst Du uns, meine Allerliebste, wenn Du uns so von Deinem Leben erzählst. Aber nicht wahr, Du strengst Dich nicht zuviel an und passt gut auf Deine wertvolle Gesundheit auf.*

Überhaupt muss Renée-Marie, wie ihr bald klar wird, mit den Erfahrungen der vergangenen Monate allein fertig werden. Freunde und Bekannte haben sich zwar zunächst erkundigt und von ihr erzählen lassen, aber sie reagieren anders, weniger Anteil nehmend, als sie erwartet hat. Sicherlich sei das schlimm, was man ihr angetan hat, bekommt sie zu hören, aber Ähnliches widerfahre gegenwärtig täglich unendlich vielen Menschen, und die meisten müssten weitaus Schrecklicheres durchmachen. Renée-Marie solle froh sein, nicht in Deutschland verhaftet und eingesperrt worden zu sein, denn dann wäre sie wahrscheinlich jetzt tot. Sicherlich haben sie damit nicht unrecht, sagt sich Renée-Marie, und deshalb darf sie ihnen diese Reaktion nicht übel nehmen.

Einige von ihnen haben selbst Furchtbares durchgestanden, beispielsweise Susanne Bach. Renée-Marie hatte sie an der Münchner Universität kennengelernt, als Susanne Bach bei Professor Karl Vossler studierte, und ist ihr in Rio in der »Livraria Kosmos« wieder begegnet, wo Susanne als Buchhändlerin arbeitet. Nach dem abgeschlossenen Studium der Romanistik und ihrer Promotion lebte die 1909 in München geborene Tochter jüdischer Eltern ab 1933 in Frankreich. Im Mai und Juni 1940 ist sie in einem Lager in den Pyrenäen, in der »Hölle von Gurs«, interniert gewesen. Ungefähr 10000 Frauen, politische Flüchtlinge, jüdische Emigrantinnen und mutmaßliche nationalsozialistische Spione, sind damals auf engstem Raum und in unvorstellbarem Schmutz in diesem Sammellager zusammengepfercht worden, in dem schon seit Ende des Spanischen Bürgerkriegs die Spanienflüchtlinge festgehalten wurden und das bei Regen im Schlamm versank. 1941 ist Susanne Bach in Marseille knapp der Deportation entgangen. Über Barcelona, Madrid und Lissabon ist sie nach der Überfahrt auf einem spanischen Dampfer in einer Zwischendeckkabine mit unzähligen Betten und Ungeziefer am 11. Mai 1941 in Rio angekommen, im sechsten Monat schwanger und mit 30 Dollar in der Tasche. Da der Vater ihres Kindes in Frankreich geblieben ist, muss sie allein den Lebensunterhalt für sich und ihre Tochter Catherina Isabel verdienen.

Auch wenn die Erlebnisse und Ängste nachts in ihren Träumen immer wieder hochkommen und Renée-Marie schweißgebadet aufwachen lassen – tagsüber wehrt sie sich mit allen Mitteln gegen trübsinnige Gedanken und Selbstmitleid. Sie muss vor allem Geld verdienen. In den vergangenen Monaten haben Freunde die Miete und andere laufende Kosten für sie gezahlt, und diese Schulden will sie möglichst schnell abtragen. Welche Enttäuschung, als sie sich bei ihren Schülern zurückmeldet. Damit hat sie nicht gerechnet: Viele können oder wollen ihrer Erklärung nicht glauben, dass der Polizei mit ihrer Verhaftung ein grober Fehler unterlaufen ist. Vor allem die Eltern ihrer jüngeren Schüler lehnen es ab, ihre Kinder weiter von ihr unterrichten zu lassen. Dann muss sie eben wieder von vorne anfangen. Sie hat Schlimmeres durchgestanden und nicht klein beigegeben. Freilich, Geld für die Schiffspassage zurücklegen, wie sie gemeint hat, das kann sie vorerst nicht. Schweren Herzens entschließt sie sich, ihre schöne Wohnung zu vermieten. Der Zeitpunkt, einen Mieter zu finden, ist sehr günstig. Immer mehr Amerikaner kommen nach Rio, die Mieten steigen dementsprechend, und Wohnungen, nicht allzu weit vom Strand entfernt, sind besonders gefragt. William Saxby Tavel, ein Amerikaner aus dem obersten Stock des Hauses, macht sie mit Sam Papich, einem kürzlich angekommenen Mitglied der amerikanischen Botschaft, bekannt, dem ihre Wohnung auf Anhieb gefällt. Sie einigt sich mit ihm auf zunächst ein Jahr, und er ist auch damit einverstanden, Ambrosina für mehr Stunden als bisher zu beschäftigen und sie besser zu bezahlen, als es ihr möglich gewesen wäre. Der guten und treuen Ambrosina war nichts anderes übrig geblieben, nachdem Renée-Marie plötzlich verschwunden war und nicht wieder auftauchte, als eine andere Stelle anzunehmen. Das Mädchen hatte sich trotzdem weiterhin um ihre Wohnung gekümmert und stand, nachdem sie von Renée-Maries Rückkehr erfahren hatte, gleich am nächsten Tag vor ihrer Tür.

Bei der Suche nach einem preiswerten Zimmer hat Renée-Marie Glück. Sie findet eines, das nur wenige Minuten von ihrem Appartement entfernt ist und zu einer Wohnung in der oberen Etage des »Edificio Egypto« gehört. Von dort hat sie einen fantastischen Ausblick über die Avenida Atlântica zum Strand und Ozean. Schon nach kurzer Zeit bekommt sie allerdings die unangenehmen Folgen der hohen Luftfeuchtigkeit durch die Nähe zum Meer zu spüren. Ihr Wandspiegel wird blind, ihre Kleidung nimmt einen muffigen Geruch an und das Holz der Möbel verzieht sich. Sie ist froh, dass sie den größten Teil ihrer Bücher in ihrer Wohnung unter Ambrosinas Obhut zurücklassen konnte.

Durch die zunehmende Präsenz von Amerikanern in Rio nimmt das Interesse an Englischkenntnissen bei den Einwohnern zu. Das ist eine neue Chance für Renée-Marie, ihren Sprachunterricht zu erweitern. Ihr Portugiesisch ist zwar inzwischen sehr viel besser als ihr Englisch, aber um Anfänger zu unterrichten, reichen ihre Kenntnisse allemal. Um sicherer zu werden und ihren Wortschatz zu vergrößern, liest sie an den Abenden vorzugsweise englische Bücher. Wann immer sie die Zeit und Möglichkeit dazu hat, schaut sie sich die sehr populären amerikanischen Filme mit der Schauspielerin Bette Davis an, auch mehrmals denselben Film. Stets hat sie einen Notizblock dabei, auf den sie im dunklen Kinosaal ihr unbekannte Ausdrücke und Redewendungen kritzelt. Sie hat sich vorgenommen, so schnell es nur irgendwie geht ihre Schulden loszuwerden. Dafür muss sie viele Unterrichtsstunden geben. In ihrem allmählich wieder gut ausgefüllten täglichen Stundenplan gönnt sie sich deshalb auch keine Mittagspause, sondern begnügt sich in der Regel mit einem Sandwich, wenn sie auf den Bus wartet, oder sie isst es während der Fahrt. Offenbar spiegelt ihr Brief vom 3. September an die Eltern ein wenig von dem auf ihr lastenden Druck wider, da Hausenstein am 8. November im Tagebuch notiert: *Es ist, alles in allem, ein guter Brief (an Margots Geburtstag geschrieben). Nur hatte ich den Eindruck einer gewissen Unbeständigkeit in den persönlichen Beziehungen, auch einer gewissen Nervosität (bis in die Orthographie) und eines großen Heimwehs.* Vermutlich hätte Hausenstein mehr Verständnis gezeigt und die Orthografiefehler seiner Tochter nachsichtiger beurteilt, wenn er auch nur die leiseste Ahnung von den tatsächlichen Problemen der 21-Jährigen gehabt hätte.

Die Welt sieht weniger düster aus, wenn es jemanden gibt, mit dem man über seine Probleme und alltäglichen Sorgen sprechen kann und der einen in den Arm nimmt, wenn es einem schlecht geht. Renée-Marie und Saxby sind sich, seitdem er ihr den Mieter für ihre Wohnung vermittelt hat, nähergekommen. Meist verbringen sie die Wochenenden miteinander, besuchen den wundervollen Botanischen Garten von Rio, fahren an einen der herrlichen Strände in der Umgebung oder genießen von einem der vielen Hügel die immer wieder andere, jedes Mal einzigartig schöne Aussicht. Bei einem dieser Ausflüge macht Renée-Marie, leicht bekleidet mit einem Sommerkleid und Sandalen, die Bekanntschaft mit einer ihr bis dahin unbekannten und äußerst unangenehmen Insektenspezies. Zunächst bemerkt sie die Bisse dieser langbeinigen Mücken, *borrachudos* genannt, gar nicht, aber in der folgenden Nacht schwellen ihre Beine walzenförmig an, sodass sie am anderen Morgen weder ihre Knie noch Fußgelenke abwinkeln kann. Mehrere Tage kann sie nur im Liegen verbringen, umsorgt, aber auch ausgeliefert ihrer redseligen Vermieterin. Diese kostet Renée-Maries Hilflosigkeit weidlich aus, indem sie ihr schaurige Geschichten erzählt über »Macumba«, eine afrobrasilianische Religion, in der Fetische und Hexenzauber eine große Rolle spielen. Renée-Marie ist heilfroh, als sie wieder ihre Schüler aufsuchen kann.

Eines Abends, als sie nach Hause kommt, liegt auf dem Tisch in ihrem Zimmer ein Zettel. Ihre immer neugierige, gleichwohl zuverlässige Vermieterin, zumindest was telefonische Benachrichtigungen von Schülern anbelangt, hat darauf notiert, dass ein Colonel Olindo Deniz angerufen habe mit der Bitte um Rückruf. Diesen Namen hat Renée-Marie beinahe vergessen gehabt. Sofort taucht das Bild des Mannes vor ihr auf, der sie unter der grell leuchtenden Lampe stundenlang verhört hat, und Panik steigt in ihr hoch. Doch so sehr ihr davor graust, seine Stimme zu hören, es könnte ein Fehler sein, ihn nicht zurückzurufen. Mit klopfendem Herzen wählt sie am folgenden Vormittag die Nummer. Die Stimme des Colonel klingt unverbindlich höflich. Zunächst erkundigt er sich nach ihrem Befinden und ob sie Arbeit habe. Doch dann kommt, was ihr den Atem stocken lässt: *Ich würde sie gerne zum Mittagessen treffen, irgendwann in dieser Woche.* Alle möglichen Ausflüchte schießen ihr durch den Kopf: Sie habe momentan zu viel Arbeit, sie werde ihn zurückrufen, sobald sie mehr Zeit habe. Einfach abzulehnen, fehlt ihr der Mut. Nach allem, was sie erlebt hat, würde sie in ständiger Unruhe sein, was er gegen sie im Schilde führen könnte. Es bleibt ihr nichts übrig, sie muss in Erfahrung bringen, was er von ihr will. Sie verabreden ein Treffen für den übernächsten Tag zum Mittagessen.

Pünktlich erreicht Renée-Marie das angegebene Restaurant, das sich in der unmittelbaren Nachbarschaft eines Friseursalons befindet, mit dem sie eine schreckliche Erinnerung verbindet. Eine wahrhaft riesige Spinne mit behaartem Körper, offenbar sehr gefährlich, hatte damals alle Kundinnen und Angestellten entsetzt auf die Stühle klettern lassen. Der Salonbesitzer war couragiert genug gewesen und hatte sie getötet. Hoffentlich ist das kein schlechtes Omen, denkt sie sofort. Zum ersten Mal sieht Renée-Marie den Colonel in Zivil. Ohne seine Uniform und Epauletten wirkt er weniger imposant und bei Tageslicht älter, als sie ihn in Erinnerung hat. Nachdem sie an einem Tisch Platz genommen haben, besteht er darauf, auch für sie ein überdimensionales Steak, gekrönt von einem Spiegelei, zu bestellen und zum Dessert Avocado mit Eiscreme, eine portugiesische Spezialität. Mehrmals versucht sie während des Essens, das Gespräch auf die Gründe für ihre Verhaftung und die lange Dauer bis zu ihrer Freilassung zu lenken. Er antwortet einsilbig, gibt die Schuld dem damaligen Durcheinander der politischen Verhältnisse. Unter dem neuen Polizeichef sei damals auch die Polizeizentrale neu besetzt worden, andere Abteilungen jedoch nicht, und deshalb habe sich alles verzögert, obwohl er sich ganz besonders für sie eingesetzt habe. Eingehend erkundigt er sich, womit sie denn jetzt Geld verdiene und ob sie davon leben könne. In diesem Zusammenhang müsse er mit Renée-Marie eine für sie äußerst wichtige Angelegenheit besprechen, aber am besten unter vier Augen. Er schlägt vor, in seiner Wohnung ganz in der Nähe noch einen Kaffee zu trinken. Es überläuft sie kalt, aber wieder wagt sie nicht, ihm zu widersprechen oder abzulehnen. Stumm folgt sie ihm zu seiner Wohnung und redet sich ein, dass er sicherlich Familie hat und sie diese dort antreffen wird. Nachdem sie in einem unangenehm engen Aufzug bis in eine der oberen Etagen gefahren sind und der Colonel die Tür geöffnet hat, sieht sie mit einem Blick, dass es keine größere Wohnung ist, sondern nur ein Einzimmerappartement. Die schweren dunkelbraunen Vorhänge vor den Fenstern mit heruntergelassenen schäbigen Jalousien sind halb zugezogen. Der schummerig beleuchtete Raum mit einem kleinen Sofa und zwei Sesseln um einen Couchtisch wird von einem riesigen Bett beherrscht, auf dem eine hässliche, sehr große spanische Puppe thront, deren grellgelbes Kleid kunstvoll um sie herum drapiert ist. Renée-Marie hat das Gefühl, als würde ihr die Kehle zugeschnürt. Sie atmet tief durch, damit ihre Stimme nicht aufgeregt klingt, und sie zwingt sich, dem Mann in die Augen zu schauen: *Colonel, ich nehme an, Sie haben eine Tochter? – Ich habe zwei Töchter. – Sind sie in meinem Alter? – Mehr oder weniger. – Würden Sie eine Ihrer Töchter gerne in einer solchen Situation sehen?* Sie kann erkennen, wie überrumpelt er von ihrer letzten Frage ist. Nach einem Zögern sagt er mit mühsam beherrschter Stimme: *Setzen Sie sich bitte! Ich will Ihnen einen sehr ernsthaften Vorschlag machen.* Renée-Marie setzt sich in einen der Sessel, sodass der Tisch zwischen ihnen steht. *Sie verdienen doch nicht sehr gut mit ihrem Sprachunterricht. Ich wüsste etwas Besseres. Sie könnten für uns arbeiten, Informationen einholen und Nachforschungen betreiben. Eine Arbeit, die Sie vielleicht interessiert und für die Sie gut bezahlt würden.* Renée-Marie überlegt kurz, ob sie sich in Schwierigkeiten bringt, wenn sie ablehnt. Sie ist sich ziemlich sicher, dass der Colonel dieses Angebot lediglich improvisiert hat in einer für ihn sehr peinlichen Situation. *Sie werden verstehen, Colonel, nachdem ich selbst so vielen Verhören unterzogen wurde, kann ich das nicht.* Er weicht ihrem Blick aus und entgegnet nichts. Endlich erhebt er sich aus seinem Sessel. Renée-Marie fällt ein Stein vom Herzen, als er Anstalten macht, sie hinauszugeleiten. Im Fahrstuhl gibt sie sich noch einmal einen Ruck und sagt: *Sie waren immer sehr korrekt mir gegenüber, Colonel, unter den gegebenen Umständen vielleicht sogar besonders rücksichtsvoll. Dafür bin ich Ihnen dankbar.* Er lächelt etwas müde und verabschiedet sich sehr förmlich vor dem Haus von ihr. Es ist das letzte Mal, dass sie von ihm etwas hört. Gott sei Dank, war sie geistesgegenwärtig genug gewesen und hatte richtig reagiert. Aber warum, fragt sie sich anschließend, hat sie nicht darauf bestanden, die Angelegenheit im Restaurant zu besprechen? Warum wagt sie es nicht, Personen, die Autorität und Macht verkörpern, zu widersprechen?

Am 24. Oktober 1943 trägt Wilhelm Hausenstein ins Tagebuch ein: *Die letzten Tage sehr an Renée-Marie gedacht. Schmerzlich empfunden, dass uns keine Nachricht mehr erreicht. Heute Nacht von Renée-Marie geträumt. Sie war wie immer, nicht ein bißchen älter, schien heiter und hielt fremde, gelb und grün gefärbte Geldscheine in der Hand, die sie an Bedürftige verteilte.* Am 5. und 7. Oktober ist er in München gewesen und hat mit eigenen Augen die Zerstörungen gesehen, die durch den englischen Fliegerangriff in der Nacht vom 2. auf 3. Oktober entstanden sind. Er und Margot haben *das schauderhafte Schauspiel* von ihrem Garten aus beobachtet: *Erst einige weißgrüne Sterne über München, übergroß; allmählich standen weißgrüne und rote Leuchtkörper ob der ganzen Strecke vom Voralpenland über den blank reflektierenden See hin bis München und weiter – reihenweise.* [...] *Man hörte keine starken Detonationen, nur die von entfernten Abwehrgeschützen. Luftkämpfe waren sichtbar, an Feuerspuren, aber nicht hörbar.* [...] *Rauch und das Verwesungszeichen des Brandgeruchs bis hierher.* Außer zerschmetterten Wohnhäusern und ausgebrannten Straßenzügen gibt es einen besonders schweren Verlust: Das Nationaltheater ist vernichtend getroffen worden. Eine offizielle Erklärung lautet: *München hat jetzt seinen Platz in der Reihe jener Städte, die in der ersten Front des Luftkrieges stehen.* Offenbar wird erwartet, dass die Münchner darauf stolz sind. Vielleicht ist es für den einen oder anderen eine kleine Genugtuung, dass bei diesem Angriff auch das »Braune Haus« am Karolinenplatz schwer getroffen worden ist.

Nachdem es Hausenstein zur *unumstößlichen Gewissheit* geworden ist, dass er vom 1. Januar 1944 an ohne einen Groschen vom Verlag auskommen muss, setzt er sich mit seiner Gewohnheit auseinander, sich *alle im Sinn einer gewissen Wahrscheinlichkeit etwa bevorstehenden Widrigkeiten sozusagen perspektivisch vorzustellen, um von ihnen nicht überrascht zu werden, wenn sie kommen, und auf diese Weise eine Art von Ruhe vorauszunehmen.* Er wisse sehr wohl, dass das falsch sei, da im Evangelium den Aposteln geraten werde, *die richtige Haltung in der Sekunde der Notwendigkeit von oben zu empfangen.* Jene Gewohnheit abzulegen, notiert er am 18. Oktober, falle ihm jedoch äußerst schwer, obschon er gelernt habe, dass sich in seinem Leben regelmäßig Widrigkeiten einstellten, die er *nicht einkalkuliert habe.* Mit spürbarer Bitterkeit zieht er am 19. November 1943 Resümee: Er habe *zehn Jahre lang die Arbeit von zwei Schriftleitern für ein Gehalt getan, mit dem ein einziger ganz gewiß nichts weniger als überzahlt gewesen wäre. Dazu war ich Mitarbeiter des Feuilletons und der Beilagen (als Schriftsteller). Endlich: ich war genötigt, mein unzulängliches Gehalt durch Nebenarbeiten zu ergänzen, was mich vollends einen Teil meiner Gesundheit gekostet hat.* [...] *im »Geschäftlichen« habe ich mit der Frankfurter Zeitung nie Glück gehabt. Sie ist immer karg gegen mich gewesen, vom*

Anfang (1916 oder 1917) an bis zum Ende. Das Blatt war mir gegenüber jederzeit auf eine kleinbürgerliche Honorarkonzeption gestimmt.

Im Dezember soll Hausenstein wegen *Puls-Arhythmien* und Schwächegefühl wieder liegen. Der schwere Nebel drücke ihm *Luft und das Leben* ab, heißt es im Tagebuch. *Auch scheint das Gewicht des Jahres mit jedem Tag, den es tiefer sinkt, um den toten Punkt zu erreichen, zuzunehmen und zuzunehmen – und das ist im Verhältnis zu meinem Befinden wahrscheinlich mehr als eine Allegorie.* Trotzdem muss er sich am 2. Dezember beim Arbeitsamt zur Überprüfung seiner Dienstverpflichtung vorstellen und ist erleichtert, als man angesichts des prekären Stands seiner Gesundheit davon absieht. Beim Zurückblättern im Tagebuch stellt er am 7. Dezember fest, dass sich seine Einträge in den vergangenen Wochen fast ausschließlich mit seiner und Margots Lektüre befassen. Wen wundert es, leben sie doch sehr zurückgezogen und schätzen mehr und mehr die Stille ihres Hauses. Täglich werden sie sich bewusster, was es bedeutet, *noch ein Dach, noch ein Bett, ein leidlich warmes Zimmer* zu haben, und *erkennen, dankbar gegen Gott, jeden Tag deutlicher, wie viel, wie sehr viel dies ist.* Ein Schmetterling, der seit einigen Wochen in seinem Schlafzimmer an der Wand nahe von Renée-Maries Kruzifix aus Oberammergau sitzt, ist für Hausenstein wie eine lebendige Beziehung zu seiner Tochter. Es ist ihr zweites Weihnachten ohne sie und ohne Nachricht von ihr. *Wie sehr wir nach Renée-Marie Heimweh hatten, […] ist gar nicht zu sagen.*

Für Renée-Marie sind die Monate bis zum Jahresende 1943 schnell vergangen, ausgefüllt mit einem Arbeitspensum, das ihr wenig Zeit zum Nachdenken gelassen hat. Die Freundschaft und das Zusammensein mit Saxby helfen ihr, die bedrückenden Erinnerungen zeitweise beiseite zu schieben. Immer wieder gibt es jedoch Momente, in denen Bilder in ihr hochsteigen, so sehr sie versucht, sich dagegen zu wehren. Die Angst, dass sich wiederholen könnte, was sie erlebt hat, lässt sie nicht los. Es ist purer Zufall, der sie eines Abends Anfang 1944 zu dem Buch »The Prose of Oscar Wilde« in ihrem Regal greifen lässt. Irgendjemand muss es ihr geschenkt oder geliehen haben. Sie blättert und hält inne, als sie liest »De profundis. Epistola: in carcere et vinculis«. Es ist Wildes letztes Prosawerk, das er während einer zweijährigen Gefängnishaft neben den 1898 entstandenen »Letters from Reading Prison« [Die Ballade vom Zuchthaus zu Reading] schrieb, und es gehört zu seinen bedeutendsten literarischen Äußerungen und den ergreifenden Dokumenten menschlichen Leidens und menschlicher Selbstüberwindung.

Oscar Wildes Diktion im Original zu verstehen, kostet Renée-Marie große Mühe, und sie muss vieles mehrmals lesen. Sie ist zutiefst berührt von seiner Bejahung erlebten Leids und seinem daraus resultierenden verwandelten Willen zum Leben. Ebenso wie Wilde fühlt sie sich unmittelbar angesprochen von dem Goethe-Zitat: *Wer nie sein Brot mit Tränen aß, wer nie die kummervollen Nächte auf seinem Bette weinend saß, der kennt euch nicht, ihr himmlischen Mächte.* Diese Verse, schreibt Wilde, habe er früher nicht verstanden und entschieden abgelehnt. In den letzten Monaten im Zuchthaus jedoch habe er *nach schrecklichen Kämpfen und Widerständen einige der Lehren erfaßt, die im Herzen des Kummers liegen. Prediger und andere Leute, die Phrasen ohne Sinn und Verstand gebrauchen, sprechen manchmal vom Leiden als einem Geheimnis. Es ist vielmehr eine Offenbarung. Man sieht Dinge, die man früher nie gesehen hat. Man betrachtet die ganze Weltgeschichte mit anderen Augen.* Hätte man ihn ein Jahr zuvor aus dem Zuchthaus entlassen, erklärt Oscar Wilde, wäre er *mit einem Abscheu gegen diesen Ort und alle, die hier tätig sind, geschieden, mit einem Haß von solcher Bitterkeit, daß er mein Leben vergiftet hätte.* Doch wenn er jetzt hinausgehe, werde er *immer der großen Freundlichkeit gedenken, die mir von fast allen hier entgegengebracht worden ist, und am Tage meiner Entlassung werde ich vielen Leuten die Hand schütteln und sie bitten, auch sie möchten mitunter meiner gedenken.*

Das erinnert Renée-Marie daran, dass auch zu ihr Menschen im Gefängnis freundlich waren, insbesondere Paulo. Sie kauft die schönste Krawatte, die sie findet, und schickt sie dem Wachmann mit Worten des Danks. Wilde habe ihr die Augen geöffnet, so meint Renée-Marie, und einen Weg gewiesen, das Erlebte besser zu bewältigen. Mit seiner geschilderten Läuterung durch leidvolle Erfahrung und seiner Religiosität jenseits aller kirchlichen Dogmatik habe sie sich identifizieren können. Jahre später wird Renée-Marie auf Gedanken ihres Vaters in dessen Tagebuch stoßen, die Hausenstein etwa zur Zeit ihrer Entlassung aus dem Gefängnis, am 23. Mai 1943, nach einem Gespräch mit Franz-Xaver Hirschbold über das Böse notierte und die in eine ähnliche Richtung gehen: *Exemplarisch dient das Übel des Todes und tödliches Leid von besonders schmerzlicher Art im Falle Christi zum Heil. Am Unschuldigen verwirklicht begründen Übel und Leid – durch die Bosheit der anderen, durch die Sünden der Menschheit hervorgerufen – die Erlösung der Welt. Das Böse wird damit ins Gute gewandt und erst darin real. Vorher ist es nichts als ein törichter Versuch, ohne »seinsmäßige« Beschaffenheit.*

Ein Brief Renée-Maries vom 5. März 1944 hinterlässt bei Wilhelm Hausenstein den Eindruck, ohne die Ursache zu kennen, dass mit seiner Tochter eine Veränderung vorgegangen ist. Der Brief macht auf ihn einen positiven und vor allem *gereiften* Eindruck. Unterdes kann er sich eine kritische Anmerkung im Tagebuch nicht verkneifen: *Renée-Maries Schrift dürfte besser sein; die französische Orthographie leidet unter Fehlern aus Zerstreutheit; aber das Französische ist recht gut gehandhabt; sie hat viel gelernt.* Er ahnt nicht, wie recht er mit seiner Vermutung hat: *das Kind scheint sich zu finden und zu behaupten – Gott sei Dank.* Trotz aller Widrigkeiten ist es Renée-Marie gelungen, ihr Leben neu zu organisieren, und am Jahresende hat sie alle Schulden zurückgezahlt.

1944

Am 6. Januar 1944 beginnt Wilhelm Hausenstein mit der Arbeit an einem großen autobiografischen Roman, für den er am 27. Dezember 1943 eine Planskizze erstellt hat. Die vor einem Jahr begonnene Selbstbiografie will er einstweilen beiseitelegen, *um nach der großen Arbeitspause die immerhin erfrischte Kraft ganz an eine dichterisch konzipierte Arbeit zu wenden – in dem Bewußtsein auch, daß diese Arbeit wichtiger werden dürfte und daß die Zeit drängen könnte.* Ärger denn je empfindet er *die ungeheure Angst vor dem Schreiben, und dies bis in den Schlaf hinein, wo mir denn Stellen, die mehr oder weniger verfehlt sein könnten, aufs Gewissen fallen wie Untaten, ja wirklich wie Verbrechen.* Zwischen *tiefem Zweifel und einiger Zuversicht* hin und her gerissen, fühlt er sich oft *blockiert.* Die Arbeit kommt zum Erliegen, als Margot schwer erkrankt und längere Zeit bettlägerig ist, eine Entzündung der Gallenblase, wie eine Röntgendiagnose ergibt. *Das Ganze mehr oder minder psychogen: Folge langjähriger Bedrückung und Sorgen und Aufregungen, die in den Umständen lagen.* […] *Freilich ist auch das Herz nicht ohne Fehler: es wird eine Insufficienz* [sic] *zum mindesten* vermutet. Hausenstein war, wie er am 8. Februar schreibt, *die ganze Zeit her konsterniert und bin es noch: ungewohnt, Margot krank zu sehen, habe ich von dem Anblick einen Choc* [sic] *bekommen.* Eine große Freude für beide, als am 15. Februar nach langer Zeit ein Brief von Renée-Marie eintrifft: *Gottseidank! Er mutet recht positiv an, mit der Beschreibung der kleinen Wohnung. Wir haben ihn wieder und wieder gelesen, lesen ihn noch.* Die Sorge um Margot macht Hausenstein gesundheitlich anfällig. Im März fängt er sich eine schwere Grippe ein mit hohem Fieber. Im Tagebuch wünscht er, *daß der Krieg, wenn wir ihn, nur von der Gesundheit her gesprochen, überleben sollen, von andrem nicht zu reden, bald aufhören muß. Wir beide sind so mitgenommen an Leib und Seele, daß wir's, glaube ich, nicht mehr lange bestehen, wenn nicht ein Friede kommt, der einer ist.* […] *Wenn wir nur unsere Tochter noch einmal sehen!*

Die Fliegeralarme häufen sich. Am 18. März ertönen die Sirenen zum ersten Mal auch in den Mittagsstunden. Amerikanische Flugzeuge sind im Anflug. Am 1. April ist während des ganzen Nachmittags der Himmel voll von Flugzeugen. Zwei Tage später hat Margot erneut eine Gallenkrise, die sie laut Hausenstein in bewunderungswürdiger Weise tapfer und hoffnungsvoll erträgt; es sollte nicht die letzte sein. Bisher habe er beim Gebet immer vermieden, schreibt Hausenstein, das Kruzifix anzuschauen. *Ich weiß nicht weshalb: ob aus Scham, ob aus einem (protestantischen) Verlangen, mich auf den Inhalt des Gebetes begrifflich zu konzentrieren?* Kürzlich habe er aus einem instinktiven Entschluss angefangen, den Blick auf das Kreuz zu richten, und verspürt, dass es ihm viel eher zu der Konzentration verhelfe, an der es seinem Gebet bisher gefehlt habe.

Am 24. April nimmt Hausenstein am Begräbnis von Leo Freiherr von König teil. Der bedeutende Porträtmaler von Persönlichkeiten des gehobenen Bürgertums und Adels sowie von großen Künstlern seiner Zeit hat sein letztes Lebensjahr mit seiner Familie in Tutzing verbracht, nachdem ihr Haus in Berlin von einer Bombe getroffen worden war. Hausenstein geht der Tod Leos, den er noch einige Tage zuvor gesehen hat, nahe. *Eine intime Freundschaft ist zu Ende: intim im persönlichen, menschlichen Sinne, weniger in einem geistigen, denn das Gespräch mit Leo blieb immer etwas karg, sein Verhältnis zu den religiösen Dingen dürftig, seine Vorstellung von diesem Bereich ein dünnes Stück Berliner Aufklärung, gegen das nicht anzukommen war.* Wegen eines Fliegeralarms ist ein Großteil der Trauergäste ausgeblieben, auch ein angekündigtes Quartett sei deshalb nicht zustande gekommen und ein Konsistorialrat aus München habe eine *salbaderige Grabrede gehalten (in der er unglückseliger Weise sein Verständnis für die Kunst beweisen wollte)*. Resigniert stellt Hausenstein fest, allmählich habe er mehr Freunde auf der anderen Seite als auf dieser Erde.

In der folgenden Nacht auf den 25. April geht ein Bombenhagel auf München nieder, der schwerste Luftangriff auf die Stadt seit Kriegsbeginn. Hausenstein liegt von etwa 1 bis 2 Uhr nachts im Fenster. *Detonationen geschahen ohne Unterbrechung; eine einzige Feuerklammer hielt den nordöstlichen Horizont (über der Ausdehnung der Stadt) grausig zusammen.* 350 bis 400 Feindflugzeuge laden 31 Sprengbomben, 14 160 Phosphorbrandbomben, 550 000 Stabbrandbomben, 844 Flüssigkeitsbrandbomben, 10 245 Flammstrahlbomben, 459 Blitzlichtbomben und 36 Zielmarkierungsbomben über München ab und verwandeln die Innenstadt und einige Außenviertel in ein einziges Flammenmeer. Feuerstürme fegen durch die Altstadt, durch die Au und Giesing. 136 Tote werden gezählt und 4185 Verletzte, 70 000 Menschen sind obdachlos und fast 2000 Gebäude total zerstört. Drei Tage später wandert Hausenstein durch die Stadt, *nach innen weinend. Nicht nur daß München denen genommen ist, die zu der Stadt gehören. Ein Besitz des Abendlandes ist zertrümmert, ein Komplex von Dokumenten des europäischen Geistes geschändet.* Ganz oder teilweise zerstört sind die Alte Pinakothek, die Michaelskirche, die Residenz, die Akademie der Bildenden Künste, der »Alte Peter«, das Stadtmuseum, das Alte und Neue Rathaus, das Maximilianeum, das Völkerkundemuseum, das Odeon, die Tonhalle und das Wittelsbacher Palais, der Hauptsitz der Gestapo. Auch die Staatsbibliothek ist erneut getroffen worden.

Der liebe Gott macht es einem sauer, an ihn und seine Liebe zu glauben, schreibt Hausenstein in sein Tagebuch. Drei Menschen aus ihrem Bekanntenkreis, darunter eine schwangere Frau, sind in ihrem Keller in München von einer Bombe getötet worden, und eines Abends stehen zwei Freunde, *mehr tot als lebendig,* vor Hausensteins Tür. *Sie waren schwarz an Wimpern und Fingernägeln, rochen süßlich nach dem Brand, in dem sie vier Tage gelöscht, geräumt, zu retten versucht, anderen geholfen hatten.* Als am Vormittag des 13. Juni Flugzeuge in zahlreichen Formationen genau über ihr Haus fliegen, stellt Hausenstein verwundert fest: *Merkwürdig, daß man nicht im Geringsten den Eindruck einer Gefahr empfand, sondern rein kontemplativ hinaufsah.* Der Krieg kommt näher. Bei einem Fliegerangriff auf München in der Nacht vom 13. auf 14. Juni werden in Starnberg sieben Feuerwehrleute durch eine abgeworfene Splitterbombe getötet. Am 19. Juli gibt es einen mehrstündigen Alarm wegen Luftkämpfen über dem Starnberger See. Ein großes amerikanisches Flugzeug stürzt in der Nähe des Buchenhauses ab. Obwohl Hausensteins *vom Krieg unmittelbar noch kaum betroffen sind (am Lande), setzt jeden Moment die Wasserleitung aus, weil es am elektrischen Strom fehlt, der die Pumpen antreibt. Es fehlt an Licht, alle paar Tage; das Telefon ist halb coupiert; die Züge laufen mit sehr großen Verspätungen.* Er habe angefangen, *in Lumpen herumzulaufen.* [...] *Das Herz arbeitet schlecht; ich bin zuweilen sterbensmatt.* Sechs verheerende Angriffe gehen zwischen dem 11. und 21. Juli auf München nieder – mehr als 3000 Tote und rund 200 000 Obdachlose.

Als im August das herrlichste Sommerwetter den seit jeher wetterfühligen Hausenstein über mehrere Tage erfreut und der September *warm, sinnlich-feucht bei starker Sonne, fast durchweg schön ist,* hebt sich seine Stimmung. Die Natur sei nächst Gott für ihn die helfende Instanz, heißt es einmal im Tagebuch. Hausenstein macht ein wenig Ferien, badet mehrmals im See, unternimmt eine *Kahnfahrt aus dem See in die Würm bis Leutstetten* [vermutlich mit Franz-Xaver Hirschbold wie bereits am 8. September 1943] und Ausflüge mit Margot nach Wörishofen und Polling. Ende August, als der Tutzinger Bürgermeister einige ältere Leute zu Kriegshilfsdiensten heranzieht, zählt Hausenstein in Unter- und Oberzeismering Hühner. Er und Margot äßen jetzt des Öfteren Pferdefleisch, berichtet das Tagebuch, weil die Rationen größer und gut zubereitet seien, könne man es von Ochsenfleisch kaum unterscheiden. Man sei *überhaupt in einer Phase angekommen [...], wo man alle positiven Dinge doppelt und dreifach empfindet, so haben wir wahrgenommen, daß alle Gegenstände in dem »schwächeren« Licht der Kerze ein ganz anderes, das heißt: ein viel tieferes und höheres Relief gewinnen – das eben der wirklichen Dinglichkeit.* Unter der Spannung der allgemeinen Verhältnisse und der Erwartung weiterer bedrohlicher Ereignisse bringt Hausenstein an manchen Tagen nicht die Konzentration auf, an seinem Buch weiterzuschreiben. Er hilft Margot beim Putzen der Wohnung und Fenster, schleppt in einem Karren Kartoffeln und anderes den Berg hinauf und holt zu Fuß reparierte Schuhe im circa fünf Kilometer entfernten Nachbardorf Feldafing ab. So lebe man heute und müsse *dem Himmel dafür danken, daß man so leben darf.* Noch leiden sie keinen Hunger. Zu ihrem Glück gibt es den Fischer Franz Lidl, der ihnen gelegentlich eine frisch gefangene Renke zukommen lässt, und die Tutzinger Geschäftsleute Erwin Bodemann und die Familie Zistl kommen ihnen bei ihren Einkäufen auf Lebensmittelkarten großzügig entgegen.

In den Mittagsstunden des 22. September haben einige 100 schwere Kampfflugzeuge die Gebäude des Hauptbahnhofs und angrenzenden Starnberger Bahnhofs zerstört. Ein paar Mal nimmt Hausenstein die umständliche und mühselige Reise nach München auf sich. Einschließlich der Aufenthalte auf den Bahnhöfen und des langwierigen Umsteigens dauert die Fahrt hin und zurück jeweils etwa acht Stunden. München sei nun absolut verwüstet. Wehmut überkommt ihn vor dem beschädigten Haus in der Montgelasstraße 8, in dem Renée-Marie geboren wurde. *In dem Geburtszimmer war die Deckenlampe von der Straße her sichtbar; die Fenster fehlten.* In der leidlich unversehrten Ludwigskirche sucht er den Platz, an dem Renée-Marie vor zwölf Jahren, in den Tagen, da Goethes Todestag sich zum 100. Male jährte, zur Feier der ersten Kommunion gekniet hatte. Dort kniet auch er nieder und betet ein Vaterunser für seine Tochter, *inmitten einer Leere, die schauerlich gewesen wäre, wenn man sich nicht hätte an Gott wenden können.* Seine Goethe-Ausgabe, verfügt er anschließend im Tagebuch, solle eines Tages Renée-Marie bekommen, und er hofft, dass sie *sie in hohen Ehren hält, die Bleistiftstriche wahrnimmt, die ich angebracht habe, und sich reife Gedanken macht.*

Am 18. Dezember notiert Hausenstein: *Die Kreise werden enger und enger um uns her. Heute Nacht schwerer Angriff auf München; um 11 Uhr Nachts war der Himmel im Nordosten rot wie eine blutende Wunde. Die Alarme hören nicht mehr auf.* Sein persönlicher Jahresrückblick am 31. Dezember 1944 zeigt sich dennoch sehr zufrieden, was seine literarische Tätigkeit anbelangt. Das erste Buch seines autobiografischen Romans sei nahezu fertig, an die 60 Gedichte von Baudelaire habe er übersetzt und noch weitere französische Lyrik des 19. Jahrhunderts. Bis zum Frühjahr 1945 hofft er eine kleine, aber nicht unrepräsentative Anthologie schaffen zu können.

Von all dem erfährt Renée-Marie aus den Briefen fast nichts. Margots meist nicht sehr langen Briefe, denen Wilhelm Hausenstein gelegentlich ein paar Zeilen am Schluss hinzufügt, erzählen vom Garten und Hund und erfreulichen Begebenheiten. Am 5. Mai haben sie und Gilles ihre Silberhochzeit in aller Stille gefeiert und dabei der Lieben in weiter Ferne gedacht, und am 17. Juni sind an Gilles 62. Geburtstag einige Freunde bei ihnen gewesen. Sein 62. Lebensjahr, notiert Hausenstein ungewohnt unverblümt im Tagebuch, sei *mit einem jener verpißten und untemperierten Tage zu Ende* [gegangen], *die für den oberbayerischen Juni klassisch sind.* Am 3. September hat Margot ihren 54. Geburtstag gehabt, leider ohne den halb und halb erhofften Brief von ihrer Tochter. Ansonsten will Hausenstein diesen Geburtstag als einen *der hübschesten, rundesten* empfunden haben.

Ab Anfang 1944 übernimmt er in weiten Teilen das Schreiben an die Tochter. Auch seine Briefe berichten Unverfängliches, womit er sich literarisch beschäftigt, was er und Margot zu ihrer Erbauung lesen. Er empfiehlt Renée-Marie Werke französischer Schriftsteller zur Lektüre, da ihn ihr fehlerhaftes Französisch bekümmert. Ein häufig wiederkehrendes Thema in seinen Briefen ist Renée-Maries Gesundheit. Offenbar befürchtet Hausenstein, obwohl nichts darauf hindeutet, dass seine Tochter von ihm ein schwaches Herz geerbt haben könnte. Margot hingegen macht sich Sorgen ganz anderer Art in einem Brief im Dezember. Anscheinend hat Renée-Marie erwähnt, dass sie neuerdings Bridge spielt. Von dem Spiel gehe eine gefährliche Faszination aus, warnt Margot, und da sie ihre zur leidenschaftlichen Übertreibung tendierende Tochter kennt, appelliert sie eindringlich an sie, es damit nicht zu übertreiben.

Als Renée-Marie Mitte November einen Brief aus Madrid von Maria Caballero erhält, befürchtet sie das Schlimmste. Doch Maria Caballero will sie nur beruhigen und von ihrer Tochter Dolores übermitteln, dass diese Margot und Gilles beinahe täglich sehe und beide wohlauf seien. Die Angst, dass in der Zwischenzeit doch etwas passiert sein könnte, kann ihr der Brief freilich nicht nehmen. Beunruhigend für sie ist ebenfalls, dass sie von ihrer Großmutter Gabrielle aus Brüssel seit Langem keine Antwort auf ihre Briefe bekommen hat.

1945

Nie habe er, notiert Hausenstein am Neujahrstag 1945, die Schwelle von einem Jahr zum anderen mit so entsetzlich bedrücktem Herzen überschritten. Von Lebensfreude könne keine Rede sein, er *ertrage es – zwar mit ungeheurer Dankbarkeit gegenüber Gott, daß es noch so ist, wie es ist, und mit einer leisen Hoffnung, friedliche Tage etwa noch zu erleben.* Freude schöpft er aus kleinen Dingen wie dem kühlen Duft einer ersten im Glas am Fenster aufgegangenen weißen Hyazinthe, und als innig beglückend empfindet er das tiefe und weiche Himmelsblau am 18. Januar. Er liest von Claudel »Der seidene Schuh«, den Briefwechsel Bettina von Arnims mit Frau Rat und Goethe, übersetzt die »Effarés« von Rimbaud, »Pâques« und »Mona Rosa« von Verlaine. Immer wieder vertieft er sich in die vier Evangelien. Es ist ihm zum existenziellen Bedürfnis geworden. Alle ihm unklaren Stellen in den Evangelien und im Römerbrief bespricht er mit Luitpold Kuhnmünch, seinem Duzfreund und langjährigen Ratgeber in religiösen Fragen, als dieser ihn mehrere Tage besucht. *Ich bewundere immer wieder das Phänomen dieses theologischen Verstandes; mir ist so wenig davon zugeteilt*, notiert er anschließend im Tagebuch.

Am 1. Februar erklärt sich Hausenstein im Tagebuch für außerstande, Näheres darüber anzugeben, wieso Freitag, der 26. Januar 1945, *einer der abscheulichsten Tage* seines Lebens gewesen ist. Täglich fragt er sich nun, ob er und Margot durch die nächsten Monate heil durchkommen werden. An Renée-Maries 23. Geburtstag betet er für sie in der Dorfkirche an der Stelle, wo er vor etwa dreieinhalb Jahren mit ihr einer Messe für Lupo beiwohnte, und entsinnt sich des föhnigen, stürmischen Vormittags, an dem er ihre Geburt auf dem Standesamt in München angemeldet hat.

Wir halten uns gut, schreibt Margot beruhigend, und beschließt mit einem *Au revoir, au revoir. A toi. M.* den Brief. In Wirklichkeit wird es immer schwieriger, Nahrungsmittel zu bekommen. Sie müssen mit drei Scheiben Brot am Tag auskommen, vier oder fünf, wenn man sie sehr dünn schneidet. Sie schätzen sich glücklich, da man ihnen einen kleinen Ofen geliehen hat. So kann wenigstens ein Zimmer erwärmt werden.

Im April hört das Heulen der Alarmsirenen nicht mehr auf. Man gewöhne sich *an das stupide Geheul – halb wenigstens, und halb revoltiert man dagegen.* Am Sonntag, dem 29. April, spürt die wegen einer neuerlichen Gallenkolik zu Bett liegende Margot, wie das Haus von Detonationen erzittert. Die Amerikaner, so hat Hausenstein erfahren, stehen auf der Linie Dießen – Fischen am Ammersee – Pähl – Weilheim, und in Erwartung der unausbleiblichen Okkupation verbringen sie die Nacht. Immer wieder werden sie geweckt von weiteren Detonationen, die, wie man Hausenstein anderntags versichert, zum Teil von Sprengungen rührten, *die deutsches Militär in der Untergangs-Phrenesie* [Untergangs-Wahnsinn] *noch besorgen zu müssen meinte. Es ist schlüssig, daß in einem Bereich, in dem zwölf, fast dreizehn Jahre ein Agent des Teufels regiert hat, noch das Letzte ruiniert wird: die Bilanz des Teufels ist Nichts. Es würde mit der Monstrosität des verendenden Systems zusammenstimmen, wenn die Autobahnen nur gebaut worden wären, um schließlich zerstört zu werden.*

Am Mittag des 30. April werden in Tutzing die weißen Fahnen ausgehängt. Der Krieg scheint für ihre Gegend beendet zu sein. Mehrmals, vom frühen Morgen an, während des Tages und auch an den folgenden Tagen läutet es an ihrer Haustür. Jedes Mal stehen Menschen in schmutzigen, breit gestreiften Anzügen, mit hohlen Augen und eingefallenen Gesichtern, abgemagert zu Skeletten, bettelnd vor der Tür. Auch Kinder sind darunter. Margot gibt ihnen Suppe, heißen Tee, Käsebrote, Lebensmittelmarken, Geld und Kleidungsstücke. Erst später erfahren Hausensteins, woher diese erbarmungswürdigen Menschen, denen man auch überall im Ort begegnet, kommen. Ein Güterzug mit 2000 auf engstem Raum zusammengepferchten Häftlingen, osteuropäischen Juden aus einem Nebenlager des KZs Dachau, war auf Befehl des Reichsführers der SS, Heinrich Himmler, am 26. April in der Gegend von Mühldorf in Richtung Tirol in Bewegung gesetzt worden. Wegen zerbombter Gleise musste er umgeleitet werden nach Seeshaupt, wurde unterwegs von alliierten Tieffliegern beschossen und war in der Nacht zum 30. April etwa einen Kilometer südlich von Tutzing auf offener Strecke liegen gelassen worden. Der Lokführer hatte heftiges Artilleriefeuer gehört, seine Lok kurzerhand abgehängt, und auch die SS-Wachposten hatten das Weite gesucht.

Die vom amerikanischen Ortskommandanten zunächst geforderte sofortige Evakuierung aller Häuser in Tutzing zur Unterbringung der Häftlinge erfolgt dann doch nicht. Am Nachmittag des 2. Mai werden die seit Wochen leer stehenden Gebäude der NS-Oberschule Starnberger See in Feldafing in aller Eile für die ehemaligen Lagerinsassen hergerichtet. Etwa 500 Kranke und Verwundete von ihnen werden in umliegenden Lazaretten untergebracht, wo deutsche Soldaten, notiert Hausenstein, aus dem Fenster geschrien hätten: *Haut die Bande hinaus!*

Nach Jahren, in denen er keine oder nur sehr verhaltene Kommentare zum Zeitgeschehen im Tagebuch niederzuschreiben wagte, bricht es nun heftig und sprachlich ungewöhnlich drastisch aus ihm heraus: *Dergleichen bleibt von dem Régime des Monstrums nach – und wird weiter nachbleiben; zumal da die Brut der bisher aktiven Hitleristen im Ort nach wie vor unbehindert herumläuft, darunter eine Anzahl hysterischer Weibsstücke. Die Tutzinger Bajuwaren hatten zwar das Maul sehr voll genommen: »Die legen wir hin«, »die machen wir kalt« und so weiter. […] Es gab im Dorf Leute, die über diese »jüdische Landplage« zu jammern sich anlassen wollten. Ihnen war leicht zu antworten: hätte man sie belassen, wo sie zuhause waren, so wären sie nun nicht hier! Immerhin* bedurfte *es dieser simplen Logik, um den Leuten einen Star zu stechen: zwölf Jahre systematisch betriebener Verblödung haben eine hartnäckige Nachwirkung bis in mittlere Köpfe hinein, nicht bloß in subalternen Schädeln. […] Wenn die Unschuldigen* mit *den Schuldigen leiden müssen, so ist dies in der von Gott selbst verhängten Solidarität der Menschen begründet: sie haften* gemeinschaftlich *vor* Seinem *Angesicht. Und überdies: wer in Deutschland könnte heute sagen,* er *sei unschuldig?* Nachdem Hausenstein zum ersten Mal seit ihrer geheimen Konversion an Ostern 1940 gemeinsam mit Margot an einem Gottesdienst, einem Dankgottesdienst, teilgenommen hat, notiert er anschließend: *Ach, keiner will jetzt »dabei« gewesen sein; keiner hat das Parteizeichen im Rockumschlag ernst gemeint; die Charaktere stehn in Blüte […] es ist zum Speien.*

Nur langsam fällt die *permanente Panik* der vergangenen Jahre von ihnen ab. Aus dem Schlaf auffahrend, bezieht Hausenstein jedes nächtliche Autogeräusch zunächst auf den *Schreck-Gedanken »Gestapo«.* Läutet die Hausglocke, so ist sein erster reflexartiger Gedanke, die Gestapo stehe vor der Tür. Da er nicht weiß, wann Renée-Marie diese für sie bestimmten Aufzeichnungen jemals lesen wird, hält er es am 3. Mai für angebracht – vielleicht auch sich selbst oder anderen Lesern gegenüber? –, schriftlich darzulegen, warum er *nicht viel mehr von den Zeitläuften aufgeschrieben* hat. Seit Renée-Maries Abreise 1942 seien er und Margot für die Partei und ihre Organe, nicht zuletzt für die Polizei, *en vue* gewesen. Zweimal habe für Margot und ihn unmittelbare Gefahr bestanden, voneinander getrennt zu werden, im Mai 1943 und zuletzt am 26. Januar dieses Jahres. An jenem abscheulichsten Tag seines Lebens hatten sie das Schreiben eines sogenannten Vertrauensmanns der Reichsvereinigung der Juden in Deutschland namens Theodor Israel Koronczyk erhalten. Margot wurde darin aufgefordert, dieses Mal den beiliegenden Fragebogen postwendend ausgefüllt zurückzuschicken, andernfalls müsse sie sich *alle nachfolgenden Weiterungen selbst zuschreiben*. Wie Hausenstein an diesem Tag erfuhr, hatte Margot ein erstes Schreiben vom 4. Januar kurz entschlossen verbrannt, weil sie befürchtet hatte, dass es ihn in Todesangst versetzen würde. Vielleicht würde man sie ja vergessen, hatte sie gehofft. Beide wussten, dass auf Anordnung des Reichssicherheitshauptamts vom 13. Januar 1945 Margot die Überstellung zum geschlossenen Arbeitseinsatz in Theresienstadt und wahrscheinlich Schlimmeres drohte. Nachdem er seiner Frau geschworen hatte, sie nie allein zu lassen, sie bis ans Ende ihres Wegs zu begleiten, hatte er sich des Weiteren angenommen. In einem in Kopie erhaltenen Begleitschreiben erklärt Hausenstein, dass der erste Fragebogen nie bei ihnen angekommen und der zweite von ihm persönlich ausgefüllt worden sei. Er selbst hatte alles Herrn Koronczyk persönlich überbringen wollen, doch diesen in München nicht angetroffen. Das Kuvert hatte er an *eine kleine blasse Frau* in der gegenüberliegenden, halb zerstörten Wohnung Hiltensbergerstraße 53/0/links übergeben, die ihm versichert habe, es zuverlässig auszuhändigen. Wochen bangen Wartens vergingen, aber sie hörten wunderbarerweise nichts mehr. Erst später erfuhren sie, dass das Haus jenes Koronczyk von einer Bombe getroffen worden war. Am 3. Juni 1945 schreibt Hausenstein an Luitpold Kuhnmünch, es wäre undankbar, *nicht einen providentiellen Zug darin erkennen zu wollen,* dass sie diese ganzen entsetzlichen zwölf Jahre hindurch ausgespart worden seien, *so nahe die Gefahren immer wieder an uns herankamen – sie waren konkreter vor der Tür, als wir selbst wußten*. Nur mit der Abwendung vom schrecklichen Zeitgeschehen und der Hinwendung *aufs Positive, aufs Innere, zu Gott*, beschließt Hausenstein jenen Rückblick, hätten er und Margot diese Jahre überhaupt ertragen können.

In ihrem Brief Anfang Mai braucht sich Margot erstmals nach drei Jahren nicht zu verstellen und muss ihn nicht an ihre *liebe Freundin Maria* richten, sondern darf *mon enfant Chérie* [mein geliebtes Kind] schreiben. Nicht länger muss sie hinter belanglosem Geplauder verbergen, wie es um sie steht, sondern kann sagen, wie ihr zumute ist: *Wir haben abscheulich gelitten unter der Knute der Nazis*. Zweimal, berichtet sie Renée-Marie, habe sie sich versteckt. Jedes Mal waren sie rechtzeitig gewarnt worden, entweder vom Tutzinger Bürgermeister Paul Herre, der 1941 den nationalsozialistisch gesinnten Karl Seemann abgelöst hatte, oder von ihrem Freund Franz-Xaver Hirschbold, und beide Male ist sie nach Landsberg zu ihrem Freund Pfarrer Luitpold Kuhnmünch geflüchtet. Sie müsse ihrem Schicksal dankbar sein, denn sie habe überlebt und dürfe immer noch in ihrem geliebten Buchenhaus wohnen. Ihr Bruder Alfred hingegen, den man im Februar 1942 von der Straße weg in ein Konzentrationslager bei Mecheln und beim deutschen Rückzug nach dem Osten verschleppt hatte, ist wahrscheinlich in Auschwitz umgebracht worden. Auf Grund der Auskunft des jüdischen Informationsbüros befürchtet sie dies jedenfalls. Ihr Onkel Dr. Jakob Rülf, Sanitätsrat und ehemaliger Professor an der Universität Bonn, hat sich durch präventiven Selbstmord im Konzentrationslager dem Tod in der Gaskammer entzogen, desgleichen ihre Cousine Germaine Rülf. Ein anderer Onkel, Dr. Benno Rülf, Physiker und Patentanwalt in Köln, ist mit seiner Familie deportiert worden und gilt als verschollen. Nur dank der Hilfe von Freunden hat ihre 82-jährige Mutter in Brüssel überlebt.

Erst jetzt, schreibt sie Renée-Marie, hätten sie erfahren, dass die Nationalsozialisten ihren Vermieter Cäsar von Hofacker umgebracht haben. Seit Sommer 1943 hatte Cäsar von Hofacker dem persönlichen Stab von General von Stülpnagel, dem militärischen Befehlshaber in Frankreich, angehört. Dieser Stab hatte sich in der Folgezeit immer mehr zum Zentrum der deutschen Widerstandsbewegung in Frankreich entwickelt, während von Hofackers Vetter Claus Schenk von Stauffenberg in Berlin die Leitung der Aktion »Walküre« übernommen hatte. Nach dem misslungenen Attentat auf Hitler am 20. Juli 1944 und dem gescheiterten Umsturzversuch in Paris war Cäsar von Hofacker im Morgengrauen des 25. Juli verhaftet worden. Am 30. August 1944 wurden er und die Mitangeklagten Stülpnagel, Smend, Rathgens, von Linstow und Finckh vor dem Volksgerichtshof unter dem Vorsitz des Präsidenten Dr. Roland Freisler zum Tod verurteilt. Monate später, am 20. Dezember 1944, war Cäsar von Hofacker in Berlin-Plötzensee durch den Strang hingerichtet worden. Seine Ehefrau und die beiden ältesten Kinder waren wenige Tage nach seiner Verhaftung von zwei Gestapo-Beamten in Krottenmühl abgeholt und zunächst in das Polizeigefängnis in München in der Ettstraße verbracht worden. Im Oktober 1944 wurden Ilse von Hofacker, ihr 16-jähriger Sohn Eberhard und ihre 15-jährige Tochter Anna-Luise mit Angehörigen anderer Widerstandsfamilien wie von Stauffenberg, von Hassell, Goerdeler *in Sippenhaft* genommen. Danach habe für die Mutter und die Geschwister eine Odyssee begonnen, schreibt der jüngere Sohn und Bruder Alfred von Hofacker, die sie Ende 1944 in das KZ Stutthof bei Danzig führte, im April 1945 ins KZ Dachau und im selben Monat mit einem Sammeltransport von politisch und militärisch prominenten Häftlingen aus ganz Europa ins Pustertal, wo sie am 29. April befreit wurden.

In zittriger Schrift hat Wilhelm Hausenstein im Anschluss von Margots Bericht hinzugefügt, sie seien froh, dass Renée-Marie dies alles nicht habe miterleben müssen. Nun wollten sie nur noch an die Zukunft denken, in der Hoffnung, bald mit ihrer Tochter wieder vereint zu sein.

Ohne ein *Gefühl der Befreiung von der Hitlerei* beschließt Wilhelm Hausenstein im Juni sein 63. Lebensjahr. Natürlich sei der Druck verdient, den die Besatzer ausübten. Das sage er sich und auch anderen immer wieder, die sich lautstark beklagten, aber ihn ärgern verschiedene Maßnahmen der *aberwitzig operierenden* amerikanischen Militärregierung. Alte Leute in Prien müssen, wie er erfahren hat, Torf stechen, *während notorische, bloß den Amerikanern unkenntliche Nazis unbehelligt den Geschäften und der Muße* nachgehen. Während sein Hausarzt um die bloße Zulassung eines Wagens kämpft, bekämen *Krypto-Nazis* die Lizenz für ein Auto problemlos erteilt. Täglich rechnen er und Margot damit, aus dem Haus gewiesen zu werden, und haben angefangen zu packen. Auf längere Sicht werde wohl auch Margots Status als Jüdin und Belgierin sie nicht davor schützen. Enttäuscht und verbittert will Hausenstein es für gar nicht undenkbar halten, *daß die »Amis« es mir verübeln werden, daß meine Frau noch lebt – daß sie eines Tages behaupten, dies sei ja wohl nur möglich, wenn ich zu den* SS *in guten Beziehungen gestanden hätte. Man muß in der Tat des Absurdesten gewärtig sein.*

Am Abend des 21. Juni fährt ein Auto vor mit vier amerikanischen Offizieren. Anschließend schreibt Hausenstein mit unüberhörbarer Genugtuung in sein Tagebuch, dass man offenbar doch aufs Genaueste über ihn informiert sei. Ihm sei *die Chefredaktion* einer in München zu gründenden großen Tageszeitung angeboten worden. *Ich konnte <u>nicht</u> annehmen, da ich der Meinung bin, daß es mir obliegt, in meinem autobiographischen Roman die Summe meines Lebens zu ziehen und dem Volk, dem ich angehöre, zu zeigen, was ich im <u>echten</u> Sinne des Wortes für <u>deutsch</u> halte, und außerdem die drei Bände mit französischer Lyrik* *zu Ende zu bringen.* In einem Brief vom 4. April 1946 an Dr. Werner Richter, den früheren Münchner Korrespondenten des »Berliner Tageblattes«, begründet er seine Absage schlichter. Eine Arbeit dieser Art habe er mit seinem *sehr ramponierten Herzen* nicht mehr auf sich nehmen können.

Unmittelbar nach dem Gespräch mit der amerikanischen Abordnung verfasst Hausenstein ein Exposé mit Vorschlägen für die Gestaltung der Zeitung sowie die Zusammensetzung eines Redaktionsgremiums und empfiehlt Dr. Franz Josef Schöningh als Chefredakteur. Wie man einem Brief Hausensteins an die Schriftleitung entnehmen kann, der in der ersten Ausgabe am 6. Oktober 1945 abgedruckt wurde, hatte er sich ein Blatt gewünscht, das seinen ganzen Ehrgeiz darein setzen sollte, die Geschehnisse in nüchternem und sorgfältigem Stil zu formulieren. Im Tagebuch zeigt er sich enttäuscht, dass von der ursprünglich groß konzipierten Tageszeitung, die man ihm angetragen habe, nur ein dürftiges Blättchen übrig geblieben sei, ein Blatt, das wöchentlich zweimal mit je vier Seiten erscheint. Immerhin hat er Schöningh bei den Amerikanern als den maßgeblichen Mann durchsetzen können und, wie er schreibt, *dazu den Titel,* den er sich überlegt *und in der konstituierenden Sitzung mit Schöningh empfohlen hatte:* »Süddeutsche Zeitung«.

In den ersten Maitagen nach Kriegsende drängt es Hausenstein, schriftlich reflektierend die Ursachen für *die schändlichste Epoche der gesamten Weltgeschichte* zu benennen. Über mehrere Seiten im Tagebuch führt er Punkt für Punkt auf, was er *einem verständigen Amerikaner oder Engländer oder Franzosen* auf die Frage antworten würde, *wie diese zwölf Jahre möglich gewesen sind.* Beinahe täglich notiert er in der Folgezeit im Tagebuch Beispiele aus seiner nächsten Umgebung für jene *moral insanity, die Hitlers eigentliches Klima geworden ist, sein Treibhaus – jene moral insanity ist durch die ungeheure Evidenz der Katastrophe keineswegs beseitigt; sie wirkt nach, sie ist noch immer die Disposition der Leute.* Das veranlasst ihn wohl auch, sich einige Monate später in einem Gutachten zur politischen Lage, um das ihn die amerikanische Militärregierung gebeten hat, trotz seiner Kritik für eine langfristige Okkupation auszusprechen. Die Deutschen seien durch das Hitler-Regime und schon durch die vorangehende Entwicklung großenteils *so furchtbar demoralisiert*, lautet seine Begründung, *daß sie einer heilsamen politischen Initiative im Ganzen zur Zeit noch nicht wieder fähig erscheinen.* Viele hätten offensichtlich noch nicht einmal begriffen, wie radikal dieser deutsche Krieg verloren sei.

Hausensteins Tagebucheinträge klingen von Mal zu Mal deprimierter und gipfeln schließlich in der Frage, ob er und Margot dies alles überleben werden. Ihre kleine Geldreserve durch Verkauf von Möbeln und Wertgegenständen schwindet dahin. Verschiedene deutsche Verlage zeigen zwar Interesse an dem, was er in den vergangenen Jahren geschrieben hat, aber es fehlt ihnen an Geld. Alle Bemühungen von Franz-Xaver Hirschbold, der im Mai von den Amerikanern als Bürgermeister in Leutstetten eingesetzt worden ist, Hausenstein eine offizielle Vergütung des materiellen Schadens zu verschaffen, den er durch das Hitler-Regime erlitten hat, bleiben vergeblich. Nach einem Überschlag dessen, was er unter normalen Umständen an Verdienst hätte realisieren können, habe er an die 50000 Mark verloren. Obwohl man in den amerikanischen und bayerischen Dienststellen seinen Anspruch auf Entschädigung legitim gefunden habe, bedauere man, für ihn nichts tun zu können. Margot und er schätzten sich inzwischen glücklich, notiert er mit sarkastischem Unterton, wenn ihnen eine Bekannte *einige ausgequetschte Zitronen – die feuchten Schalen also – bringe, womit sie einer Speise etwas Zitronen-Aroma verleihen können*, oder der kleine Sohn von Lola Grunelius *ausgelaugten Kaffee: gemahlenen, den die Amerikaner ausgebrüht haben.* Für einen zweiten Aufguss sei er noch eben brauchbar; man müsse das Mehl nur an der Sonne trocknen und nochmals durchmahlen. *So bestreiten wir unseren Luxus aus amerikanischen Abfällen. Es ist ein unwürdiger Zustand; aber zur Proletarisation, in die der Hitler die Deutschen hineingetrieben hat und in der die Amerikaner sie festhalten (ohne sich's in ihrer Üppigkeit klar zu machen) – zu dieser Proletarisation gehört, daß man beginnt, Begriffe wie Würde zu vergessen.*

Wie in der Vergangenheit wirken sich die alltäglichen Aufregungen, die Sorge um ihre Zukunft und um Margot, die nacheinander mehrere Gallenkoliken erleidet, bei ihm gesundheitlich aus. Im August liegt er nach einer neuerlichen Herzattacke fast drei Wochen zu Bett. Der 63-jährige Hausenstein gibt der Vorstellung des Todes, wie er schreibt, ohne sonderliche Angst nach. Er sei ein ermüdeter Mann mit einem halb kaputten Herzen, *fast ohne Bedürfnis, ins Öffentliche überhaupt noch einzugreifen.* Wenn er sich etwas wünscht, dann nur das eine: Margot und sich aus *diesem verruchten und verfluchten Deutschland herauszubringen,* möglichst nach Rom. Ein Vorfall im November bestärkt ihn in dem Wunsch, Deutschland möglichst bald zu verlassen. In Tutzing, so haben ihnen Dorfbewohner hinterbracht, mache ein gewisser Hauptmann Niebergall antisemitische Bemerkungen und habe gesagt,

»die Frau Hausenstein hätte man rechtzeitig mit einem Genickschuß erledigen sollen!«. Bevor Hausenstein auf Anraten von Freunden etwas gegen den Mann unternommen hat, hören sie, dass man bei jenem Niebergall einen Revolver gefunden hätte und er bei einem Fluchtversuch erschossen worden sei. Hausenstein nimmt dies als ein weiteres Zeichen göttlicher Pro*videnz*.

Lange warten Wilhelm und Margot Hausenstein vergeblich auf Nachricht von Renée-Marie und fangen an zu zweifeln, ob ihre Briefe seit Kriegsende bei ihr angekommen sind. In ihrem letzten Brief von Anfang Februar hat Renée-Marie wohl mitgeteilt, dass sie sich von Helmut hat scheiden lassen. Sie wollte endlich einen Schlussstrich ziehen, zumal sie nie mehr etwas von ihm gehört hatte. Zunächst versuchte sie, jene sogenannte freundschaftliche Trennung, den *Desquite Amigável*, zu erreichen. Doch der mit der Sache befasste ältere Richter drängte Renée-Marie, wie Dona Xeres prophezeit hatte, Unterhaltszahlungen für den Fall einer möglichen Arbeitsunfähigkeit geltend zu machen. Das hatte sie rundweg abgelehnt. Schließlich sah sie keinen anderen Ausweg, als über einen Anwalt ihre Scheidung nach mexikanischem Recht durchzusetzen. Sie hatte sich nicht davon beirren lassen, dass diese in Brasilien und auch in verschiedenen anderen Ländern nicht anerkannt würde, und war erleichtert, als sie endlich die Urkunde, ausgestellt in Cuernavaca im Staat Morelos und versehen mit eindrucksvollen Stempeln und Siegeln, in Händen hielt. In ihrer resoluten Art hatte Margot zurückgeschrieben: *Voici un chapitre clos*. Damit sei dieses Kapitel abgeschlossen, und nun wünsche sie ihrer Tochter, dass der Nächste sie auf Dauer glücklich machen werde.

Endlich nach Margots 55. Geburtstag am 3. September treffen gleich zwei Briefe von Renée-Marie ein. Erstmals ohne Verklausulierungen berichtet sie von ihrem Leben und Alltag in Rio, erzählt von ihrer Freundschaft mit Saxby und verschweigt auch nicht, dass sie seit einiger Zeit mit ihm zusammenwohnt. Auch jetzt schreibt sie nichts von ihrer Verhaftung und den Monaten in Haft. Margot zeigt sich in ihrem Antwortschreiben beeindruckt, wie selbstständig ihre Tochter geworden ist und wie selbstsicher sie klingt. Offensichtlich sei die Trennung von ihnen, so schmerzhaft sie wäre, für Renée-Marie gut gewesen. Wilhelm Hausenstein hingegen scheint die Entwicklung seiner Tochter weniger zu gefallen. Jedenfalls beschreibt er ihr sein ideales Frauenbild, das von Margot aufs Vollkommenste verkörpert werde. Sie verstehe sich nicht als *geistige Persönlichkeit*, habe vielmehr, dem Wesen der Frau und ihrer Bestimmung entsprechend, *ihr gesamtes, so ungewöhnlich begabtes Dasein* untergeordnet: *daß nämlich eine Frau nur eben das Haus und die Ehe zu führen habe*. Abschließend gibt er seiner Hoffnung Ausdruck, dass Renée-Marie *doch dies* von ihr geerbt haben möge.

In fast jedem ihrer Briefe nach Kriegsende schreiben Wilhelm und Margot Hausenstein von ihrem Wunsch, so bald wie möglich wieder mit Renée-Marie vereint zu sein und dieses Land, in dem vor allem Margot so viel Schreckliches zugefügt wurde, möglichst bald zu verlassen. Renée-Marie scheint daraufhin den Eltern sehr bald den Vorschlag gemacht zu haben, zu ihr zu kommen. Wilhelm Hausenstein reagiert darauf verhalten. Brasilien? Das kann er sich nur schwer vorstellen. Wie Renée-Marie *die Eventualität eines Lebens in Rio* male, dass sie und Margot Sprachunterricht geben könnten, er Artikel schreibe und Honorare für seine Bücher beziehe, ist ihm als Perspektive zu ungewiss. Er sei zu alt, in einem fremden Land noch einmal etwas aufzubauen, müsse danach trachten, alle Kraft der ihm noch bleibenden Jahre in seine letzten Bücher zu investieren. Was ihm vorschwebt, ist eine Zeit lang unter normalen Bedingungen zu leben, am liebsten in Rom, wo er sich ganz seiner literarischen Arbeit widmen möchte.

Endlich ist es Renée-Marie gelungen, Kontakt zu Professor Curt von Faber du Faur und zu Kurt Wolff in New York herzustellen. Vor wenigen Jahren hat Kurt Wolff mit einer ersten finanziellen Unterstützung von Faber du Faur in New York einen neuen Verlag gegründet, den er 1942 in Erinnerung an das einstige Florentiner Unternehmen als »Pantheon Books Inc.« in das Register von New York eintragen ließ. Trotz der anfänglich bedrängten räumlichen Verhältnisse gelang ihm und seiner Frau Helen das Experiment dank einer klaren Konzeption. Mitten im Krieg boten sie auf dem amerikanischen Kontinent europäische Dichtung und europäisches Geistesgut in individuell ausgestatteten Büchern an. Hausenstein behagt nicht, Renée-Marie in einer Abhängigkeit von Kurt Wolff zu wissen, und rät zur Vorsicht. Über viele Jahre seien er und Margot mit Wolff sehr intim befreundet gewesen, aber er habe ihn als nicht sehr zuverlässig kennengelernt. Für die englische Ausgabe seines »Fra Angelico« habe er beispielsweise nie einen einzigen Centime von ihm erhalten. Er jedenfalls will über lediglich

Persönliches hinaus <u>nie</u> *wieder mit ihm zu tun* haben. Max Picard habe sehr treffend Kurt Wolff einmal einen *ästhetischen Impressionisten* genannt, *d. h. einen Menschen, der vom momentanen Eindruck und von dessen bestechender Annehmlichkeit her lebt.*

Im Oktober erhalten Hausensteins überraschend Besuch von Erwin Rosenthals Sohn Felix. Er bringt für sie ein Foto von Renée-Marie mit. Wilhelm und Margot Hausenstein können sich nicht sattsehen an dem Bild, auf dem sie eine aparte junge Frau strahlend anlächelt. Über Kurt Wolff hat Renée-Marie auch die Adresse der Familie Rosenthal in den USA erfahren. 1941 hatten Erwin und Margherita Rosenthal zwei der begehrten und schwer zu erlangenden Visa erhalten und sich nach einem kurzen Aufenthalt in New York City in Berkeley in Kalifornien niedergelassen, wo ihre zwei jüngsten Söhne Felix und Bernard das College besuchten. Erwin Rosenthal begründete in seinem Haus einen antiquarischen Handel für anspruchsvolle Sammler und widmet sich seitdem dort vor allem seinen literatur- und kunstwissenschaftlichen Forschungen.

Wie aus einem Brief Erwin Rosenthals vom 19. November 1945 an Wilhelm Hausenstein hervorgeht, hat er Renée-Marie jede erdenkliche Hilfe für ihre Emigration in die USA zugesagt. Deshalb stehe er auch mit Kurt Wolff und dem Ehepaar Faber du Faur in dauerndem Kontakt. Für Europäer, erklärt er Hausensteins, sei das brasilianische Klima auf Dauer nichts – *und die Xenophobie* [Fremdenfeindlichkeit] *kommt dazu, eine ausgesprochen nationalistische Strömung. Hier würde Renée viele Möglichkeiten haben, beruflich, und dabei eine viel bessere Luft atmen (in jeder Hinsicht).* Renée-Marie sei *durch Leid gegangen, durch die Trennung von Euch Beiden dauernd besorgt – aber tapfer arbeitend und sich weiterbildend. [...] Ihre Anhänglichkeit an uns Alle ist so rührend – wir lieben sie aber auch wie eine unserer Allernächsten und wollen alles tun, sie hier etwas zu verwöhnen.* Abschließend äußert Erwin Rosenthal den Wunsch, dass auch Wilhelm und Margot Hausenstein sich doch bald entschließen möchten, in die Staaten zu kommen. In amerikanischen Bibliotheken könne man wunderbar arbeiten und vielerorten gebe es Hausensteins Bücher. *Wenn Du kommst, bist Du kein Fremder.*

Bei einem zweiten Besuch im Dezember bringt Felix Rosenthal einen langen, ausführlichen Brief von Renée-Marie mit. Anscheinend erkundigt sie sich darin eindringlich nach den derzeitigen Lebensumständen der Eltern, denn in ihrem Antwortbrief am 23. Dezember schildert Margot, ohne etwas zu bemänteln, ihre Lage. Seit einiger Zeit sind sie gezwungen, von geborgtem Geld zu leben. Vermutlich seien sie unterernährt wie viele andere auch, aber sie litten noch keinen Hunger. Über das Rote Kreuz erhalten sie seit Kurzem wie alle von den Nationalsozialisten Verfolgten pro Woche statt 250 Gramm Fleisch 350 Gramm und im Monat ein halbes Pfund Butter. Zum bevorstehenden Weihnachtsfest hat ihnen ihre liebe Tutzinger Freundin Frau Lindemann, die ihnen auch während der vergangenen Jahre beigestanden hat, einen jungen Truthahn geschenkt. Ihr Verbleib im Buchenhaus sei ungewiss, da Frau von Hofacker mit ihren Kindern einziehen möchte, was sie verstehen, nach all dem Leid, das der Familie zugefügt worden ist. Wenn sie bis zum nächsten Herbst keine andere Wohnung fänden, würden sie sich hoffentlich mit Hofackers

Erster Schultag: Renée-Marie 1927.

arrangieren können und die zweite Etage für sich behalten dürfen. Renée-Maries Foto trage sie ständig bei sich und beim wiederholten Lesen ihres letzten Briefs hätten sie und Papa die daraus klingende Charakterstärke und Selbstsicherheit ihrer Tochter bewundert und sie sich an ihren ersten Schultag erinnert. 20 Meter vor dem Schuleingang habe Renée-Marie sich damals von ihnen gelöst und sei allein gegangen, ohne sich noch einmal nach ihnen umzudrehen.

Das Jahr 1945 beschließt Hausenstein im Tagebuch ohne den üblichen Rückblick. Er ist anderweitig in Anspruch genommen. Eine volle Woche vom 10. bis 17. Dezember verwendet er auf die Abfassung eines offenen Briefs an Thomas Mann, der unter der Überschrift »Bücher – frei von Blut und Schande. Ein Wort an Thomas Mann« am 24. Dezember als Sonderdruck in der »Süddeutschen Zeitung« veröffentlicht wird. Hausenstein reagiert damit auf Thomas Manns »Brief nach Deutschland« in der »Hessischen Post« vom 4. August 1945, dessen Antwort auf einen offenen Brief von Walter von Molo, Schriftsteller und Mitbegründer des deutschen P.E.N.-Clubs. Von Molo hatte darin gesagt, dass Schriftsteller, die jahrelang nicht in Deutschland gelebt haben, das Recht verwirkt hätten, sich zum Schicksal Deutschlands zu äußern. Im editorischen Vorspann der »Süddeutschen Zeitung« zu Hausensteins offenem Brief heißt es, Thomas Mann habe in seiner Entgegnung *kategorische, auf wenig Abwägung verzichtende Anklagen* erhoben.

Hausenstein bezieht sich nur auf Thomas Manns folgende Aussage: *Es mag Aberglaube sein, aber in meinen Augen sind Bücher, die von 1933 bis 1945 in Deutschland überhaupt gedruckt werden konnten, weniger als wertlos und nicht gut in die Hand zu nehmen. Ein Geruch von Blut und Schande haftet ihnen an. Sie sollten alle eingestampft werden.* Respektvoll und distanziert höflich, wie es für Hausenstein charakteristisch ist, belegt er anhand von rund 100 Titeln, *daß in Deutschland trotz der ungeheuerlichen Sabotage, die im Zeichen der Hitler und Himmler, Bormann und Goebbels alles Gute zu zertreten suchte, eine große Anzahl von Büchern entstanden ist, die auch jetzt standhalten, wo die Hölle vorüber ist, und inskünftig bestehen werden – deshalb nämlich, weil sie in der Tat eine echte Substanz erhalten.* Indem er Thomas Mann zugesteht und ihm quasi eine Brücke baut, auf Grund der Distanz möglicherweise einer perspektivischen Täuschung zu unterliegen, beschließt er den Brief in der Zuversicht, Thomas Mann werde seine Aussage sicherlich überprüfen, und *mit aufrichtigem Gruß allzeit Ihr dankbar ergebener Hausenstein.* Anschließend beantwortet Hausenstein laut Tagebuch zehn Tage lang eine Flut von Briefen bekannter und unbekannter Leser.

1946

Die Angelegenheit beschäftigt Hausenstein auch noch im neuen Jahr. Am 8. Januar 1946 schreibt er an den früheren Kollegen Dr. Hanns Braun, er habe sich *absichtlich* der *Pointe* enthalten und nicht erwähnt, *dass Thomas Manns eigene Bücher im Anfang des Hitler-Régimes noch hierzulande erschienen sind.* Damit sind die ersten beiden Bände der »Joseph«-Tetralogie, 1933 und 1934, sowie »Leiden und Größe der Meister«, 1935, gemeint. Von Thomas Mann kommt keine Reaktion, auch nicht eine von Hausenstein erwartete *verbindliche Geste.* Immerhin hatte es Zeiten freundschaftlicher Verbundenheit gegeben. Laut Thomas Manns Tagebuchvermerk vom 18. Januar 1946 will er durch Wilhelm Speyer auf *den Hausenstein'schen Artikel über die literarischen Leistungen in Deutschland zur Hitlerzeit* aufmerksam gemacht worden sein. Zu Recht empfindet es Hausenstein als eine *armselige Art und Weise,* als er davon erfährt, wie Thomas Mann sich gegenüber Emil Preetorius in einem Brief vom 14. Januar 1946 über ihn und seinen offenen Brief geäußert hat. Worauf sich Hausenstein bezöge, sei zwar eine *wenig nuancierte Bemerkung,* räumt Thomas Mann ein, die er aber letztlich als *nicht unrichtig* empfinde. Schließlich und endlich gehe es doch um die Frage: *Gilt es das III. Reich zu verteidigen und zu verherrlichen, oder was gilt es?* Hausensteins abschließender Kommentar im Tagebuch am 3. Juli 1946: *Man muß sich ihrer (der Perfidie) um Thomas Manns willen schämen.*

Von der heftigen Kontroverse, die damals unter den sogenannten inneren Emigranten und den Exilschriftstellern entbrennt, bekommt Hausenstein offensichtlich wenig mit. Nachdem ihn an Weihnachten ein amerikanischer Offizier dazu um Erlaubnis gebeten hat, geht er davon aus, dass die Veröffentlichung seines ins Englische übersetzten offenen Briefs *ein gewisses Interesse und Echo in Amerika finden werde,* heißt es in seinem Brief vom 3. April 1946 an Renée-Marie. Doch das Echo fällt anders aus als von ihm erhofft. In Reaktion auf den Abdruck seines offenen Briefs in der »Saturday Review of Literature«, erfährt er von seinem Freund Werner Richter am 15. Mai 1946, habe *ein Geschöpf namens Ludwig Marcuse dummen Abfall* gegen ihn geäußert, den er Hausenstein aber nicht schicken möchte. *Es liegt allzu tief unter Ihnen.*

Emotional noch sehr viel mehr aufgewühlt hat Hausenstein zum Jahreswechsel eine andere Geschichte, wie seinem Tagebuch am 5. Januar 1946 zu entnehmen ist. Zweieinhalb Wochen ist Luitpold Kuhnmünch, *ein heimatloser Pfarrer*, bei ihnen zu Gast gewesen. Im Oktober hatte Kuhnmünch ihnen mitgeteilt, dass er sich zur Aufgabe seines Priesteramts entschlossen habe. Für Wilhelm und Margot Hausenstein kommt diese Nachricht einer Katastrophe gleich. Beiden ist zumute, *als wäre das Firmament eingestürzt*. Nach einem ersten persönlichen Gespräch attestiert Hausenstein der Argumentation seines Freundes: *subjektiv ganz überzeugend, subjektiv notwendig*. Kuhnmünch hat seine Entscheidung damit gerechtfertigt, dass die Weihe ungültig gewesen sei, weil ihn sein Vater zum Priesterberuf gezwungen habe. Nach Kuhnmünchs Abreise schreibt Hausenstein: *Die Zeit war unsäglich deprimierend. Der unglückselige Mann. Er lebt in einer dialektischen Wirrnis von Selbsttäuschung, Naivität, Welt-Verlangen. Gott sei ihm gnädig!* Kurze Zeit später wird Luitpold Kuhnmünch die Genehmigung erteilt, sich Hans Haupt zu nennen [Haupt war sein Familienname], und er heiratet. Hausenstein vermittelt ihm noch die Stelle eines Verwaltungsbeamten im Landesamt für Denkmalschutz in Stuttgart. Danach scheint ihr Kontakt weniger geworden zu sein, bis Hausenstein einige Jahre später formell die Korrespondenz mit ihm beenden sollte.

Es vergehen fast drei Wochen bis zu einem nächsten Tagebucheintrag. Vergeblich, so erfährt man, hat Hausenstein versucht, einer sich ankündigenden Herzkrise entgegenzutreten: *halb mit Liegen, halb mit konsequenter Arbeit*. Der Arzt hat schließlich kommen müssen und Injektionen verabreicht. Die Rekonvaleszenz wird durch *eine abscheuliche Zahngeschichte* zusätzlich beeinträchtigt. Ende Mai verbringt er mit Margot einige Tage zur Erholung auf Schloss Elmau bei Garmisch, wo sie, wie er zugibt, zunächst befremdet sind, sich unter lauter jüdischen Displaced Persons aus den Lagern *Feldafing, Landsberg u.s.w.* wiederzufinden. *Aber sehr bald wurde klar, dass da fast lauter harmlose, gutartige Menschen waren – trotz allem Minderen eben wirkliche Menschen, die auf Menschliches sofort menschlich reagierten.* [...] *Lieber einen Tisch mit solchen Juden als mit den korrektesten Preußen des zwanzigsten Jahrhunderts.*

Die folgenden Monate, geht aus seinen Briefen an Renée-Marie hervor, sind mit intensiver Tätigkeit ausgefüllt: Überarbeiten und Korrigieren der neuen Buchmanuskripte. Mitarbeit an der »Süddeutschen Zeitung«

und an den Zeitschriften seiner früheren Kollegen Dolf Sternberger und Benno Reifenberg, »Die Wandlung« und »Die Gegenwart«, sowie an den von Walter Dirks herausgegebenen »Frankfurter Heften«. Nur noch sporadisch erfolgen Tagebucheinträge, bisweilen nur, wenn etwas des Aufschreibens Wichtiges vorgefallen ist wie seine Eröffnungsrede am 21. Juni zur Max-Beckmann-Ausstellung der Galerie Günther Franke in der Villa Stuck in München. Erstmals nach 13 Jahren, fügt Hausenstein an, habe er öffentlich gesprochen. *Im März oder Februar 1933 hatte mir jener Heinrich Himmler höchst persönlich, als Münchner Polizeipräsident, das Wort untersagt (ich hätte im Rahmen der Münchner Neuen Sezession über »Bild und Skizze« reden sollen).* Am 29. September endet das Tagebuch für das Jahr 1946 mit seiner Erklärung, Arbeitswochen hinter sich zu haben wie vielleicht nie in seinem an Arbeit ohnehin nicht armen Leben. *Recht erschöpft; recht ausgelaufen – wie ein leeres Faß.*

Für Renée-Marie ist inzwischen die Entscheidung gefallen. Sie hat alle notwendigen Formalitäten bis hin zu den geforderten Fingerabdrücken erfüllt und die Einreiseerlaubnis für die USA bekommen. Lange war sie hingehalten worden. Zuletzt hatte die amerikanische Botschaft von ihr noch ein polizeiliches Führungszeugnis verlangt. Niemand hatte ihr bis dahin gesagt, dass eine Bürgschaft unbescholtener, angesehener, in den USA lebender Personen den ganzen Vorgang beschleunigt hätte. Davon erfuhr sie erst durch die Familie Rosenthal, die ihr sofort jede erdenkliche Unterstützung zusagte und im Dezember 1945 folgendes Schreiben abfasste: *Wir betrachten es als ein Privileg zu bestätigen, dass Miss Renée-Marie Hausenstein aus einer ausgezeichneten Familie kommt, die uns seit mehr als zwanzig Jahren bekannt ist. Ihr Vater, Dr. Wilhelm Hausenstein, war einer der bekanntesten Kunsthistoriker, Schriftsteller und Journalisten in Deutschland vor Hitler. Er veröffentlichte zahlreiche Kunstbücher, die meisten findet man in amerikanischen Bibliotheken. Viele Jahre war er Mitarbeiter einer der größten demokratischen Zeitungen, der »Frankfurter Zeitung«. Die Familie lebte nahe München in einem Landhaus, wo Mr. und Mrs. Hausenstein immer noch wohnen. Mrs. Margot Hausenstein, Renée-Maries Mutter, ist gebürtige Belgierin und lebte in Brüssel, bevor sie Mr. Hausenstein heiratete. Während der Jahre der Nazi-Regierung war die Familie Unterdrückung und Verfolgung ausgesetzt, insbesondere weil Mrs. Hausenstein Jüdin ist. Wir können versichern, dass beide, Mr. und Mrs. Hausenstein, zu den wirklichen Märtyrern unter dem Nationalsozialismus zählen. Bis zu ihrem zwölften oder dreizehnten Lebensjahr war Miss Hausenstein eine gute Freundin unserer eigenen Kinder, während ihre Eltern zu unseren engsten Freunden gehörten. Sie genoss eine ausgezeichnete Erziehung. Sie war die ständige Spielgefährtin von zweien unserer Söhne, die ähnlich alt sind, nun amerikanische Staatsbürger sind und in der U. S. Army dienen. Meine beiden Söhne werden zweifellos gerne den ausgezeichneten Charakter Renée-Maries bestätigen. Wir alle haben die größte Bewunderung für ihre Eltern, Menschen mit außerordentlichen Qualitäten und von großer Kultiviertheit, wie ihre internationale und liberale Einstellung beweist.*

Wir sind sicher, dass Miss Hausenstein, die in den vergangenen Jahren Schlimmes erleiden musste, in moralischer und intellektueller Hinsicht sich als eine gute und wertvolle Bürgerin der Vereinigten Staaten eignet. [Aus dem Englischen übersetzt von Autorin]

Renée-Marie ist froh, dass sie es endlich geschafft hat und ihre Tage in Rio gezählt sind. Amerika, ist ihr immer wieder gesagt worden, sei nicht nur ein wundervolles Land mit unendlichen Möglichkeiten für jedermann, sondern auch ein Land, in dem Toleranz, Gerechtigkeit und Freiheitsliebe herrschen. Sie will sich auch nicht beirren lassen, als sie erfährt, dass es nicht nur wirtschaftliche und militärische Gründe sind, weshalb immer mehr Amerikaner nach Brasilien kommen, und dass einige ihrer amerikanischen Bekannten für den Nachrichtendienst arbeiten. Auch ihr Freund Saxby, ursprünglich Reporter der renommierten Tageszeitung »Christian Science Monitor«, ist nur zum Schein Angestellter der Filmgesellschaft »Radio-Keith-Orpheum«, die in den 30er- und 40er-Jahren zu den fünf bedeutendsten Hollywoodstudios gehört. Tatsächlich, erfährt sie, arbeitet er »undercover« für den FBI. Für Renée-Marie, die von den komplexen weltpolitischen Zusammenhängen und Verwicklungen keine Ahnung hat, sind die USA über jeden Zweifel erhaben.

Haben die Amerikaner nicht die Nationalsozialisten in Deutschland bekämpft und dazu beigetragen, ihre Eltern zu befreien?

Hausenstein wähnt seine Tochter bereits am 30. Juni *auf dem Wasser im Angesicht New Yorks* und schreibt am 17. Juni 1946, seinem 64. Geburtstag, einen langen Brief an sie, den sie bei ihrer Ankunft in den USA vorfinden soll. Er hatte Renée-Marie beschworen, ihm zuliebe nicht in die USA zu fliegen, und Margot hatte sie gebeten, den Vater im Glauben zu lassen, dass sie mit einem Passagierdampfer reisen würde.

In Wirklichkeit ist Renée-Marie, die ihren Flug für Ende Juli gebucht hat, noch vollauf damit beschäftigt, ihren Haushalt aufzulösen, ihren Schülern Lebewohl zu sagen und Freunden einen letzten Besuch abzustatten, auch den Schwestern im »Colégio Santo Amaro«.

Ohne Bedauern nimmt sie Abschied von Rio. An einem der letzten Wochenenden sucht sie noch einmal die monumentale Christusfigur auf dem Corcovado auf. Dieses weltberühmte Sinnbild christlicher Nächstenliebe breitet seine Arme aus, das erkennt sie von dort oben besonders deutlich, über eine Stadt, in der eine dünne Oberschicht in Wohlstand und Luxus lebt und die Masse der Menschen in unbeschreiblichem Elend. Die Jahre in Rio waren lehrreich, deshalb scheidet sie ohne Groll. Ihr Selbstvertrauen ist sehr viel größer als bei ihrer Ankunft vor mehr als vier Jahren.

Mit einer zweimotorigen Propellermaschine der Pan American Airways fliegt Renée-Marie zunächst nach Belém do Para im Norden Brasiliens. Sehr schnell kommt sie mit ihrer Sitznachbarin, einer sehr sympathischen Dame, ins Gespräch. Wie sich herausstellt, ist sie eine Emigrantin aus Osteuropa, die schon des Öfteren die Reise zwischen Brasilien und den USA gemacht hat und ihr viele Fragen beantworten kann. Sie setzt sich auch dafür ein, dass man Renée-Marie erlaubt, während des Flugs über das östliche Amazonas-Delta im Cockpit zu sitzen. Unvergesslich ist Renée-Marie in Erinnerung geblieben, was sie zu sehen bekam. So weit das Auge reichte, erstreckte sich unter ihnen in den verschiedensten Grünschattierungen dichter Urwald, wo sie, verschwindend klein, kreisförmig angeordnete Hütten mit schilfgedeckten Dächern erblicken konnte. Dort lebe noch ein Stamm Amazonas-Indianer, erklärte ihr der Flugkapitän, völlig unberührt von der Zivilisation. In Belém verbringen sie die Nacht in einem Gästehaus und fliegen am folgenden Tag weiter nach Miami, wo sie kurz vor Mitternacht landen. Der Beamte von der Einwanderungsbehörde nimmt erstaunt Renée-Maries dicken Umschlag mit Dokumenten entgegen und verschwindet damit. Nach zwei Stunden lässt man sie und die Dame aus Osteuropa, die netterweise bei ihr geblieben ist, passieren. Sie nehmen ein Taxi zu dem Hotel, wo Pan American Airways für sie Zimmer reserviert hat. Während man ihrer Begleiterin, nachdem sie ihre Personalien angegeben hat, sofort einen Zimmerschlüssel aushändigt, schaut sich der Angestellte an der Rezeption Renée-Maries ausgefülltes Anmeldeformular sorgfältig an und erklärt dann mit ausdrucksloser Miene, es tue ihm leid, aber ihre Begleiterin habe das letzte Zimmer bekommen. Er bleibt dabei, auch nach Renée-Maries Einwand, er müsse sich irren, da die Fluggesellschaft auch für sie ein Zimmer reserviert habe. Abrupt, als sei ihr plötzlich etwas eingefallen, wirft ihre Begleiterin den Schlüssel auf die Theke und zerreißt ihr Anmeldeformular. In scharfem Tonfall sagt sie, sie wisse genau, was hier gespielt wird und damit wolle sie nichts zu tun haben. Energisch ergreift sie Renée-Maries Arm und verlangt nach dem Gepäck. Beim Hinausgehen lässt sie laut und deutlich die Hotelgäste, die gerade durch die Drehtür hereinkommen, wissen, dass keiner, der auch nur den mindesten Anstand besitze, in diesem Hotel bleiben könne. Vor dem Eingang weist sie Renée-Marie auf ein Schild unter dem Hotelnamen hin, auf dem klein das Wort »restricted« zu lesen ist. Was um Himmels willen das denn heiße, fragt Renée-Marie. Im Taxi werde sie es ihr erklären, bekommt sie zur Antwort. Sie kenne noch ein anderes Hotel in Miami. Sehr taktvoll, aber mit unüberhörbarer Empörung in ihrer Stimme sagt sie, dass der Grund ihr auf -stein endender Name gewesen sei. Daraus habe der Angestellte an der Rezeption automatisch gefolgert, Renée-Marie sei Jüdin, und dieses Hotel sei eines der wenigen in Miami, das Juden den Zutritt verweigere. Renée-Marie schaut sie ungläubig an. Ja, auch hier sei nicht alles so vollkommen, wie sie vielleicht vermutet und sich erhofft habe. Es sei sehr bedauerlich, dass sie diese Erfahrung gleich zu Anfang habe machen müssen.

Ohne Schwierigkeiten bekommen sie in diesem Hotel ihre Zimmerschlüssel, und Renée-Marie verabschiedet sich von ihrer Begleiterin, da diese bereits in wenigen Stunden weiterfliegen muss. Obwohl es inzwischen sehr spät ist, kann sie nicht sofort einschlafen. Sie hatte geglaubt, das alles hinter sich zu lassen, als sie Deutschland verließ. Nun holt es sie wieder ein. Hinsichtlich der Herkunft ihres Familiennamens hat sich der Hotelangestellte zwar geirrt, aber unwissentlich hat er, so unglaublich es ist, sie den nationalsozialistischen Rassegesetzen entsprechend als Jüdin eingestuft.

Renée-Maries Flug am nächsten Tag nach New York geht erst am späten Nachmittag. Da sich in der Nähe des Hotels eine Bushaltestelle befindet, beschließt sie, die ihr verbleibende Zeit zu nutzen und zumindest einen Eindruck von Miami zu bekommen. Nachdem sie den Bus durch den mittleren Eingang bestiegen hat, setzt sie sich gleich auf einen der ersten freien Plätze. Sie hat das Gefühl, von ihrer Sitznachbarin angestarrt zu werden, kann sich aber überhaupt nicht denken, was der Grund dafür sein könnte. Als der Schaffner durch den Bus auf sie zukommt, nimmt sie ihre Geldbörse aus der Handtasche, um eine Fahrkarte zu lösen. In der für den Süden typischen, etwas schleppenden Sprechweise sagt er etwas, was sich für sie anhört wie: *Ma'am, Sie müssen sich nach vorne setzen, wo Sie hingehören.* Sie glaubt, ihn nicht richtig verstanden zu haben, und sagt, dass sie sehr gut in der Nähe der Tür sitze. Sie hätte gerne eine Fahrkarte bis zur Endstation und wieder zurück. Statt einer weiteren Erklärung brüllt der Mann sie an, dass er augenblicklich den Bus anhalten und sie hinausbefördern werde. Im selben Moment hört sie, wie ihre Sitznachbarin und ein Mann hinter ihr gleichzeitig ihr zuraunen, sie solle um Gottes willen tun, was der Schaffner sagt, und keinen Ärger machen. Erst jetzt, als sie sich umwendet, bemerkt Renée-Marie, dass alle Mitfahrenden um sie herum schwarzer Hautfarbe sind. Und deshalb soll sie hier nicht sitzen dürfen? Sie kann es nicht glauben. Um die Situation nicht zu verschärfen, gibt sie nach, obwohl es ihr schwer fällt. Doch während sie in den vorderen Teil des Busses geht, dreht sie sich noch einmal zu ihrer Sitznachbarin um. Laut und deutlich, sodass alle es hören können, erklärt sie, dass sie für ihre Dummheit um Entschuldigung bitte. Sie komme aus Brasilien, wo Menschen aller Hautfarben sich hinsetzen können, wo sie wollen. Nachdem sie einen Platz gefunden hat, fragt sie ihren weißen Nachbarn, ob es überall in den USA die Trennung zwischen Schwarzen und Weißen und solche Vorschriften gebe. Er zuckt mit den Achseln, grinst sie an und antwortet nicht. Sie ist aufgebracht. Keiner ihrer amerikanischen Freunde in Brasilien hat ihr gegenüber jemals erwähnt, und in keinem Buch hat sie davon gelesen, dass es in den USA Rassentrennung gibt. Erst ihr Hotelerlebnis und nun das! Worauf muss sie sich noch gefasst machen?

Der Flug nach New York ist ein Albtraum. Sie durchfliegen ein fürchterliches Gewitter und Turbulenzen, die das Flugzeug derartig erschüttern und absacken lassen, dass Renée-Marie meint, sie würden abstürzen. Nach einer Ewigkeit, wie es ihr scheint, wird der Himmel vor ihrem Kabinenfenster etwas heller und der Kapitän erklärt über Lautsprecher, es sei überstanden. Sofort nach der Landung in Newark, N. J., nimmt sie den Bus nach New York City und von dort den Zug nach New Haven, Connecticut. Dort wohnen Curt von Faber du Faur und seine deutsch-amerikanische Frau Emma. 1944 hat der Professor seine umfangreiche und einzigartige Sammlung von Literatur der Renaissance bis 1871 an die Yale Universität verkauft. Alles ist für Renée-Maries Empfang und Aufenthalt vorbereitet, ein hübsches, ruhiges Zimmer zum Garten hin, und sogar einen Job in der Universitätsbibliothek hat Curt von Faber du Faur bereits für sie organisiert.

Obwohl Renée-Marie die Gastfreundschaft zu genießen weiß und es als wunderbar empfindet, einmal wieder umsorgt zu werden, hält es sie nicht sehr lang bei ihren Gastgebern. Die 15 Dollar, die sie pro Woche für ihre Tätigkeit in der Bibliothek bekommt, werden nicht reichen. Sie wird in Zukunft sehr viel mehr Geld brauchen, stellt sie fest, nachdem sie ihren Eltern eines der regulären Care-Pakete geschickt hat, die nur 22,5 x 22 x 20 Zentimeter groß sind, und ein selbst gepacktes Paket mit Erdnussbutter, Öl, Reis, Zucker, verschiedenen Vitaminpräparaten und was ihr so eingefallen ist. Von nun an, hat sie sich vorgenommen, will sie ihre Eltern mit allem versorgen, was sie benötigen oder brauchen könnten – auch wenn Margot in ihren Briefen versichert, dass sie keinen Hunger litten. Einige Tutzinger Geschäftsleute würden ihnen meist mehr zukommen lassen, als ihnen auf ihre Lebensmittelkarten zustünde, und die gute Frau Zistl verwöhne sie geradezu. Es geschähen auch immer wieder kleine Wunder. Beispielsweise habe der Sohn einer ihnen von früher bekannten Geschäftsfrau in München sie mit unvorstellbaren Köstlichkeiten überrascht, und der gute Freund Hirschbold aus Leutstetten habe ihnen kürzlich ein ganzes Kaninchen gebracht.

Für Renée-Marie ist es angesichts der gefüllten amerikanischen Supermärkte ein unerträglicher Gedanke, dass ihre Eltern das Notwendigste an Lebensmittel entbehren und auf die Hilfe anderer Leute angewiesen sind. Ihr Gewissen würde ihr keine Ruhe lassen. Sie muss für sie sorgen und deshalb unbedingt mehr Geld verdienen. Im Telefonbuch stößt sie zufällig auf die Anzeige einer Agentur und speziellen Stellenvermittlung in New York City, die für sie recht verheißungsvoll klingt. Es ist brütend heiß in der Stadt bei ihrer Ankunft. Sie ist froh, als sie sehr schnell die angegebene Adresse findet. Die Halle des Hochhauses ist angenehm kühl. Ein Lift bringt sie in die oberste Etage, wo ihr eine Dame am Empfang nach einer knappen Begrüßung mehrere Fragebögen in die Hand drückt, die sie ausfüllen soll. Nachdem irgendjemand hinter einer geschlossenen Tür ihre Angaben offenbar begutachtet hat, erscheint die Leiterin der Agentur und bittet sie in ihr Büro. Renée-Marie spürt den prüfenden Blick der Dame, die ihr den Vortritt gelassen hat. Sie habe genau die richtige Stelle für sie, eine einmalige Chance, die sich Renée-Marie keinesfalls entgehen lassen dürfe. Auf diese Weise würde sie in die besten Gesellschaftskreise Amerikas eingeführt und dürfte in einer hochherrschaftlichen Umgebung wohnen. Es handle sich um die Betreuung eines zehnjährigen Mädchens, dessen Mutter verstorben sei und das seine sechswöchigen Sommerferien bei der Großmutter in Bar Harbor in Maine verbringe. Ausdrücklicher

Wunsch der Familie sei, dass mit Anne Archbold Französisch gesprochen und die Stelle in zwei Tagen angetreten würde. 400 Dollar bekäme sie dafür bei freier Kost und Logis, und auch die Fahrtkosten würden übernommen. Renée-Marie überschlägt kurz den Wochenlohn und sagt zu.

Curt und Emma von Faber du Faur ist es zunächst gar nicht recht, dass alles so schnell gehen soll. Sie sind jedoch beruhigt, nachdem sie wissen, dass es sich um »die Archbolds« handelt, die in der Tat zu den bekanntesten und reichsten Familien der USA zählen. Die Großmutter des Mädchens, Anne Mills Archbold, ist eine Tochter von John Dustin Archbold, dem ersten Präsidenten von »Standard Oil« in New Jersey. Sie genießt hohe Anerkennung als einflussreiche Kunstmäzenin und für ihre großzügige finanzielle Unterstützung von Schulen und Universitäten. John Dana Archbold, der Vater der zehnjährigen Anne, hat sich mit einer technischen Erfindung und als Plantagenbesitzer um die Förderung der landwirtschaftlichen Entwicklung in der Dominikanischen Republik verdient gemacht. 1989 sollte er seine »Springfield Plantage« der Clemson University in South Carolina vermachen, woraus dann das »Archbold Tropical Research Center« hervorgegangen ist.

Renée-Maries erster Eindruck bei ihrer Ankunft in Bar Harbor ist, dass die Archbolds nicht nur sehr wohlhabend sind, sondern es sich auch um eine exzentrische Familie handelt, zumindest was Mrs Anne Mills Archbold anbelangt. Als Renée-Marie in der Halle des prächtigen Hauses beim Anblick von zwei mächtigen präparierten Elefantenfüßen stutzt, erklärt ihr John Dana Archbold, dass seine Mutter nicht nur eine Globetrotterin, sondern auch eine passionierte Großwildjägerin sei. Beim Abendessen, an dem außer Renée-Marie, ihrem Schützling und deren Vater zwei Gäste, der Senator von Maine und ein Bildhauer, teilnehmen, bekommt sie auch Mrs. Anne Mills Archbold zu Gesicht. Sie ist klein und äußerst beeindruckend in ihrer bestimmenden Art und mit ihrem durchdringenden, leicht spöttischen Blick, mit dem sie Renée-Marie mustert. Man sitzt um einen riesigen runden Tisch herum. Nachdem man die Vorspeise eingenommen hat, glaubt Renée-Marie zu träumen, als unvermittelt die Tischplatte im Boden verschwindet und sie nur noch den breiten Holzrahmen vor sich haben. Bald darauf steigt die Platte wieder empor und ist gedeckt mit einem köstlich duftenden Hauptgang.

Bei ihrer Ankunft hatte man Renée-Marie gesagt, dass sie das Zimmer mit der zehnjährigen Anne teilen werde. Doch Mr. Archbold sieht ein, dass man Renée-Marie eine gewisse Privatsphäre zugestehen muss. Allerdings gibt man ihr kein eigenes Zimmer, sondern stellt ihr Bett mit Nachttisch und Lampe jenseits von Annes Zimmerwand in einer Art Korridor auf, der zum Treppenhaus geöffnet ist. Dieser Treppenaufgang, so sichert man ihr zu, werde nur von ihr und Anne benutzt. Es bleibt ihr nichts anderes übrig, als sich damit einverstanden zu erklären.

Kaum ist Renée-Marie eingeschlafen, als sie einen Windzug verspürt und von einem seltsamen schwirrenden Geräusch geweckt wird. Sie dreht die Lampe an, kann jedoch nichts entdecken. Beim nächsten Mal, als sie das Geräusch hört, knipst sie blitzschnell das Licht an und sieht über sich im dunklen Gebälk der Holzdecke eine erschreckend große Fledermaus hängen. In der Hoffnung, dass das Tier hinausfliegen möge, öffnet sie weit das Treppenhausfenster und bleibt regungslos im Dunkeln liegen, bis die Müdigkeit sie nach einiger Zeit doch übermannt.

Sehr schnell und insgesamt recht angenehm vergehen die sechs Wochen, obschon die zehnjährige Anne wenig zugänglich ist und es Renée-Marie nicht leicht macht, so sehr sie sich auch um das Kind bemüht.

Auf der Rückreise von Bar Harbor besucht sie, wie mit Curt und Emma von Faber du Faur vorher vereinbart, Saxby Tavels Eltern in Washington. Sie haben Renée-Marie eingeladen, einige Zeit bei ihnen zu verbringen. Schon bald steht ihr Entschluss fest, in Washington zu bleiben. Sie wird wieder privaten Sprachunterricht geben, und die Tavels sind ihr behilflich bei der Suche nach einem preiswerten Zimmer. Als ihr angeboten wird, an einer Schule mehrere Stunden täglich zu unterrichten, ist sie überglücklich. Zusammen mit den Privatstunden wird sie genug verdienen, um ihren Eltern alles zu schicken, was sie entbehren und brauchen können. Wilhelm Hausensteins Briefen ist zu entnehmen, dass Renée-Marie sie regelrecht hat drängen müssen, bis er sich endlich überwindet und ihr eine *Wunschliste an das Christkindl in U.S.A.* zusammenstellt: – *ach die Kunst des Annehmens, man lernt sie!* Wenn sie ehrlich sind, mangelt es an so vielem, zum Beispiel an Schuhbändern und Schuhcreme. Gut gebrauchen kann er eine braune oder graue Krawatte, eine *ganz einfache Konfektionshose*, Sockenhalter und *weiche einknüpfbare Halskragen (Umlegekragen)*. Etwas Süßes wie Marmelade wäre wunderbar und, wenn Renée-Marie das schicken dürfe, ein Päckchen Zigaretten vielleicht. Margot wünscht sich ein paar Schuhe und *gute substantielle Dinge, die es seit Jahren nicht mehr gibt,*

Dr. Wilhelm Hausenstein
3 (b) Tutzing Oberbayern
U. S. A. Zone

Sonntag 27. October 1946.

Liebste Renée-Marie, gestern kam ein Paket von Dir. Es trug, wenn wir recht entziffern konnten, einen September-Stempel, wäre also relativ rasch angekommen. (Das Care-Paket sind Anderes ist noch nichts da.) Das gestern eingetroffene Paket, das uns einen wahren Festtag bereitet hat, enthielt das wollene rosa Nachthemd für Maman, das, ach, so sehr nötig und so überaus willkommen war, den braunen Pullover für Maman, Wäsche und wunderbare Strümpfe für Maman, Kaffee, Tee, Sardinen, Datteln etc. etc. – alles tadellos und vollständig gemäß Deiner Ankündigung. Wir müssen Dir gestehen, daß wir eine Schachtel Datteln sofort ganz aufgegessen haben – seit vielen Jahren, ich glaube: seit cca 1938, waren es die ersten, und wir sind nach jeder Art von Früchten ausgehungert. Dann und wann bekommen wir hier von Freunden einmal einen Apfel (was Citronen sind Orangen, Kirschen, Pflaumen usw. sind oder waren, wissen wir nicht mehr). Unser Dank, liebste Tochter, ist unbegrenzt; es ist rührend, wie Du an uns denkst, mit wie viel Vorstellung vom Nötigen und mit welcher Liebe alles geordnet und gepackt ist! Nur bitten wir Dich, verausgabe Dich nicht zu sehr! Andererseits (wie sagen die Schwaben") so sind wir halt so frei", Dir zu gestehen, was weiterhin willkommen wäre (gelegentlich): Senfpulver oder Senf in der Tube; Bouillonwürfel; Vanille; Zimt; Reis... Reis... und Schuhbänder. Auch Bonbons und, womöglich, etwas Chocolate. Seit langem habe ich gar nichts mehr zu rauchen. Nun rauche ich, des Magens wegen, zwar ohnehin fast gar nicht mehr; aber eine Cigarette, etwa Pall Mall, hätte hin und wieder in der Arbeit etwas „Lockerndes", „Lösendes." Ich habe vergessen: Marmelade fehlt absolut. Aber nun weißt Du alle unsere Bedürfnisse und Wünsche, und wir haben für lange nichts mehr hinzuzufügen. Tausend Dank im voraus! – Leider haben wir die Photos, die Felix vorige Weihnachten von uns gemacht hat, nie gesehen. Ob sie wohl recht waren? – Der Winter hat hier schon mit erheblicher Kälte eingesetzt, aber seit heute ist es Föhn und wieder warm. Gottseidank! Maman bekam wieder ihr Wintergesicht und ihre Neuralgien im Nacken, die ihr sehr zusetzen. Momentan kann sie am offenen Südfenster (der Südtür) des Salons sitzen. –

zum Beispiel weißes Mehl, etwas Fett, einen nicht zu großen Schneebesen und *Kasserollen-Reiniger*. Renée-Marie wisse schon: *dieses Blechzeug, das den Dreck auskratzt.*

Bis Anfang Dezember wird sie ihnen acht Pakete schicken. Hausenstein kann seine Tochter nicht genug loben, mit wie viel Umsicht sie alles ausgesucht und sorgfältig verpackt hat. Alles kommt in tadellosem Zustand an, obwohl die Pakete meist wochenlang unterwegs sind. Zusätzlich erhalten sie immer wieder Care-Pakete, oftmals von Renée-Marie initiiert, wie eines vom American Center P.E.N. Sehr gerührt äußert sich Hausenstein, der Mitglied der deutschen Sektion des P.E.N.-Clubs bis zu dessen Verbot gewesen war, gegenüber Renée-Marie über das sehr persönliche Begleitschreiben: *as a slight token of esteem and friendship* [als ein kleines Zeichen unserer Achtung und Freundschaft].

Im Vergleich zum Inhalt der Care-Pakete, schreiben die Eltern, sind Renée-Maries Pakete *wahre Liebesgabenpakete*, die ihnen jedes Mal einen Festtag bereiten, weil sie den Inhalt mit so viel *Phantasie gegenüber ihren Bedürfnissen* zusammenstelle. Natürlich können sie Fett, Zucker, Fleisch- und Fischkonserven gut gebrauchen, aber mehr noch freuen sie sich über Farbbänder für die Schreibmaschine, Briefpapier, Zwirn, Lebertran, Vitamintabletten, köstliche Datteln, Saftdosen, Handschuhe, Unterwäsche, Strümpfe, Stoffe und sogar eine elektrische Lampe. Denn all das gibt es nicht zu kaufen oder ist nur zu unerschwinglichen Preisen auf dem Schwarzmarkt zu haben. Dort kostet beispielsweise ein Stück Seife 40 Mark, ein Paar Schuhe 1000 Mark, ein Anzugstoff 3000 Mark. An die lebhaften Farben und Muster der amerikanischen Krawatten, die Renée-Marie für ihn gekauft hat, müsse er sich allerdings erst noch gewöhnen, schreibt Hausenstein.

In jedem seiner Briefe beteuert Hausenstein, wie unendlich dankbar sie ihrer Tochter sind. Andererseits bedrückt es ihn und verursacht ihm Gewissensbisse. Um das alles zu ermöglichen, müsse Renée-Marie sicherlich viel zu viel arbeiten und nahezu ihre gesamte Freizeit dafür aufwenden, die Dinge einzukaufen, alles auf das Sorgfältigste zu verpacken und dann noch teuer zu verschicken. Sie tue des Guten zu viel, zumal sie auch der Großmutter in Belgien regelmäßig Pakete zukommen lasse. Nachdem am 30. Oktober 1947 Renée-Maries Paket Nummer 110 eingetroffen ist und sie erfahren haben, dass die Preise in den USA erheblich angestiegen sind, bittet der Vater sie inständig, eine Pause von mehreren Monaten einzulegen. Sie dürfe sich ihretwegen kräftemäßig

Geliebtes Marieke! Toll, toll, toll ist das Paket. Papa sieht aus als ob er niemals mehr kalt haben kann! Alles ist herrlich und Du bist ein Schatz. Gestern haben Angermanns einen Abschieds-besuch uns gemacht. Ich glaube Du kennst sie von Ehrwald, neen? Sie haben auch bei Olive gewohnt, aber vielleicht nach Dir, das weiß ich nicht mehr.
Ich kann Dir gar nicht genug sagen was für eine Hilfe Deine Gaben bedeutet. Wir haben nie mehr hunger und fühlen uns viel kräftiger. Und alles ist immer so richtig ausgesucht und so gut verpackt.
Was ich als Hausfrau sehr brauche ist Kasserollen=Reiniger. Du weiß: dieses Blechzeug daß den Dreck auskratzt — und bitte auch einen nicht zu großen Schneebesen. Alles ist kaput oder überhaupt wie die Kasserollenkratzer seit lange Zeit nicht mehr zu haben. Das ist für uns sehr nötig....
Nochmals Danke, meine liebste Renée-Marie und eine große Umarmung von Maman. Könntest Du grafit (Ofenschwärze) schicken; alles verrostet!

                Nochmals Maman

und finanziell nicht verausgaben. Rund 150 Pakete schickt ihnen Renée-Marie aus den USA, erfährt man in Margot Hausensteins Lebensbericht. Damit habe ihre Tochter sie in den Nachkriegsjahren buchstäblich am Leben erhalten.

Einem Wiedersehen mit den Eltern stünde nach Beendigung des Krieges nichts im Weg, hatte Renée-Marie gemeint. Es sollte jedoch weitere drei Jahre dauern, bis Juli 1948. Wie schwer ihr dieses Warten gefallen ist, geht aus Hausensteins Briefen hervor, in denen er sie immer wieder mahnt, Geduld zu haben. Er warnt sie, nach Deutschland zurückzukehren. Sie mache sich keine Vorstellung davon, wie ruiniert das Land sei und wie gering die Aussichten, eine Arbeit zu finden. Er beschwört sie, durch einen Besuch bei ihnen nicht ihre Rückkehr in die USA und damit ihre *Naturalisation als Amerikanerin* zu gefährden, denn mit großer Skepsis sieht er in die Zukunft. Daraufhin scheint Renée-Marie sie zu drängen, zu ihr in die USA zu kommen, zumal ihnen das Leben in Deutschland doch unerträglich sei, wie der Vater schreibe, nicht nur materiell, sondern vor allem in moralischer, geistiger und seelischer Hinsicht. Auch da mache sich Renée-Marie, erwidert Hausenstein, *von draussen* [sic] *her natürlich ein zu einfaches Bild von einem so komplizierten (notwendigerweise komplizierten) Zustand wie dem eines okkupierten Landes.* Margot erlaube man nicht einmal, ihre alte Mutter in Brüssel zu besuchen. Visa für die USA zu bekommen sei nach seinen Erkundigungen fürs Erste völlig aussichtslos und eine Schiffspassage für sie beide unerschwinglich. Renée-Maries Idee von einem gemeinsamen Leben in den USA hält Hausenstein entgegen, welche Belastung sie beide in ihrem Alter für Renée-Marie darstellen würden. Wie schon in früheren Briefen erklärt er, nicht mehr die Kraft zu haben, als Journalist oder Dozent noch einmal eine neue Existenz aufzubauen. Der *Druck namentlich der letzten Hitler-Jahre* habe seine und Margots Gesundheit zu sehr geschädigt. Hinzu komme, dass er des Englischen nicht mächtig sei und es auch schwerlich noch zu lernen vermöge. Humanistisch gebildet, hatte es den frankophilen Hausenstein nie gereizt, England zu bereisen. Oder hatte ihn eine Phobie vor Schiffsreisen, wie er einmal andeutet, daran gehindert, den Kontinent zu verlassen? Am liebsten würde er mit Margot in Rom, Paris oder Brüssel leben. Den europäischen Kulturraum für immer zu verlassen und sein Leben in den USA beschließen zu müssen, ist für ihn eine schreckliche Vorstellung. Allenfalls einen Aufenthalt von vielleicht einem oder sogar zwei Jahren in den USA, räumt er ein, könne er sich vorstellen und sogar einen gewissen Reiz darin sehen, dass er und Margot *eine längere Zeit drüben vertrödelten (vorausgesetzt, daß dazu die einreisemäßigen und materiellen Voraussetzungen sich ergeben).* Wahrscheinlich wäre für ihn, um den zweiten und dritten Band seines autobiografischen Romans zu schreiben, eine größere Distanz zu Deutschland gar nicht schlecht.

Im Oktober 1946 ist den in kurzen Abständen geschriebenen Briefen Hausensteins zu entnehmen, dass Renée-Marie die Bekanntschaft eines amerikanischen Mannes gemacht hat. Schon bald ist von Hochzeit die Rede. Die 24-Jährige sehnt sich nach Beständigkeit in ihrem Leben und familiärer Geborgenheit, die sie in den vergangenen Jahren entbehrt hat. Der Krieg hat ihr den Mann, der ihre große Liebe war, genommen. Die Ehe, die sie eingegangen ist, um emigrieren zu können, hat nur auf dem Papier bestanden. Sie hat in Brasilien zu spüren bekommen, wie verächtlich auf eine unverheiratete Frau, die gezwungen ist, für ihren Lebensunterhalt zu arbeiten, herabgesehen wird. Diese Erfahrung macht sie in Washington nicht, aber auch in den USA haben Heirat und Ehe einen gesellschaftlich hohen Stellenwert. Ist es ihr nicht auch bestimmt und erwarten es nicht die Eltern, dass sie heiratet und eine Familie gründet? Auf Renée-Maries Ankündigung reagiert Wilhelm Hausenstein zunächst in der für ihn charakteristisch verhaltenen Art: *Wir glauben, daß Du, liebste Tochter, richtig wählen gelernt hast, selbständig = richtig, und daß Du Affekt und Liebe unterscheiden gelernt hast.*

1947

Es sind nahezu fünf Jahre vergangen, seitdem Hausenstein seine Tochter gesehen hat. In seiner Vorstellung ist sie vermutlich das impulsive junge Mädchen geblieben, an dem er ein gewisses Maß an Besonnenheit und Selbstdisziplin vermisste. Immerhin scheint es ihn etwas zu beruhigen, von *einem sehr objektiven Dritten*, seinem Freund Dr. Werner Richter, zu hören, dass Renée-Marie einen positiven Eindruck bei diesem und dessen Frau hinterlassen hat. Sie könnten sich nicht entsinnen, schreibt Richter, *jemals in einem so jungen Menschen Charakter, Intelligenz und Grazie derart vereinigt gesehen zu haben*. Als jedoch Renée-Marie ihre Hochzeitsreise, die nach Europa gehen soll, bereits für das kommende Jahr in Aussicht stellt und Zukunftspläne für sich und die Eltern in den USA entwirft, versucht er sie zu bremsen. Sie möge doch *der Zeit ein wenig mehr überlassen* und ihre Heirat nicht zu sehr *beschleunigen*. Wie schon in früheren Jahren legt er seiner Tochter ans Herz, sie solle nichts forcieren, schon gar nicht in dieser Hinsicht. Eine Frau, die geachtet werden wolle, müsse sich rarmachen. Die Tadellosigkeit ihres Prestiges sei *so viel wert wie eine Mitgift*. Vermutlich spielen für Renée-Marie eine nicht unerhebliche Rolle die Vorstellung und ihr Wunsch, als Ehefrau eines amerikanischen Staatsbürgers ausreisen zu können, ohne ihre Wiedereinreise zu gefährden, und schneller die amerikanische Staatsbürgerschaft zu erlangen. Außerdem geht sie davon aus, dass ihre Eltern einen Aufenthalt bei einer in den USA verheirateten Tochter vielleicht eher bewilligt bekommen. Wilhelm Hausenstein rührt Renée-Maries Fürsorge, er gibt jedoch zu bedenken, dass Personen ihres Alters *eine fühlbare Bürde* für ein junges Ehepaar darstellen, ihr Bleiben auf Dauer *materiell und moralisch* eine zu starke Belastung bedeuten könnte. Anscheinend hat Hausenstein nicht vergessen, dass das Zusammenleben mit seiner Mutter in Tutzing über mehrere Jahre auch nicht frei von Konflikten war. Fast ein Jahr lang sind Renée-Maries Beziehung und ihre Heiratspläne ein ständiges Thema in den Briefen Hausensteins, bis sie sich anders entscheidet und sich von dem Mann trennt. Am 31. August 1947 schreibt Hausenstein: *Du hast den Unterschied zwischen Liebe und Liebe begrif-*

fen, und zu unserer Freude haben offenbar christliche Gedankengänge daran wesentlichen Anteil.

Damit spricht er ein Thema an, das ihm schon lange *tief in der Seele brennt.* Renée-Maries wachsende kritische Distanz gegenüber der katholischen Religion und Kirche beunruhigt ihn sehr. Seine Tochter *der Religion ihrer Jugend entfremdet zu sehen,* trifft Hausenstein umso mehr, als die katholische Glaubenslehre die Religion seines Alters geworden ist. Was Renée-Marie im Einzelnen an Schwerem, Argem und Bösem in Brasilien erlebt habe, heißt es in einem Brief, habe sie ihnen anscheinend vorenthalten, um sie zu schonen. Vermutlich habe sie in Rio *eine ungute, ja sogar schlechte Repräsentanz des Katholizismus kennen gelernt,* räumt er ein. Auch er vermag manches nicht gut zu heißen. Oft genug übt er Kritik an der Amtskirche und macht sich Luft im Tagebuch und in Briefen an den ebenfalls konvertierten Max Picard über den lieb- und geistlosen Vollzug von kirchlichen Ritualen oder wenn ein Geistlicher für sein Empfinden *wie ein Hausknecht* gesprochen hat. Renée-Marie begehe jedoch einen großen Fehler, wenn sie in ihrer Enttäuschung diese allzu menschlichen Mängel mit dem Wesen des Glaubens verwechsle. Den wahrhaften Christen mache *die absolute Glaubensbereitschaft* aus, *der absolute Glaubensstand, die absolute Gutgläubigkeit des Kindes,* beschwört er sie, und diese sich zu bewahren sei eine der schwersten von Gott auferlegten Prüfungen. Er bedauert, dass seine Konversion viel zu spät gekommen sei, doch werde ihm *die <u>überlegene</u> Wahrheit des katholischen <u>Geistes</u> von Tag zu Tag mit all ihrer bezwingenden, ordnenden, klärenden, helfenden Fülle so sehr gewisser.* Welchen Druck er in der Sorge um ihr Seelenheil mit seinem insistierenden missionarischen Eifer ausübt, wird ihm nicht bewusst. In seinem Bestreben, Renée-Marie auf »den richtigen Weg« zurückzuführen, füllt er zu diesem Thema viele Briefseiten. Als sie bei ihrer Suche nach neuer Orientierung beispielsweise mit der Glaubensgemeinschaft »Christian Science« in Kontakt kommt und der von Mary Baker Eddy 1866 entwickelten Lehre durchaus etwas abgewinnen kann, lässt Hausenstein sie wissen: Vor etwa 20 Jahren habe er selbst es in dieser Richtung ernstlich versucht und für sich festgestellt, dass Science *das <u>spirituale</u> Motiv* übertreibe und mit ihrem *praktisch-christlichen Optimismus <u>die Bedeutung des Christentums längst nicht</u>* erschöpfe.

Renée-Marie sieht irgendwann ein, dass vor allem der Vater den Gedanken an eine Reise in die USA in weite Ferne gerückt hat. Stattdessen konzentrieren sich ihre und Hausensteins Überlegungen etwa ab Mitte 1947 darauf, wann sie nach Deutschland kommen könnte. Insgeheim scheint

Wilhelm Hausenstein gehofft zu haben, bereits seinen 65. Geburtstag am 17. Juni 1947 mit ihr feiern zu können, doch Renée-Marie will nicht riskieren, ihre Stelle an der Schule zu verlieren. Selbstverständlich seien sie bereit, beeilt sich der Vater, auch *bis zum* Herbst *1948 zu warten.*

Allmählich klingen seine Tagebucheinträge und Berichte in den Briefen an Renée-Marie zufriedener. Am 21. Juli 1947 schreibt er, dass seine *Arbeit – nach den schrecklichen Jahren des Berufsverbotes unter den Nazis – mehr und mehr sich entfaltet, dass mein Name an Autorität täglich zunimmt, dass ich hier einstweilen noch Gutes stiften kann – und es wäre vor Gott wohl nicht recht, diese Situation* brüsk *abzubrechen. In anderthalb Jahren werde ich mich hier mit mehr moralischem Recht lösen können.* Endlich wird gedruckt, was er in den vergangenen Jahren *für die Schublade* geschrieben hat, und sein autobiografischer Roman »Lux Perpetua. Summe eines Lebens aus dieser Zeit« erscheint unter seinem Pseudonym Johann Armbruster. Zwei Jahre später, im August 1949, wird er Renée-Marie eine Ausgabe der Zeitschrift »Hochland« mit einer Buchbesprechung schicken und hinzufügen: *mein Buch wird mit Th. Manns »Faustus« und mit Hermann Hesses »Glasperlenspiel« zusammengehalten.* Er lege darauf keinen eigentlichen Wert, behauptet er, wisse jedoch, *daß diese Klassifikation dem Publikum Eindruck machen wird.* Ebenfalls mit Genugtuung erfüllt es Hausenstein, dass der Kulturbetrieb sich seiner erinnert und er zu Vorträgen und zur Eröffnung einer Max-Beckmann-Ausstellung in der Villa Stuck in München eingeladen wird. Max Beckmann notiert dazu im Tagebuch: *Dolle Sache da in München. 81 Bilder im Stuckpalais mit 400 Personen […] und einer Eröffnungsrede von Hausenstein. Verrückt traumhaft.*

Mit seiner Feststellung, sein Name erlange wieder Autorität und er vermöge noch Gutes zu stiften, könnten politische Gutachten und Charakterzeugnisse gemeint sein, die er unter anderem für Professor Artur Kutscher und Walter Behrend, einen ehemaligen Kollegen bei den »Münchner Neuesten Nachrichten«, abgibt. James A. Clark von der »Information Control Division« und Leonard Felsenthal von der Pressesektion des American Military Government in Bayern haben sich in dieser Angelegenheit an ihn gewandt, was Hausenstein ein Beweis ist, dass er das Vertrauen der amerikanischen Offiziere genießt.

Im September 1947 erhält Margot endlich die Genehmigung, ihre Mutter in Brüssel zu besuchen. 50 Tage muss Wilhelm Hausenstein ohne sie auskommen. Er empfindet *die Trennung wie eine Wunde*, vertraut er Renée-Marie an. Bereits in einem Brief nach dem Krieg hatte er ihr dargelegt, wie wichtig Margot für ihn geworden ist: *Sie ist eine großartige Frau. Wie hat sie mir geholfen, die scheußlichen Hitler-Jahre zu überstehen! In einem Grade geholfen, der sich gar nicht ausdrücken läßt. Wie hat sie meine Arbeit gefördert! Welche wohltätige, disziplinierende Kraft ist von allen ihren haargenauen moralischen und künstlerischen Unterscheidungen auf mich ausgeströmt! In der Grundlegung meiner Arbeit ist sie mit einem moralischen und überhaupt geistigen Anteil mit-gegenwärtig, den ich gar nicht überschätzen kann. Sie ist la bonne conscience* [das gute Gewissen] *meiner ganzen geistigen Existenz, und ich habe mich nur über Eines zu beklagen: daß sie nicht schon an meiner Seite war, als ich 21 Jahre hatte. Nicht auszudenken, was mir an Fehlern, Irrwegen, Unglück dann erspart geblieben wäre.*

Am 19. November 1947 reist Renée-Marie in Begleitung von Erwin Rosenthal mit dem »Stream-Liner«, einer komfortablen Eisenbahn, von der Ostküste an die Westküste. Die Familie Rosenthal hat sie eingeladen, bei ihnen in Berkeley eine Zeit lang auszuspannen. Vielleicht wird sie, wenn sie dort Arbeit findet, im sonnigen Kalifornien bleiben. Zunächst soll sie wirklich einmal Ferien machen, bitten sie die Eltern. Vor ihrer Abreise von Washington hat Renée-Marie sie noch ausreichend mit Paketen versorgt. Dank ihrer Fürsorglichkeit, schreibt Hausenstein, gebe es Tage, an denen sie *ganz und gar* davon leben würden, was sie ihnen geschickt hat. Zum Weihnachtsfest, das Wilhelm und Margot Hausenstein zum sechsten Mal ohne sie begehen werden, hat sie ihnen eine geradezu glamouröse Porträtaufnahme mit handschriftlicher Widmung geschickt. Im kommenden Jahr werden sie sich wohl endlich wiedersehen.

by JOYCE FLEMING and EDWARD HAYES
of Greenwich, Connecticut

1948

Hauptthema der Briefe in den ersten Monaten 1948 ist dann auch Renée-Maries Europareise. Einerseits findet es Hausenstein *moralisch richtig* von ihr, nicht einfach die »*Tür zuzumachen*«. Sie müsse darauf gefasst sein, unvorstellbare Zerstörung und entsetzliches Elend zu sehen. Andererseits kommen ihm immer wieder neue Bedenken. Lohnt sich die weite und teure Reise, wenn Renée-Marie nur die übliche Aufenthaltsgenehmigung für zwei Wochen erteilt wird? Würden die amerikanischen Behörden vielleicht eine zusätzliche Woche bewilligen, wenn Renée-Marie ein ärztliches Attest zu dem bedenklichen Gesundheitszustand ihres Vaters vorlegen könnte? Nachdem sie ihnen von dem komfortablen »Steam-Liner« vorgeschwärmt hat, meint Hausenstein sie darauf vorbereiten zu müssen, wie umständlich und beschwerlich das Reisen im besetzten Deutschland ist. Sie werde uralte Waggons Dritter Klasse antreffen, die Fenster teilweise mit Sperrholzplatten zugenagelt und gesteckt voll; stundenlange Verspätungen seien an der Tagesordnung. Sie solle möglichst wenig Gepäck mitnehmen und müsse aufpassen, dass ihr nichts gestohlen wird. Welche Reisepapiere braucht sie? Genügt, wie sie zunächst meint, ein offizieller Personalausweis? Gibt es noch den »Nansen-Pass« für staatenlose Flüchtlinge und Emigranten, fragt Hausenstein, oder inzwischen einen anderen, ebenbürtigen Spezialausweis? Auf jeden Fall soll sie Visa für Belgien, die Schweiz, Frankreich, Italien beantragen, um mehrere Möglichkeiten für die Dauer ihres Aufenthalts offenzuhalten. Vielleicht könnte sie auf dem Herweg zunächst die Großmutter in Brüssel besuchen und im September gemeinsam mit den Eltern zwei Wochen in der Schweiz verbringen, wohin man ihn zu Vorträgen eingeladen hat. Besteht eventuell die Möglichkeit, dass sie in einer dienstlichen Funktion reist? Hausenstein fragt bei der Presseabteilung des Military Government in München an, ob man seine Tochter vielleicht für längere Zeit als Dolmetscherin beschäftigen könnte, und erhält eine höfliche Absage. Noch hat Hausenstein Hoffnung auf eine gesamtdeutsche Verwaltung und damit auf eine Liberalisierung der Einreisebestimmungen. Ende März zweifelt er, ob Renée-Marie die Reise wirklich wagen soll. Die Differenzen zwischen den westlichen Besatzungsmächten, den USA,

Großbritannien und Frankreich einerseits und der Sowjetunion andererseits spitzen sich zu, schüren die Angst vor einem neuen Krieg. Man müsse wohl die nächsten Monate abwarten und darauf hoffen, dass die Gesamtlage sich entspannen werde. Hinzu kommt, dass Renée-Marie sich mit den Paketen an die Eltern finanziell verausgabt hat. Während ihres Aufenthalts in Berkeley hat sie nichts verdient, und es sieht auch nicht danach aus, dass dort ein einträglicher Job zu finden ist, aber die Nachrichten über die immer schlechter werdende Versorgungslage in Deutschland haben ihr keine Ruhe gelassen. Auf Renée-Maries Bitte geben die Eltern Bernard Rosenthal bei seinem nächsten Besuch zwei Aquarelle von Paul Klee mit, die ihr gehören. *Beide wirklich vom Allerbesten*, schreibt Hausenstein. Von dem Erlös müsste sie die Schiffspassage zahlen können. Eine Zeit lang sieht es so aus, als zöge Hausenstein in Erwägung, nach Renée-Maries Aufenthalt gemeinsam mit ihr und Margot in die USA zu reisen und eine Zeit lang zu bleiben. Doch wovon sollten sie dort leben? Die Deutsche Mark ist nichts wert und seiner Tochter will er auf keinen Fall zur Last fallen. Etwas anderes wäre es, wenn er von offizieller Seite eingeladen würde wie Dr. Franz Josef Schöningh oder Hanns Braun, sein ehemaliger Kollege bei den »Münchner Neuesten Nachrichten« und jetzt Honorarprofessor für Theatergeschichte an der Universität München. Aber dafür müsse man, schreibt er mit spitzer Feder, *offenbar eine bestimmte Marke* tragen, und er sei eben nur *ganz allgemein Schriftsteller*.

Im Mai und Juni verbringen Wilhelm und Margot Hausenstein einige Wochen in Schlehdorf, wo Hausenstein die Ruhe dazu nützt, nach langer Unterbrechung sein Tagebuch fortzuführen, was allerdings Stückwerk bleibt. Angesichts *des körperlichen und moralischen Übelbefindens*, stellt er am 30. Mai 1948 fest, sei das Ergebnis seiner Arbeit seit Jahresanfang nicht wenig. Die 1944 begonnene »Anthologie französischer Lyrik« ist fertig redigiert und der »Baudelaire« für eine neue Ausgabe überarbeitet. Er hat Essays über Degas und Slevogt geschrieben, Vorträge gehalten und die Einführungsrede anlässlich einer Lesung von Regina Ullmann. Möglich gemacht habe dies vor allem *Margots Beistand in jeder erdenklichen Richtung: von der Ernährung bis zur Kritik*. In Kürze wird außerdem »Zwiegespräch über den Don Quijote« erscheinen, das Ergebnis ihres gemeinsamen Gedankenaustauschs seit bald 30 Jahren, berichtet er am 7. Juni 1947 Renée-Marie. Seine und Margots Zwiesprache – im Buch unter fingierten Namen – mündet in der Forderung, *daß wir uns mit leidenschaftlichen Kräften bemühen müssen, vernünftige Don Quijotes zu werden.* Man müsste um so mehr darnach trachten, ein Don Quijote zu werden, je ärger die Welt ist, je falscher [...] *sogar auf das Risiko, wirklich den Verstand zu verlieren, denn dieser würde einer guten Sache geopfert sein, der besten hier unten, der gottgefälligen: dem Heil der Welt im Sinne christlicher Nächstenliebe* [...]. Cervantes' Roman, den sie bereits als junges Mädchen las, schreibt Margot in ihrem Lebenslauf, sei das Buch gewesen, das lebenslang den stärksten Einfluss auf sie gehabt habe.

Außerdem hat Hausenstein Arbeit nach Schlehdorf mitgenommen. Er möchte ein kleines Buch über Karl Valentin verfassen. Am 9. Februar 1948, Valentins Todestag, schreibt Hausenstein an Renée-Marie: *Dieser Tod geht mir sehr nahe. Valentin war mit mir genau gleichaltrig (im Juni 82 geboren), und ich habe eben zu Mama gesagt, es sei mir, als hätte ich einen Bruder verloren, zu dem ich zwar in losen Beziehungen stand – aber immerhin objectiv [sic] gesprochen, einen Bruder. Ich will nun sehen, dass wir ein Gedenkbuch zustande bringen.* Noch im Jahr zuvor hat Hausenstein vergeblich versucht, einen Verlag für ein Buch über den unvergleichlich tragikomischen Münchner Mimen zu interessieren. Valentins Anfrage zum Thema »Karl Valentin und der Rundfunk« etwas zu schreiben, hat er am 24. März 1947 abgelehnt und erklärt, zu Rundfunk und Radio habe er kein Verhältnis. *Ich kann nicht begreifen, dass Sie nicht längst wieder angefangen haben, ein Valentin-Theater aufzumachen. Wir alle möchten Sie so schrecklich gerne endlich auf der Bühne wieder sehen! Tun Sie uns, ich bitte Sie, die Liebe an, wieder auf der Bühne aufzutreten!*

Wochenlang arbeitet er in Schlehdorf konzentriert an dem Gedenkbuch über Karl Valentin, das noch im selben Jahr unter dem Titel »Die Masken des Münchner Komikers Karl Valentin« erscheint. Hausenstein widmet es »Der Partnerin Valentins, Liesl Karlstadt – ihrer Kunst und ihrer Güte«. Ende Juni 1948 treten wieder Arhythmien auf. Er führt sie auf Überarbeitung und den *Choc von der Währungsreform* zurück. Was ihn bedrückt, sei nicht so sehr, *etliche sauer verdiente tausend Mark verloren* zu haben, sondern dass er im 67. Lebensjahr seine Existenz noch einmal von Null an aufbauen müsse.

Wann genau Renée-Marie ihre Reise nach Europa antreten wird, bleibt bis zuletzt ungewiss. Ihrem Vater zuliebe wird sie mit einem Passagierschiff reisen und nicht fliegen. Vielleicht sei es albern und eine altmodische Einstellung, aber er findet es *in einem höheren Sinne eigentlich nicht legitim, eine so große Entfernung wie die von hier nach dort oder vielmehr umgekehrt in einer nach* Stunden *zu bemessenden Geschwindigkeit zurückzulegen.* Aus Renée-Maries letztem Brief im Mai haben die Eltern nur so viel erfahren, dass sie wieder in Washington ist, wo sie sich um die notwendigen Reisepapiere bemüht. Und dann ist es so weit. Wenn nichts Unvorhergesehenes geschieht, telegrafiert sie, wird sie am 21. Juli eintreffen.

Mit Worten lässt sich schwerlich beschreiben, was in den Eltern und ihrer Tochter vorgeht, als sie sich nach so langer Zeit wiedersehen. Weder in seinem Tagebuch noch in irgendeinem Brief hat Hausenstein darüber etwas erwähnt. Man kann nur versuchen, sich jenen ersten Augenblick vorzustellen, als Renée-Marie, eine schöne junge Frau, nach sechs Jahren leibhaftig vor Wilhelm und Margot Hausenstein steht, denen anzusehen ist, dass sie Schweres durchgemacht haben, und die sichtlich gealtert sind.

Noch immer ist der Blick vom Balkon des Buchenhauses auf den Starnberger See so wundervoll wie in Renée-Maries Erinnerung. Im Haus selbst hat sich manches verändert. Hausensteins bewohnen nur mehr die mittlere Etage, seitdem Frau von Hofacker mit ihren Kindern eingezogen ist. Von einigen Möbeln haben sich Wilhelm und Margot Hausenstein getrennt, und einen Teil der Bücher haben sie in Kartons verpacken müssen. Die Bewohner bemühen sich, so gut es geht, miteinander auszukommen. Nur *den Ruhevorstellungen der Hausensteins zu begegnen*, sei ein Problem geblieben, kann sich Alfred von Hofacker erinnern. Seines und des Bruders gemeinsames Schlafzimmer habe sich über Hausensteins Etage befunden. So sei es immer wieder vorgekommen, dass Margot ihn morgens mit dem Satz begrüßt habe: *Alfred, mon cher, heute bist du wieder mit eine große Bums aus dem Bett gestiegen.* Auch der Garten sieht anders aus als früher. Wilhelm Hausenstein versucht zwar, ihm ein ordentliches und sauberes Aussehen zu geben, und versieht die Kieswege noch immer mit seinem Tannenmuster, aber es ist ein Nutzgarten geworden mit Hühnern, Hasen und einer Ziege.

Während am Ortsbild von Tutzing der Krieg spurlos vorübergegangen zu sein scheint, ist die Zerstörung Münchens unfassbar für Renée-Marie, obschon der Vater sie darauf vorbereitet hat. Die Innenstadt ist eine Trümmerlandschaft. Trotz Räumaktionen gibt es viele Meter hohe Schuttberge. Die einstigen Prachtstraßen säumen ausgebrannte Fassaden mit ineinander verkeilten Eisenträgern und in die Luft ragende Streben. Wo früher die feinen Münchner Geschäfte waren, weisen ab und an Papptafeln auf die neuen Adressen außerhalb der Stadt hin. Man trifft vereinzelt auf kahle, schwarze Baumgerippe. Zwischen Häuserruinen, deren Fensteröffnungen mit Brettern und Kartons notdürftig verkleidet sind, riecht es nach Staub, bröckelndem Mörtel, vermischt mit dem Qualm von Notöfen und offenen Feuerstellen. Renée-Marie begegnet verhärmt aussehenden Menschen, die Holzkarren hinter sich herziehen, Männern, denen ein Arm fehlt, Männern ohne Beine, die sich mit Hilfe von auf Rädern montierten Obstkisten mühsam vorwärts schieben.

Im September bereisen die Eltern mit Renée-Marie die Schweiz. Stationen sind Winterthur, St. Gallen, Tessin und der Lago Maggiore, zum Abschluss Zürich, wo Hausenstein am 30. September an der Universität einen Vortrag über Edgar Degas hält, wie Margot den Freunden Hirschbold schreibt. Während Margot eine Freundin in Ascona besucht, begleitet Renée-Marie den Vater über Colmar nach Royaumont bei Paris. Hausenstein nimmt dort vom 4. bis 8. Oktober am ersten Kongress christlicher Schriftsteller aus Frankreich und Deutschland teil. Anschließend kehrt Renée-Marie noch einmal für drei Wochen mit den Eltern nach Tutzing zurück, nachdem man ihr in Bern die Erlaubnis dazu erteilt hat.

Die letzten Tage, bevor sie am 3. Dezember in Le Havre an Bord der »SS Washington« gehen wird, verbringt sie auf Wunsch des Vaters in Paris. Ein Aufenthalt Renée-Maries in Frankreich mit Paris zum Abschluss ist Hausenstein besonders wichtig. Es sei *das eigentlichste europäische Profil, sozusagen der charakterisierende Vorsprung*, schreibt er ihr nach Paris, und deshalb solle sie sich unbedingt viel ansehen. Dafür bleibt ihr genügend Zeit, mehr als ihr lieb ist, denn der Termin der Abreise von Le Havre wird von der Schifffahrtsgesellschaft immer wieder verschoben. Erst am 23. Dezember kommt sie in den USA an.

1949

Die Monate mit Renée-Marie waren sehr schön, ganz besonders die Wochen in der Schweiz, wo Renée-Marie einen maßstäblichen Begriff von dem empfangen hat, was im besten Sinne europäisch genannt werden kann. Nur dies erfährt man über ihren Aufenthalt aus einem Brief Hausensteins vom 20. Januar 1949 an Dr. Jürgen Wittenstein. Er ist bekannt mit Renée-Marie seit ihrer Zeit als Gasthörerin an der Universität München und ist seit 1948 in Boston an der Harvard Medical School tätig. So viel wie eben möglich sollte Renée-Marie von Europa – für Hausenstein immer noch *die geistige Mitte* – sehen und diese Eindrücke nach drüben in die Neue Welt mitnehmen. Für ihre persönliche Entwicklung, so schreibt er später, hätten ihr die vergangenen Monate hoffentlich *ein geistig-moralisches Kapital* mitgegeben. Offensichtlich befürchtet er eine Amerikanisierung seiner Tochter, auch wenn er es nicht deutlich ausspricht. Er meint in ihren Briefen schon erkennen zu können, dass ihr die deutsche Sprache allmählich fremd wird. Deshalb schickt er Bücher und Drucksachen, seitdem es wieder möglich ist, lässt ihr jede seiner Publikationen zukommen und erstaunlicherweise auch einen Band mit Erzählungen von Thomas Mann, allerdings mit einer ausführlichen und vernichtenden Bewertung. Sehr bemerkenswert ist, worin Hausenstein die Ursache für die seiner Meinung nach negative Entwicklung des Schriftstellers erblickt: *Phänomenales Talent, von phänomenaler Schulung und magistralem Können. Kein Zweifel. Aber von einer sezierenden Ungüte, ja Grausamkeit, überscharf, überspitz und fast immer an der Grenze des Bösen. Was wäre aus diesem Künstler geworden, wenn er, statt seiner Katja geb. Pringsheim eine <u>gute</u> Frau gefunden hätte (»gut« von »Güte«)! So aber hat sich das Bitter-Böse in ihm entwickelt, und in der Tat: man findet bei Th. Mann kaum eine einzige Gestalt, die aus der Güte lebt, die doch die entscheidende Qualität des Menschen ist. Dazu: ein Geist ohne <u>eigentlichen Standort</u>, ohne sicheres Bewußtsein von den <u>Werten</u> (den valeurs humaines, valeurs morales et religieuses). Immer nur auf das <u>Kuriose</u> und <u>Interessante</u> und <u>Intriguierende</u> [sic] erpicht. Im Ganzen daher grotesk überschätzt. Und zugleich gefährlich. Picard schrieb mir: »Th. Mann ist gefährlich, weil er die <u>Besseren</u> corrumpiert« (die es natürlich gar nicht merken).*

Schon vor ihrer Reise hatte sich Renée-Marie gegen Erwin Rosenthals Angebot entschieden, in dessen Kunsthandel in Berkeley mitzuarbeiten, und beschlossen, in New York zu bleiben und dort neu anzufangen. Damit zeigt sich Wilhelm Hausenstein sehr einverstanden. Einiges, was er von Renée-Marie erfahren hat, beispielsweise Rosenthals anscheinend positive Einstellung zum Werk Picassos, missfällt ihm sehr, und er möchte seine Tochter diesem Einfluss keinesfalls ausgesetzt wissen. Seine Ablehnung begründet er gegenüber Renée-Marie ausführlicher, als hier wiedergegeben werden kann. Eines seiner zentralen Argumente lautet, dass Picassos Kunst zwar *eine unbeschreiblich talentierte Kunst* [sei], *aber keine, aus der eine den Geist* ernährende *und* ordnende Substanz *sich gewinnen lässt*. Dem Kunsthistoriker Hausenstein ist die gesamte Gegenwartskunst in höchstem Maße suspekt. 1949 erscheint unter dem Titel »Was bedeutet die moderne Kunst? Ein Wort der Besinnung« seine persönliche *Abrechnung*. Der laut Tagebuch von Hausenstein erwartete *Wirbel* in der Presse bleibt aus. Kritik an seiner Verurteilung der zeitgenössischen Kunst hat offenbar der in Tutzing lebende Kunstmaler Walter Becker geübt. Jedenfalls weist Hausenstein in einem erhaltenen Brief vom 23. Januar 1950 dessen Behauptung, er wolle, dass die Kunst »*dirigiert*« werde, als *absurd* zurück. Nach seiner Überzeugung sei die Kunst *wesensmäßig und also nach ihrer Bestimmung unendlich viel mehr als ein Psychologicum, ein Nervosum*. Sie sei in ihren großen Zeiten aus dem *Bereich der subjektiven Sensation zu* objektiven Ordnungen *aufgestiegen. Diese Ordnungen sind, grosso modo, von der Gegenwart verloren; die Kunst ist auf die subjektiven Emotionen* reduziert, *und eben dies tut dem Sinn der Kunst nicht genug*.

Hinsichtlich Erwin Rosenthal ist Hausenstein außerdem ein großes, wenn nicht noch größeres Ärgernis dessen Vorstellung von *einer* »*mehr russophilen*« *Politik. Wir hier wissen* realen *Bescheid, nämlich von den Hitlerjahren her, die in Braun dasselbe waren wie die Sowjets in Rot*. So dankbar Hausenstein dem langjährigen Freund für seine erwiesene Hilfe und Unterstützung Renée-Maries ist, meint er doch, seine Tochter warnen zu müssen. Erwin Rosenthal stünde zu diesen Dingen *in einer Art von kokett-unverbindlicher Intellektuellen-Beziehung*, und das sei im höchsten Maße *frevelhaft*. Er habe den einstigen Freund abgebucht, schreibt er abschließend, so wie dieser anscheinend *Deutschland in einem »kollektiven« Sinn* abgebucht habe.

Der Abschied war Renée-Marie sehr schwer gefallen. Trotz der überall sichtbaren und spürbaren Folgen des Kriegs und ihrer langen Abwesenheit ist alles vertraut gewesen. Renée-Maries Briefe klängen melancholisch, meint der Vater. Mit dem Abstand und den Eindrücken der vergangenen Monate sieht alles anders aus. Zu Hause fühlt sie sich in den USA nicht, und der Neubeginn in New York mit Wohnungs- und Jobsuche verstärkt ihr Gefühl, nicht zu wissen, wo sie hingehört. Washington war im Vergleich zu New York überschaubar gewesen, zumal sie durch Saxby und seine Familie dort sofort Anschluss gehabt hatte. New York ist eine Stadt, in der sich jeder Neuankömmling verloren vorkommt und einsam fühlt. In den vergangenen Jahren war sie ganz von der Aufgabe erfüllt gewesen, Geld zu verdienen, um die Eltern mit Paketen zu versorgen. Sie wurde gebraucht. Mit ihrer Arbeit, auch wenn diese für sie nicht unbedingt befriedigend war, hat sie die Eltern am Leben erhalten. Nun schreiben Wilhelm und Margot Hausenstein, Renée-Marie solle wirklich kein einziges Paket mehr schicken, da sie allmählich wieder alles bekommen könnten; es gehe ihnen nichts mehr ab. Sogar einige Flaschen französischen Rotweins haben sie sich nach vielen Jahren zum ersten Mal geleistet. Er verdiene jetzt wirklich sehr ordentlich, so versichert ihr der Vater, wenn auch vorwiegend mit journalistischer Arbeit für Zeitschriften wie »Hochland«, »Die Wandlung«, »Das Goldene Tor«, »Frankfurter Hefte«, »Gegenwart«, »Merkur«. Der Verkauf seiner Bücher lässt nach wie vor zu wünschen übrig. Die Leute bevorzugten offensichtlich den Schund, schreibt er einmal Renée-Marie. *Hitler hat es erreicht: die Deutschen sind moralisch ruiniert.*

Andererseits kann sich Hausenstein nicht beklagen, da man ihm viel Anerkennung und Achtung zollt mit Ehrungen, die geradezu Schlag auf Schlag erfolgen. 1948 wählt man ihn zum Präsidenten der deutsch-französischen »Schickele-Gesellschaft« und zum Mitglied der »Bayerischen Akademie der Schönen Künste«. Am 7. Juni schreibt er ins Tagebuch: *Ich müsste mich selbst anlügen, wenn ich mir nicht gestehen wollte, daß mir diese späte Anerkennung eine leise Genugtuung bereitet hat.* Seine Wahl zum Präsidenten der Akademie erfolgt 1950. Für den ersten Band von »Lux Perpetua« wird ihm 1949 der »Hebel-Preis« des badischen Staats verliehen, und zu seinem 68. Geburtstag ehrt ihn die Stadt Hornberg am 17. Juni 1950 mit einer Gedenktafel an seinem einstigen Geburtshaus. Man ernennt ihn 1949 zum Mitglied der »Akademie der Wissenschaften und der Literatur« in Mainz, in Brasilien zum Ehrenmitglied der »Academia Goetheana« in São Paulo und erneuert seine Mitgliedschaft im P.E.N.-Club. Die Ehrung durch die »Academia Goetheana« sieht er als eine besondere Auszeichnung, da sie nur zwei

Deutschen, Professor Kippenberg, dem Inhaber des Inselverlags, und ihm, erteilt wird. Außerdem empfindet er es als *eine schöne Schadenfreude*, schreibt er am 9. Januar 1949 an Renée-Marie, dass sein Name Helmuts Familie in Brasilien *nun an die Nase geschlagen* würde. *Das ist uns nämlich eine Genugtuung um Deinetwillen.* Erst jetzt während ihres Aufenthalts hatten Wilhelm und Margot Hausenstein von Renée-Marie erfahren, dass sie in Rio verhaftet und fast drei Monate gefangen gehalten worden war.

Aus Hausensteins Brief klingt Erleichterung, nachdem Renée-Marie mitgeteilt hat, dass sie nach reiflicher Überlegung eine ihr angebotene Stelle bei einer Schweizer Bank nicht angenommen hat. Er hatte ihr abgeraten, einen derart geistlosen *Verdiene-Job* anzutreten. Sie wird auch nicht als Erzieherin arbeiten oder Sprachunterricht erteilen, sondern als Sozialarbeiterin und Korrespondentin bei »Catholic Relief Services« anfangen. Diese Organisation war 1943 von amerikanischen Bischöfen gegründet geworden und half während des Kriegs Flüchtlingen. Seit Kriegsende kümmert sie sich um »Displaced Persons« aus Europa. Die Bezahlung ist nicht gut, aber Renée-Marie hat das Gefühl, etwas Sinnvolles zu tun. Ihre Aufgabe besteht hauptsächlich darin, im Hafen die Neuankömmlinge zu erwarten, ihnen behilflich zu sein beim Ausfüllen der Einreiseformulare, sie zu ersten Unterkünften zu bringen, über Formalitäten für ihren Aufenthalt aufzuklären und bei Anfragen zur Verfügung zu stehen. Immerhin stifte diese Arbeit doch *einen unmittelbar-konkreten Nutzen*, meint auch der Vater. Nur die Vorstellung, dass seine Tochter sich oft über Stunden bei eisigen Wintertemperaturen am Hafen aufhält, behagt ihm gar nicht. Er befürchtet denn auch sofort, als Renée-Marie sie länger als üblich auf Post warten lässt, dass sie sich eine schwere Erkältung oder gar eine Lungenentzündung zugezogen haben könnte. Wie sich bald herausstellt, ist sie nicht krank, sondern sehr eingespannt gewesen. Sorgen macht sich Hausenstein um alles Mögliche, wie beinahe jedem seiner Briefe zu entnehmen ist, und er spart nicht mit Ratschlägen: *Dein Unterzeug ist so leicht, daß Du à la longue (pardon:) ein Leiden des »bas ventre«* [Unterleib] *bekommen kannst.* Für ihre ab und an anschwellenden Füße, worüber sie anscheinend geklagt hat, empfiehlt er *halbhohe Absätze.* Flache Schuhe mögen vielleicht bequem sein, halten aber sowohl er als auch Margot dann doch für *nicht vorteilhaft.* Hausenstein, der nie selbst ein Auto gefahren hat, ist und bleibt ängstlich und sorgt sich um Renée-Maries Sicherheit. Hoffentlich fährt der Mann, der sie zu einem Fest begleiten will, *mit dem Auto* vernünftig, und hoffentlich gibt es keinen schweren Schneesturm, *in denen die Autos drüben stecken bleiben.* Doch die 27-Jährige empfindet anscheinend nach wie vor alle Ermahnungen und Ratschläge weniger als Bevormundung denn als liebevolle Fürsorge, ist dankbar auch für diese Art von Zuwendung. Außer den Eltern gibt es niemanden, dem sie ihre alltäglichen Kümmernisse mitteilen kann, der um sie ernsthaft besorgt ist und Anteil an ihrem Leben nimmt. Die Bekanntschaften, die sie in New York schließt, sind oberflächlicher Natur. Was sie an Eindrücken aus Deutschland, Europa mitgebracht hat, was sie bewegt, ist den meisten Amerikanern fremd, interessiert sie nicht sonderlich. Sie spielt schon sehr bald mit dem Gedanken, die USA zu verlassen und nach Deutschland zurückzukehren. Der Vater sieht ein, dass das *keine normale, keine durchaus richtige Situation* sei, wenn Renée-Marie hauptsächlich in ihrer Arbeit lebe, *ohne nährende (moralisch und geistig nährende) freundschaftliche Beziehungen, ohne Familie.* Doch angesichts der weltpolitischen Lage hält er es für einen schweren Fehler, wenn sie ihre Option auf die amerikanische Staatsbürgerschaft nicht wahrnähme. Anschließend stünde es ihr frei, auch für längere Zeit auszureisen und mit ihnen, was ihm persönlich am liebsten wäre, zeitweise in Rom zu leben, wo er ungestört von journalistischer Arbeit seinen autobiografischen Roman zu einem Abschluss bringen möchte.

1950

Im Januar 1950 lässt Hausenstein Renée-Marie wissen, dass er sich *den Luxus geleistet* hat, das erste Kapitel des zweiten Bands von »Lux Perpetua« zu schreiben. Der 67-Jährige ahnt nicht, dass es bei diesem einen Kapitel bleiben wird. Ende März erhält er einen Anruf aus dem Bundeskanzleramt. Staatssekretär Hans Globke bittet Hausenstein, zu einem Gespräch nach Bonn zu kommen. Ohne nachzufragen, was man von ihm will, bittet Hausenstein um Aufschub. Anderntags ein erneuter Anruf von Globke. Konrad Adenauer komme Anfang April nach München und werde sich mit ihm dort treffen. *Perplex* sei er gewesen, schreibt Hausenstein, als der Kanzler ihn bei dieser ersten Begegnung *ohne viel Umschweife ersuchte, die Bundesrepublik als Generalkonsul in Paris zu vertreten.* Erst später will er erfahren haben, dass Maria Schlüter-Hermkes, Adenauers Nachbarin in Rhöndorf, ihn für diese Mission dem Kanzler empfohlen habe. Im Oktober 1948 war er der Philosophin bei jenem bereits erwähnten deutsch-französischen Kongress Christlicher Schriftsteller in Royaumont bei Paris begegnet. Seinen Antrag habe Adenauer damit begründet, der erste Repräsentant der Bundesrepublik müsse *Humanist und Katholik* sein und eine auf eine echte deutsch-französische Versöhnung ausgerichtete politische Grundvorstellung haben. Hausenstein zeichne sich überdies als Schriftsteller mit einem spezifischen und literarischen Verhältnis zur französischen Kultur aus, und er, der Kanzler, wolle für Paris einen Mann seiner eigenen Generation, nach der Devise: *Wir Alten müssen es machen.*

Hausenstein erbittet eine Woche Bedenkzeit und begibt sich auf seine geliebte Herreninsel im Chiemsee in Klausur. Ist Adenauers Antrag möglicherweise, *was im biblisch-objektiven Sinne »eine Versuchung« genannt wird*, fragt er sich. Er ist sich darüber im Klaren, dass es alle seine literarischen Pläne durchkreuzt, wenn er einwilligt. In einen heftigen Zwiespalt stürzt ihn die Auskunft, dass Adenauers engster Berater Hans Globke 1935 an der Vorbereitung der Ersten Ausführungsverordnungen der Nürnberger Gesetze und dem Gesetz zum Schutze der Erbgesundheit des deutschen Volkes beteiligt war. Anscheinend erfährt Hausenstein in diesem Zusammenhang nicht, dass darüber hinaus Globke 1938 das Gesetz über die Änderung von Familiennamen und Vornamen verfasst hat, auf Grund dessen alle Juden den Vornamen »Sara« beziehungsweise »Israel« in ihren Pass eintragen lassen mussten. Für einen Moment ist Hausenstein nahe daran abzulehnen. Andererseits, so schreibt er, hätte er sich bewusst gemacht, dass etwas grundsätzlich Neues geschehen war. Einem Schriftsteller in Deutschland wurde ein Amt politischer Repräsentation angeboten. Am Osterdienstag 1950 telegraphiert er dem Kanzler seine Zusage. Von da ab, heißt es in einem Brief an Renée-Marie, habe er *das Ganze zuversichtlich in Gottes Hände* gelegt.

Die unkonventionelle Entscheidung Adenauers findet starken Widerhall in der Öffentlichkeit, mehr als Hausenstein lieb ist. Die positiven Stimmen überwiegen jedoch, die Hausensteins Berufung in der Tradition Frankreichs sehen, Literatur und Diplomatie zu verbinden wie beispielsweise bei Jean Giraudoux und Paul Claudel. Aufsehen erregt am 3. Mai ein offener Brief in der »Neuen Zeitung«, mit dem der Stuttgarter Maler Willi Baumeister, einer der bedeutendsten Vertreter moderner Kunst, gegen die bevorstehende Ernennung Hausensteins protestiert. Man mache mit dem Verfasser der 1949 erschienenen Schrift »Was bedeutet die moderne Kunst?« *den Bock zum Gärtner,* und *alle Erfolge moderner Künstler auf dem Gebiet der Pflege alter und neuer Freundschaften über die Grenzen* [würden] *beiseitegeschoben oder als unerwünscht betrachtet.* Hausenstein zeigt sich im Tagebuch davon nicht sonderlich beeindruckt. Für ihn ist *der »abstrakte« Maler ein Querkopf.* Derselben Meinung ist auch Bundespräsident Theodor Heuss, der Hausenstein schätzt und ihm freundschaftlich verbunden ist seit ihrem gemeinsamen Studium in München und ihrer engen Zusammenarbeit bei der »Frankfurter Zeitung«. In einem ebenfalls offenen Brief weist Heuss in derselben Zeitung am 10. Mai bemerkenswert scharf Baumeisters Einspruch gegenüber einer staatspolitischen Entscheidung aus der *Perspektive einer umgrenzten Kunstanschauung* zurück.

Bei seinen ersten Besuchen in Bonn begegnet man Hausenstein mit *kühl-konventioneller Artigkeit, die schon an Abweisung grenzte.* Er hat das Gefühl, *angesichts einer grauen Mauer ohne Fenster, ohne Tür zu stehen.* Er darf sich nichts vormachen. Die für den ausländischen Dienst verantwortlichen Herren werden ihn zwar notgedrungen ertragen, ihm aber als einem Seiteneinsteiger und Außenseiter seine Tätigkeit zu erschweren wissen, wo, wann und wie sie nur können.

Am 4. Juli 1950 erfolgt Hausensteins offizielle Ernennung zum

Margot und Wilhelm Hausenstein in Paris, 1950.

deutschen Generalkonsul und am 16. Juli trifft er mit Margot am Gare de l'Est in Paris ein. Fast fünf Jahre, bis zum 17. Mai 1955, wird er in der französischen Hauptstadt amtieren. Im Frühjahr 1951 wird seine Ernennung zum »Chargé d'Affaires« [Geschäftsträger] und im Juli 1953 zum Botschafter der Bundesrepublik Deutschland in Frankreich erfolgen.

Wie Hausensteins Briefen zu entnehmen ist, würde Renée-Marie sehr gerne gleich zu Anfang die Eltern in Paris besuchen und eine Zeit lang dort bleiben. Der Vater muss sie vertrösten. Wegen ihrer beengten Wohnverhältnisse und anfänglich völlig ungeklärten finanziellen Situation in Paris sei es ihnen unmöglich, Renée-Marie für längere Zeit aufzunehmen. Die ursprünglich ihm in Aussicht gestellte Gesamtvergütung von 60000 DM hat man auf 40000 DM inklusive Aufwandsentschädigungen gekürzt, was einem Tagesbetrag von etwa 100 DM gleichkommt, in Relation zu den Pariser Preisen allerdings nur 60 DM entspricht. Hausenstein schreibt in den »Pariser Erinnerungen«, auf seine höfliche Nachfrage habe der sozialdemokratische Abgeordnete Gerhart Lütkens geantwortet, nach Auffassung der Parlamentarier solle den Vertretern der Bundesrepublik im Ausland nicht die Gelegenheit gegeben werden, *in Saus und Braus zu leben*. Ebenso sei man in Bonn der Auffassung gewesen, wenn es dem Ehepaar Hausenstein an passender oder angemessener Kleidung für offizielle Auftritte fehle, sollten *die Herren Bediensteten eben durch Abwesenheit glänzen*. Um sich einigermaßen mit Garderobe für gesellschaftliche Anlässe in Paris ausstatten zu können, bleibt ihnen nichts anderes übrig, als ihre Esszimmermöbel zu verkaufen. Anderthalb Jahre bewohnen Wilhelm und Margot Hausenstein zwei Zimmer, zunächst im Hotel »Vouillemont« an der Rue Boissy d'Anglas, danach im Hotel »St. James et Albany« an der Rue Rivoli/Rue St. Honoré. Erst im Februar 1952 beziehen sie eine größere, möblierte Wohnung in der Rue de la Faisanderie im 16. Arrondissement.

1951

Im Januar 1951 macht Renée-Marie zum zweiten Mal die lange Reise nach Europa. Die Monate bis Ende Oktober verbringt sie zum größten Teil in Paris, unterbrochen von einigen Urlaubstagen mit den Eltern auf Herrenchiemsee, längeren Aufenthalten im Tutzinger Buchenhaus, betreut von ihrer geliebten Gusti, und verschiedenen Kurzreisen. Bei diesem ersten Aufenthalt in Paris darf sie Wilhelm und Margot Hausenstein begleiten, als Außenminister Robert Schumann sich vor der offiziellen Eröffnung die Ausstellung alter deutscher Meister aus Berliner Museumsbesitz im »Petit Palais« ansieht, in deren Mittelpunkt Antoine Watteaus »Enseigne de Gersaint« [»Gersaints Ladenschild«] steht. Sie erlebt Wilhelm Hausenstein bei der umfassenden Vorbereitung der Ausstellung französischer Impressionisten aus deutschem Museumsbesitz, die im Herbst 1951 mit 160 000 verkauften Eintrittskarten ein großer Erfolg für ihn ist, wie auch das im selben Jahr von ihm initiierte Gastspiel der Stuttgarter Staatsoper im »Théâtre des Champs-Elysées«. Es sei Anfang der 50er-Jahre, erinnert sich Renée-Marie, *eine unglaublich vibrierende zukunftsgerichtete Aufbruchszeit des intellektuellen und politischen Lebens in Frankreich* gewesen. Sie habe damals in Paris brillante Inszenierungen gesehen von Henry Millon de Montherlant, Albert Camus und Jean-Paul Sartre, und anschließend habe es jedes Mal erregte und anregende Debatten in den Bekanntenkreisen ihrer Eltern gegeben. Renée-Marie bekommt aber auch einen Eindruck, welche Dimensionen Hausensteins alltägliche Arbeit in kurzer Zeit angenommen hat. Sein Arbeitspensum im Konsulat bewältigt er anfangs mit 15 Mitarbeitern in kümmerlich ausgestatteten, im Umbau befindlichen Büroräumen in der Avenue d'Iléna, wo jeden Tag Menschenschlangen anstehen, die einen Pass beantragen oder abholen wollen. Seit Herbst 1950 gehört zu den Aufgaben von Hausensteins Abteilung auch die Betreuung deutscher Kriegsgefangener. Dazu kommen Dienstreisen, Vorträge, Empfänge, manchmal drei an einem Tag, und offizielle Einladungen zu Diners, in die Oper, ins Theater oder zu Konzerten. Hausenstein ist selbst am meisten erstaunt, wie er das physisch aushält.

Erst im Frühjahr 1953 sollte die deutsche Botschaft, inzwischen auf 120 Mitarbeiter angewachsen, in ein repräsentatives Gebäude in der

Avenue Franklin Roosevelt umziehen. Primär habe die eigentliche Basis seiner Tätigkeit nach der nationalsozialistischen Besatzungszeit in Paris darin bestanden, schreibt Hausenstein in den »Pariser Erinnerungen«, *von Mensch zu Mensch die einzelnen Kontakte zu gewinnen, Tag um Tag, unermüdlich – in einer überzeugenden Art humaner »Kleinarbeit«*. Wilhelm Hausenstein beherrscht die Nuancen des Takts gegenüber dem französischen Wesen und weiß, dass man von deutscher Seite den Prozess der Annäherung und Verständigung nicht forcieren darf, *denn es konnte nur Sache der Franzosen sein, das Tempo dieses überall und immer heiklen, physikalischen Vorgangs zu bestimmen.* Als trüge er *eine persönliche Verantwortung*, sagt Renée-Marie, hätten ihren Vater die zahlreichen Plaketten mit Namen von Angehörigen der Résistance und dem immer wiederkehrenden »fusillé par les Allemands« [»erschossen von den Deutschen«] getroffen, denen man in Paris überall begegnete.

1952

Wie der Vater es gewünscht hat, bringt Renée-Marie nach ihrer Rückkehr in die USA *die Dinge drüben ordnungsgemäß zu Ende* und legt 1952 die Prüfungen zur Erlangung der amerikanischen Staatsbürgerschaft ab, bevor sie zu seinem 70. Geburtstag im Juni erneut anreist. Hausenstein wird zu diesem Anlass das Große Verdienstkreuz mit Stern und Schulterband verliehen, seine Geburtsstadt Hornberg ehrt ihn mit einem Fest und München mit einem Empfang im Prinz-Carl-Palais. Privat feiert man mit vielen Freunden in Tutzing im Garten des Buchenhauses. Zur Zeit des Abendschoppens, heißt es in einem Zeitungsbericht, sei noch der gesamte Männergesangverein von Tutzing erschienen und habe dem Jubilar ein Ständchen gebracht.

Wilhelm, Margot und Renée-Marie Hausenstein in der Residenz Rue de la Faisanderie, Paris, 1952.

1953

Nach Renée-Maries diesmaliger Rückkehr in die USA ist in einem der ersten Briefe Hausensteins von einem spürbar größeren Abstand zwischen ihnen und ihrer Tochter die Rede, den vor allem er als äußerst belastend empfunden habe. Es habe zu seinem großen Bedauern in *kaum <u>einer</u> Frage einen gemeinsamen Ausgangs- und Gesichtspunkt gegeben, die Politik vielleicht ausgenommen*. Die Ursache für ihre Differenzen sieht er in Renée-Maries Verlust *der echten religiösen Kategorien*, der echten Werte und Maßstäbe. Er befürchtet, dass sie unter dem Einfluss neuer, in den USA aufgekommener Denkansätze und Erklärungsmodelle sich in *allerlei Ersatz-Kategorien* verliert und begegnet dem meisten, womit sich Renée-Marie beschäftigt oder wofür sie sich zu interessieren beginnt, mit Skepsis. So reagiert er abwehrend, als Renée-Marie, die sich für ein halbes Jahr einer Psychoanalyse unterzieht, anscheinend in diesem Zusammenhang die nicht unerhebliche Rolle des Unterbewusstseins anspricht. Aus gutem Grund werde vom Bewusstsein etwas unten abgelegt, argumentiert Hausenstein, und wie das Wort »Unterbewusstsein« sage, sollte man es auch nicht wieder emporholen wollen. Ebenso entschieden weist er Renée-Maries Ansicht, das Gewissen sei etwas Relatives, letztendlich ein Produkt der Erziehung, zurück: Das Gewissen sei vielmehr die Stelle, *durch welche die göttliche Wahrheit, die göttliche Ordnung sich uns immerzu leise mitzuteilen sucht*. Wie seine zunehmend retrospektive Argumentation beim Thema moderne Kunst zu Kontroversen mit zeitgenössischen Künstlern geführt hat, sorgt sie auch für Konfliktstoff bei verschiedenen Themen zwischen ihm und Renée-Marie. Wilhelm Hausenstein erträgt es nicht, dass ihm seine Tochter in der sogenannten Neuen Welt entgleiten könnte. Er und Margot, beklagt er in einem weiteren Brief, fühlten sich an *die Peripherie* von Renée-Maries Leben gedrängt. Beim Lesen und Wiederlesen ihrer Briefe verspürten sie *eine Veränderung, eine größere innere Entfernung und leise Fremdheit*.

Über einen langen Zeitraum ist in den Briefen des Vaters von persönlichen Dingen so gut wie keine Rede. Breiten Raum nehmen dagegen politische Themen ein. Oft sind es seitenlange Monologe. Dann wieder erkundigt er sich bei Renée-Marie nach Meinungen, Mitteilungen in den amerikanischen Medien. Als Tochter des deutschen Botschafters hat sie inzwischen auch in den USA Kontakt mit dort akkreditierten Diplomaten oder nimmt sich auf Bitte Hausensteins der Mitarbeiter an, die sich in Washington oder New York besuchsweise aufhalten. In einem Brief, der von ihr erhalten ist, berichtet sie sichtlich beeindruckt von ihrer Teilnahme an zwei Empfängen anlässlich des Besuchs von Konrad Adenauer 1953 in Washington und New York. Sie gibt wieder, was darüber in der Presse zu lesen war – was Hausenstein vor allen Dingen interessiert –, und erzählt, dass sie Gelegenheit hatte, Adenauers sympathische Tochter Lotte kennenzulernen.

Ein politisches Thema beschäftigt Wilhelm Hausenstein in besonderem Maße, auf das er geradezu zwanghaft in den meisten Briefen immer wieder zurückkommt. Das sind der Ost-West-Konflikt und seine wachsende Angst, dass im Westen die russische Strategie mit dem Ziel der *bolschewistischen Welt-Revolution* erheblich unterschätzt wird. Wiederholt befragt er Renée-Marie zu Aussagen amerikanischer Politiker in dieser Hinsicht und zum Meinungstrend der amerikanischen Medien. Sie möge wachsam sein und auf Zeichen achten, *wenn sich die rote Gefahr irgendwie konkretisieren sollte.* Renée-Marie muss den Eindruck bekommen, eine wichtige Informantin für ihren Vater zu sein, was sie motiviert, sich mehr als bisher für politische Ereignisse und Berichterstattung zu interessieren. Wie aus ihrem oben erwähnten Brief hervorgeht, ist sie, was die Bedrohung durch den Kommunismus anbelangt, ganz der Ansicht Hausensteins, zumal dies auch der vorherrschenden Meinung in den USA entspricht. In Bonn findet Hausenstein wenig beziehungsweise kein Gehör für seine politischen Anschauungen. Dort habe man ihn *auf »Kultur« festgenagelt.* So hätten beispielsweise, schreibt er mit bitterem Unterton in den »Pariser Erinnerungen«, seine skeptischen Berichte, als es um die Annahme des Vertrags über die Europäische Verteidigungsgemeinschaft durch das französische Parlament ging, wohl *die Zuversichtlichkeit der Bonner Erwartungen* gestört. Als dann 1954 die Ablehnung erfolgt sei, habe man sich in Bonn *überrascht, ja befremdet* gezeigt.

Anfang Juni 1953 telegrafiert Renée-Marie, dass sie in Washington eine Stelle bei der neu gegründeten »Foreign Operations Administration« (FOA) angetreten habe. Die unter Präsident Dwight D. Eisenhower gegründete und von Harold Stassen geleitete Organisation unterstützt finanziell die Versorgung und Unterbringung von Flüchtlingen, Übersiedlern und Aussiedlern aus der DDR und anderen Ländern hinter dem

»Eisernen Vorhang« in Westeuropa. Renée-Marie wird als persönliche Assistentin von Dorothy D. Houghton, der stellvertretenden Leiterin des »Office for Refugees, Migration, and Voluntary Assistance«, arbeiten. Die Eltern beglückwünschen sie von ganzem Herzen: *Gottlob, es scheint uns, dass Du eine Tätigkeit gefunden hast, die es wert ist, Deine Kräfte, die intellektuellen, moralischen und organisatorischen, vor allem aber die menschlichen überhaupt, in Anspruch zu nehmen.* Einer Journalistin erklärt Renée-Marie im September 1953, sie habe sich sofort um die Stelle beworben, als sie von der Gründung von FOA gehört habe. *Selbst ein Flüchtling zu sein, ist eine Sache, aber das Wissen um vierzig Millionen Flüchtlinge weltweit und die Frage, was aus ihnen wird, ist noch etwas anderes.*

1954–1955

Nachdem sie fast eineinhalb Jahre für Mrs Houghton und die FOA gearbeitet hat, nimmt Renée-Marie im November 1954 unbezahlten Urlaub, um die Eltern noch einmal in Paris zu besuchen, bevor des Vaters Amtstätigkeit im Mai 1955 zu Ende geht und Vollrath Freiherr von Maltzan ihn ablösen wird. Ihre Beziehung zu den Eltern scheint sich entspannt zu haben. Jedenfalls schreibt Wilhelm Hausenstein von seiner *Empfindung einer wieder etwas zunehmenden Nähe von Dir zu uns*.

Für Renée-Marie ist dieser Aufenthalt in Paris besonders eindrucksvoll. Die Zwölf-Zimmer-Wohnung an der Avenue Foch, die ihre Eltern seit dem vergangenen Jahr bewohnen und wo ihr ein separates Gästezimmer mit Bad zur Verfügung steht, hat *wirklich botschafterliche Repräsentationsräume*, nebst einem Koch und vier weiteren Angestellten. Allein von Anfang Januar bis Mitte März 1954 hätten sie *mehr als 1500 Gäste im Hause* gehabt, berichtet er in einem Brief. Die Gastlichkeit des deutschen Botschafterpaars wird allseits gerühmt. Margot zeigt eine außerordentliche Begabung bei der Vorbereitung der diversen Déjeuners und Diners für bis zu 450 Personen. Davon legen ihre mit der Hand geschriebenen Menübücher ein beeindruckendes Zeugnis ab.

Renée-Marie ist sehr stolz auf ihren Vater, der in den vergangenen Jahren durch seine Arbeit und mit seinem persönlichen Auftreten in der deutsch-französischen Beziehung einiges hat bewegen können.

Wie sehr Hausenstein in Paris geschätzt wird, bringt André François-Poncet am 19. Juni 1954 zum Ausdruck bei der gemeinsamen Grundsteinlegung für ein deutsches Studentenhaus in der Cité Universitaire: *Europa bleibt Ihnen zu tiefstem Dank verpflichtet für das, was Sie in Paris geleistet haben*. Und am 5. Januar 1957 schreibt Richard de Coudenhove-Kalergi, Präsident der Paneuropa Union, an Wilhelm Hausenstein, er habe nicht *eine französische Stimme gehört, die dies nicht voll anerkannt hätte*. Ein letzter großer Empfang am 5. Mai 1955 für 180 Gäste, unter denen sich höchste Vertreter der Kirche, Diplomaten, Botschafter, Mitarbeiter seines Büros, Künstler und Schriftsteller befinden, und eine Versammlung des diplomatischen Korps nebst dem

»Für die Eltern in Dankbarkeit für den himmlischen Ausflug zum Herrenchiemsee, 21. Juni 1955.« Widmung von Renée-Marie Hausenstein, 1955.

päpstlichen Nuntius am 16. Mai am Gare de l'Est bei ihrer Abreise sind die glanzvollen Schlusspunkte.

Renée-Marie hat ihre Rückreise in die USA erst einmal auf unbestimmte Zeit verschoben. Nachdem am 9. Mai 1955 die Funktionen von FOA an das Außen- und Innenministerium der Vereinigten Staaten übergeben worden sind, müsste sie sich in den USA wieder einmal eine neue Stelle suchen. Zusammen mit den Eltern fährt sie zunächst nach Herrenchiemsee, wo sich Hausenstein erholen will.

Die letzten Monate waren für den fast 73-Jährigen besonders arbeitsreich und anstrengend gewesen. Bis ins Detail hatte er zusätzlich in der Orangerie eine Ausstellung mit Hauptwerken aus dem Kölner »Wallraf-Richartz-Museum« vorbereitet, die seine *Endfermate* darstellte, wie 1951 *die Impressionisten-Schau die Empfangsfermate* gewesen war.

Im Juni erhält Renée-Marie infolge ihrer Tätigkeit bei FOA das Angebot, bei den Vorbereitungen für die Konferenz der »Bilderberg-Gruppe« mitzuarbeiten, die vom 23. bis 25. September im Grandhotel »Sonnenbichl« in Garmisch-Partenkirchen stattfinden wird. Der Name »Bilderberg-Konferenz« geht auf eine Zusammenkunft zurück, zu der Prinz Bernhard der Niederlande erstmals im Mai 1954 in sein Hotel »de Bilderberg« in Oosterbeek einflussreiche Persönlichkeiten aus Wirtschaft, Politik und Wissenschaft aus Nordamerika und Europa eingeladen hat. Man erhofft sich von diesen jährlich stattfindenden dreitägigen Treffen neue Impulse für die transatlantischen Beziehungen.

Vom 16. bis 20. September hält sie sich mit den Eltern in Bonn auf, wo Wilhelm Hausenstein als erstem Deutschen nach dem Ersten Weltkrieg das Kreuz des »Grand Officier de la Légion d'Honneur« von André François-Poncet verliehen wird und Außenminister Heinrich von Brentano ihm zu Ehren ein Bankett auf dem Petersberg gibt. Wie man aus Hausensteins Tagebuch erfährt, mit dessen Einträgen er am 20. Juli in Tutzing erneut begonnen hat, begleitet Renée-Marie am 18. September die Eltern zum Bundespräsidenten Theodor Heuss, wo man *sehr behaglich* zwei Stunden bei *Kaffee und Kirsch (nebst Apfeltorte)* beieinander sitzt, und am folgenden Tag ins Palais Schaumburg zu Konrad Adenauer. Im Tagebuch deutet er vage an, Renée-Marie habe dem Bundespräsidenten *eine das Aktuelle berührende Frage* gestellt. Etwas Ähnliches wiederholt sich während des Besuchs beim Kanzler. Wie Hausenstein in seinen »Pariser Erinnerungen« genauer ausführt, habe er seiner Tochter das Wort zugespielt, und *mit allem Freimut der Amerikanerin* habe sie Konrad Adenauer dann die Frage gestellt, *ob es gut und ob es notwendig gewesen sei, den Sowjets die Aufnahme diplomatischer Beziehungen zuzugestehen.* Es habe sich daraufhin ein sehr bewegendes Gespräch zwischen ihr und dem Bundeskanzler ergeben. Ob Renée-Marie, wie Hausenstein schreibt, diese *Frage auf dem Herzen hatte* oder er seine Tochter dazu ermuntert hat, weil er selbst dieses ihm höchst

Renée-Marie mit Prinz Bernhard der Niederlande anlässlich der »Bilderberg-Konferenz« in Garmisch 1955.

wichtige Thema nicht anschneiden wollte, muss dahingestellt bleiben.

Angesichts der allgemeinen Hochschätzung ihres Vater in Paris war und ist es für Renée-Marie unverständlich, wie schmählich ihn die Bonner Regierung nach Beendigung seiner Amtstätigkeit behandelt hat. Die *vom Bundeskanzler 1950 als selbstverständlich bezeichnete und persönlich versprochene Altersversorgung* wird Hausenstein vom Auswärtigen Amt verweigert. Der zuständige Staatssekretär Walter Hallstein bietet lediglich eine einmalige Entschädigung an. Hausenstein

Renée-Marie, um 1955.

hat ihn einmal als *immer mein (camouflierter) Gegner* bezeichnet. Erst im Januar 1956 bewilligt Bundespräsident Theodor Heuss *bis auf weiteres eine laufende, monatlich im voraus zahlbare, widerrufliche Zuwendung im Betrage von 500.- DM aus seinen Verfügungsmitteln.* Zuvor muss Hausenstein allerdings ein Bedürftigkeitszeugnis vorlegen.

1956–1957

Erst im Januar 1956 reist Renée-Marie wieder in die USA, allerdings nur für knapp drei Monate. Sie ist der Kurzzeitjobs überdrüssig und es erscheint ihr aussichtslos, auf der Basis ihrer Sprachkenntnisse in den USA eine stabile berufliche Existenz mit Zukunftsperspektive aufzubauen. Im Februar 1957 folgt sie einer Einladung zu der auf St. Simons Island in Georgia tagenden »Bilderberg-Konferenz« und reist bereits im März zurück. Wie aus Hausensteins Briefen hervorgeht, spielt sie eine Zeit lang mit dem Gedanken, journalistisch zu arbeiten oder an einer renommierten Privatschule in Deutschland zu unterrichten.

Nach ihrer Rückkehr aus Frankreich wohnten Wilhelm und Margot Hausenstein zunächst noch eine Weile im Buchenhaus in Tutzing und bezogen Anfang Februar 1956 eine Wohnung in der Lamontstraße 1 in München-Bogenhausen. Während der Zeit in Paris hatte Hausenstein in mehreren Briefen an Renée-Marie geäußert, dass er sich nichts mehr wünsche, als an seinen Schreibtisch zurückkehren zu dürfen. Wie seinem Tagebuch zu entnehmen ist, hat er im August 1955 angefangen, seine Erinnerungen an die Pariser Jahre aufzuschreiben, *in der zunächst ausschließlichen Absicht, mir über ein vorgerücktes Lustrum meines Lebens (vom achtundsechzigsten bis zum dreiundsiebzigsten Jahre) persönliche Rechenschaft zu geben.* Seine Hoffnung, die ihm noch verbleibende Zeit mit kontemplativer Schreibarbeit zu verbringen, erfüllt sich nicht, weil ihn *kleinteilige Erwerbsarbeit* voll und ganz in Anspruch nimmt. Am 25. Mai 1956 notiert er im Tagebuch: *Briefe, Briefe, »Abwicklungen«, Händel mit Bonn (Hallstein), Ehrenämter, Sitzungen, Besorgungen. Seit einem halben Jahr an den Pariser Memoiren keine Zeile weitergeschrieben.* Er arbeitet rastlos, schreibt für den Bayerischen Rundfunk, Bildbetrachtungen für den »Rheinischen Merkur« und hat dabei das Gefühl, *zu nichts und abernichts* zu kommen. Im Tagebuch ist wie in früheren Jahren von Antriebslosigkeit die Rede und von schlechtem Befinden: *Schwindel, blockierter Kopf, Müdigkeit zum Umsinken* und Gedanken an den Tod. Am 4. Februar 1957 schreibt der 74-jährige Hausenstein an Max Picard: *Ich glaube nicht, daß ich Lux Perpetua Band 2 noch schreiben werde. Das ist mir schmerzlich; aber ich habe den Griff dafür und auch den Atem nicht mehr.* Im Mai arbeitet er fieberhaft an einer Rede zur Wiedereröffnung der Alten Pinakothek. In einem Brief vom 2. Juni teilt er Renée-Marie, die bei Freunden weilt, seine Überlegungen mit für ihre gemeinsam geplante Fahrt am 11. Juni nach Baden-Baden, wo er im Rundfunk sprechen soll. Anschließend wollen sie seinen 75. Geburtstag in seiner badischen Heimat feiern, wo er in Hornberg die Ehrenbürgerwürde entgegennehmen wird. Der 2. Juni ist ein Sonntag, und er hat angefangen, notiert er im Tagebuch, *unter dem Titel »1857« einen Essay über »Madame Bovary«, »Fleurs du Mal«, »Nachsommer« zu skizzieren. Schwer, schwer. Ich hoffe, etwas zu vermögen, bin dessen aber nicht gewiß.*

Am Morgen darauf stirbt Wilhelm Hausenstein an einem Herzinfarkt. Wie er es in seiner Erzählung »Ein Baum ist gefallen« beschrieben hat, ist es ihm beschieden gewesen: *fast ohne ein Wort sich zum Sterben zu legen, im Liegen aber auch sogleich schon tot zu sein: – schöner würde das Leben auch der Menschen gar nicht aufzuhören vermögen.*

In der Obhut des bayerisch-barocken Kirchturms von St. Georg wird Wilhelm Hausenstein am Vormittag des 6. Juni 1957 im alten Bogenhauser Friedhof beigesetzt, wo er am 12. Februar zusammen mit Margot eine Grabstelle ausgewählt hat. Der Gedanke an ihr gemeinsames Grab, schrieb er am 27. Februar ins Tagebuch, erfülle sie beide *mit einer Art beständiger Heiterkeit (serenitas). Aber freilich: alles wird anders sein, sobald das Grab sich erst öffnet – sei es für Margot, sei es für mich. – Wenn man bloß <u>zusammen</u> stürbe, wie es den Großeltern in Hornberg geschehen ist!* Margot und Renée-Marie legen ihm, wie Hausenstein es gewünscht hat, das Buch, aus dem er die ersten Worte Griechisch lernte, unter das Kopfkissen. Prof. Dr. Hugo Lang, der ihm zu Lebzeiten nahegestandene Abt von St. Bonifaz und Andechs, zelebriert das Pontifikalrequiem und hält die Traueransprache, in deren Mittelpunkt die Worte des Thomas von Aquin »Das Schöne ist der Glanz der Ordnung« stehen, die Wilhelm Hausenstein zur Formel geworden waren für alles, was er lebte, erstrebte und erreichte. Unter den Trauergästen sieht man bedeutende Persönlichkeiten aus der Politik, wie Außenminister Heinrich von Brentano sowie Generalkonsul Comte de Nerciat, und aus Wissenschaft und Kultur, die ihm das letzte Geleit geben. Der plötzliche Tod und Verlust des geliebten Vaters sind für Renée-Marie ein schwerer Schlag – und eine Zäsur in ihrem Leben.

1958–1962

In den folgenden fünf Jahren widmet sich Renée-Marie fast ausschließlich der Sichtung, Bearbeitung und Verwaltung von Wilhelm Hausensteins Nachlass. Es ist eine Aufgabe, die sie ausfüllt und erfüllt. Erfolgreich betreibt sie erstmals die Veröffentlichung dessen, woran der Vater bis zuletzt gearbeitet und wofür sie teilweise die Abschriften gemacht hat. Noch im Todesjahr Hausensteins erscheinen im Piper Verlag »Der Traum vom Zwerg und andere Erzählungen« und im Karl Alber Verlag

Renée-Marie im Gespräch mit Carlo Schmid und Margot Hausenstein mit Bundespräsident Theodor Heuss anlässlich der Feier zum zehnten Jahrestag des Deutsch-Französischen Instituts in Schloss Ludwigsburg, 22. Oktober 1958.

Renée-Marie und Margot Hausenstein im Gespräch mit Heinrich von Brentano, Bundesminister des Auswärtigen Amts der Bundesrepublik Deutschland, um 1960.

»Onkel Vere, der Douglas – oder die Geschichte eines Spleens«. Diese Erzählung von seinem sagenhaften Onkel Frederick Robert Vere Douglas-Hamilton, der als Ingenieur beim Bau der Schwarzwaldbahn tätig war und 1873 die älteste Schwester seiner Mutter, die Wirtstochter Josefine Baumann, heiratete, hatte Hausenstein anlässlich seines 75. Geburtstages der Stadt Hornberg widmen wollen. In einem Brief vom 30. März 1948 erzählt er Renée-Marie, dass er diesen von einer Aura des Exotischen und Geheimnisvollen umgebenen Onkel Vere über viele Jahre noch selbst erlebt habe und sich in seinem Besitz dessen Siegelring befinde, der an der Innenseite des Steins den Namen Hamilton trage und auf den er die Armbrust habe gravieren lassen. Abschließend schreibt Hausenstein, im Leben füge sich doch manches auf wundersame Weise. Dieser Onkel sei nämlich als Sohn des Diplomaten Frederic Douglas-Hamilton 1843 angeblich in Rio de Janeiro geboren.

1958 bringt der Prestel Verlag »Liebe zu München« heraus und 1961 der Olzog Verlag die »Pariser Erinnerungen«, die Hausenstein im Herbst 1957 abzuschließen gehofft hatte. Circa 100 von ihm mit der Hand geschriebene Seiten, die er als Endkapitel geplant hatte, fanden sich nach seinem Tod auf seinem Schreibtisch. Viel Zeit verbringt Renée-Marie damit, die umfangreiche schriftliche Hinterlassenschaft ihres Vaters mit Manuskripten, Briefen, Zeitungsartikeln zu sichten und zu ordnen. Allein circa 50000 Korrespondenz-Kopien fertigt sie nach und nach an.

Renée-Marie und Margot Hausenstein bei der Feier zur Eröffnung des »Neubaus« des Deutschen Literaturarchiv Marbach am 16. Mai 1973.

Im Herbst 1966 übernimmt das Deutsche Literaturarchiv in Marbach den schriftlichen Originalnachlass. Anlässlich von Hausensteins zehntem Todestag werden ausgewählte Dokumente in einer großen Ausstellung mit dem Titel »Wilhelm Hausenstein. Wege eines Europäers« vom 23. September bis 29. Oktober 1967 im Münchner Stadtmuseum und anschließend in Karlsruhe präsentiert. Parallel erscheint ein von Dr. Walter Migge zusammengestellter Katalog und dann 1982 »Der Nachlaß Wilhelm Hausenstein. Ein Bericht. Mit einem unveröffentlichten Essay, Briefen und einer Erinnerung von Paul Frank« von Dieter Sulzer.
Anfang der 80er-Jahre gelingt es Renée-Marie, nach dem Vorbild von Curt von Faber du Faur, die Bibliothek ihres Vaters an die University of Florida in Gainesville zu verkaufen. Seit 1975 – Margot hatte ihre Wohnung in Bogenhausen aufgegeben – waren die circa 4000 Bücher in dem seit 1974 bestehenden Wilhelm-Hausenstein-Gymnasium in München-Bogenhausen nicht nur untergebracht gewesen, sondern in einem eigenen Raum Interessierten zugänglich gemacht worden. Für die Sammlung stellt die Universität in Gainesville für die nächsten zehn Jahre einen »Wilhelm-Hausenstein-Raum« zur Verfügung, der im März 1982 feierlich eingeweiht wird.

1962–2012

Wie glücklich hätte es Wilhelm Hausenstein gemacht, die Hochzeit seiner Tochter im Jahr 1962 noch erleben zu dürfen. Wenn Renée-Marie in der Vergangenheit wenig Hoffnung gehabt hatte, jemals den richtigen Lebenspartner zu finden, hatte er ihr zugeredet. Sie müsse Geduld haben, ihr Leben sei darauf angelegt, dass die wichtigen Entscheidungen später fallen. Er hatte Recht behalten und ebenso mit seiner Vermutung in jenem Brief vom 18. Juni 1949: [...] *ich selbst glaube, Du würdest eher mit einem Europäer zuwegekommen. Mit einem Engländer (diese sind in Europa übrigens noch immer das männlichste Volk, wie sie auch das gleichsam antikeste sind); oder evtl. auch mit einem Schweizer [...]*. Tatsächlich heiratet Renée-Marie einen Engländer, den sie im März 1962 während eines Wintersportaufenthalts in Zürs am Arlberg kennenlernt. Kenneth Croose Parry, 1929 in Irland geboren und nach dem frühen Tod des Vaters in der Grafschaft Surrey aufgewachsen, ist groß, schlank, sportlich, kultiviert, liebenswürdig und ein erfolgreicher Geschäftsmann.

Sie verloben sich, und am 29. Dezember werden sie von Abt Hugo Lang in St. Georg in Bogenhausen getraut. Renée-Maries Trauzeugin ist die 92-jährige Schriftstellerin Annette Kolb, seit Jahrzehnten eng befreundet mit der Familie Hausenstein.

Die Verlobten Renée-Marie und Kenneth Croose Parry, London, Herbst 1962.

Nach ihrer Heirat leben Renée-Marie und Kenneth in den folgenden 23 Jahren in London, die meiste Zeit mit Wohnsitz in South Kensington. Die letzten fünf Jahre verbringen sie im ländlich idyllischen Blackheath.

A. Croose Parry, der Bruder von Kenneth, mit Annette Kolb, hinter ihnen Margot Hausenstein (rechts) und Violet Parry (Mutter von Kenneth).

Abt Hugo Lang, das Brautpaar Renée-Marie und Kenneth, Annette Kolb.

Margot Hausenstein, Renée-Maries Patentante Elisabeth Albrecht, Kenneth Croose Parry und Annette Kolb (von links nach rechts).

Renée-Marie mit Margot Hausenstein bei der Feier zum 74. Geburtstag ihrer Mutter und mit Annette Kolb und Paul Kolb am 3. September 1964.

Renée-Marie in Blackheath, 1981 (im Bild links: Wilhelm Hausensteins Autobiografie »Licht unter dem Horizont«).

Solange Margot, versorgt von einer Haushälterin, in ihrer Münchner Wohnung lebt, bleibt es bei gegenseitigen Besuchen. Margots 74. Geburtstag am 3. September 1964 feiern sie gemeinsam mit Annette Kolb und ihrem Bruder Paul in der Lamontstraße.

Bei dem Verleger Kurt Wolff waren sich Margot und die Schriftstellerin 1919 erstmals begegnet. Seitdem pflegte Annette sie *Margoteke* zu nennen. Nach dem Krieg pendelte Annette Kolb, die 1936 französische Staatsbürgerin geworden war, zwischen München und Paris. Ihre freundschaftliche Beziehung hatte sich während der Amtstätigkeit Hausensteins in Paris noch vertieft, denn an den Sonntagen war Annette regelmäßig bei ihnen zu Gast.

Anlässlich ihres 80. Geburtstages werden Margot 1970 in Anerkennung ihrer Verdienste um die deutsch-französische Verständigung das Bundesverdienstkreuz sowie das Bayerische Verdienstkreuz verliehen, und im Jahr darauf ernennt Frankreich sie zum »Officier des Palmes Académiques«. 1975 geht die langjährige Haushälterin in den Ruhestand und die 85-jährige Margot zieht zu ihrer Tochter und ihrem Schwiegersohn nach London. Ab 1985 lebt sie mit Renée-Marie und Kenneth in Florida/USA in der Universitätsstadt Gainesville, wo sich die disziplinierte Greisin in den folgenden Jahren mit Schwimmen fit hält und 1990 in geistiger Frische ihren 100. Geburtstag mit einem einwöchigen Besichtigungs- und Unterhaltungsprogramm feiert, wozu Freunde aus Deutschland und selbst die inzwischen hochbetagte Dolores Caballero eigens anreisen.

Seit 1962 gibt es in Renée-Maries Leben eine Konstante, und das ist ihr Ehemann Kenneth. Ansonsten ist auch ihre zweite Lebenshälfte von Unbeständigkeit geprägt. Es gibt mehrere Wohnortwechsel und immer wieder neue Initiativen oder Organisationen, für die sie sich engagiert. Wochen- und monatelange Reisen gehören ebenso zu ihrem Leben.

Renée-Marie, 40 Jahre alt bei ihrer Hochzeit, zieht nicht mit der Absicht nach London, sich an der Seite von Kenneth, der Präsident im Vorstand eines führenden Londoner Getränkeunternehmens ist, in der Rolle der Ehefrau und Hausfrau einzurichten. Sie hat sich religiös neu orientiert und eine Aufgabe und Bestimmung gefunden. Mitte der 50er-Jahre sei ihr von Margot ein zweites Mal das Leben geschenkt worden, dankt Renée-Marie ihrer Mutter an deren 90. Geburtstag. Damals in Paris gab Margot ihrer Tochter handschriftlich kopierte Texte des französischen Jesuiten und Paläontologen Pierre Teilhard de Chardin zu lesen, die sie von einem Arbeiterpriester bekommen hatte und selbst als eine große geistige Bereicherung empfand. Nach dem Tod Wilhelm Hausensteins beginnt sie, in ihrer Wohnung Gesprächs- und Lesekreise zu veranstalten, die sich mit dem Gedankengut Teilhards beschäftigen. Mit Renée-Marie fährt sie zu den seit 1961 von Teilhards ehemaliger Sekretärin Jeanne Mortier ins Leben gerufenen und jährlich stattfindenden Symposien im französischen Vézelay in Burgund.

Der 1955 verstorbene französische Jesuit Pierre Teilhard de Chardin mit einem Lehrstuhl für Geologie am Institut Catholique de Paris war 1926 von seinem Orden verbannt und die Publikation seiner Schriften vom Vatikan verboten worden. Grund war sein Versuch, mit einer Synthese des christlichen Glaubens und der evolutionären Sicht von Kosmos und Leben das christliche Weltbild aus seiner jahrhundertealten Erstarrung zu lösen und es auf eine moderne, zukunftsweisende Basis zu stellen. 20 Jahre verbrachte Teilhard, unermüdlich forschend, größtenteils in China, wo er an der Entdeckung des chinesischen Frühmenschen beteiligt war. Er reiste an die wichtigsten Ausgrabungsstätten in Afrika und lebte zuletzt in New York.

Ebenso wie Margot kann auch Renée-Marie sich mit Teilhards holistischer Weltsicht, die von großer naturwissenschaftlicher Kenntnis und

Renée-Marie und Kenneth Croose Parry in Florida, 1985.

Feier zum 104. Geburtstag von Margot, Gainesville, USA, 1994.

einer zugleich tiefen Verehrung Jesu Christi als Verkörperung der handelnden und leidenden Liebe geprägt ist, identifizieren. Seine Sicht der Schöpfung, die er nicht als etwas Gegebenes und Abgeschlossenes, sondern als einen bis ans Ende der Zeit fortdauernden Prozess sieht, mit dem Ziel des vollendeten Zustands der Menschheit, und sein Glaube an die Fähigkeit zur Verbesserung und Vervollkommnung des Menschen sind für Renée-Marie die entscheidenden Impulse. An diesem nach Teilhards Lehre in alle Ewigkeit fortdauernden Prozess will sie mitwirken und in seinem Sinne ein aktives Christentum leben. Ihre erklärten Ziele sind, eine gemeinsame Ethik zum Schutz unseres Planeten zu erringen und mit allen Kräften Menschen und Initiativen zu helfen, die *Misstrauen und Gegnerschaft in Vertrauen verwandeln, die an die Stelle von Dummheit Wissen und Verstehen setzen, die Brücken schlagen zu den so genannten Feinden und helfen, den Rüstungswahnsinn abzubauen.* Nicht Utopia, der von Thomas Morus entworfene Idealstaat, das Land Nirgendwo, sei das Ziel, sondern »Eutopia«, das in etwa mit »Gut-Land« zu übersetzen sei. Wichtigste Voraussetzungen dafür sieht Renée-Marie in der Einsicht eines jeden Menschen in die Zusammenhänge der Welt und des individuellen Lebens und in praktizierter christlicher Nächstenliebe.

Auch politisch hat sich Renée-Marie nach dem Tod des Vaters völlig neu orientiert, geradezu eine Kehrtwende vollzogen. Nach dem Zweiten Weltkrieg hatte sie sich in den USA zu einer, wie sie selbst sagt, *enthusiastischen* amerikanischen Staatsbürgerin entwickelt, die an die USA glaubte und vom *American Way of Life* überzeugt war. An den extremen und oftmals illegalen Methoden, den Verletzungen von Menschen- und Grundrechten bei der Verfolgung echter und vermeintlicher Kommunisten in der sogenannten McCarthy-Ära habe sie keinen Anstoß genommen, da sie wie das Gros der Amerikaner nichts mehr als die kommunistische Weltrevolution gefürchtet habe. Darin sei sie auch mit ihrem Vater einig gewesen. Als sie aus Unterlagen in seinem Nachlass erfährt, dass er bis zu seinem 37. Lebensjahr überzeugter Sozialist, Mitarbeiter beim Arbeiterbildungswerk und bis 1919 Mitglied der Sozialistischen Partei war, ist sie sehr überrascht, aber keineswegs enttäuscht. Jenem jungen Hausenstein, der verändern wollte, fühlt sie sich nämlich inzwischen sehr viel näher als dem *christlichen Humanisten*, der er im Alter geworden war. Sein Bekenntnis in »Lux Perpetua«, dass er sich als 20-Jähriger *auf die radikale Linke getrieben* fühlte und seinen Großvater mütterlicherseits bewunderte, der ein Mitbegründer des Republikanischen Volksvereins und *Garibaldiverehrer* gewesen war und sich als Revolutionär vor dem Großherzoglichen Gericht in Karlsruhe wegen *Teilnahme am Hochverrat* verantworten musste, bestärkt Renée-Marie darin, ihren neu eingeschlagenen Weg zu gehen. Nach Hausensteins Tod hat sich zwischen Renée-Marie und Maria Schlüter-Hermkes ein vertrautes Verhältnis entwickelt. Die Philosophin habe sie unter ihre Fittiche genommen, *um dem vormaligen nur halbgebildeten Flüchtling intellektuelle und insbesondere sozialpolitische »Nachschübe« angedeihen zu lassen.* Sie begleitet Maria Schlüter-Hermkes zu den in den 50er-Jahren begonnenen Dialogen zwischen Christen und Marxisten, zuerst in München zwischen Karl Rahner, S. J., einem der einflussreichsten katholischen Theologen des 20. Jahrhunderts, der eine Synthese der theologischen Tradition mit dem Denken der Moderne versucht und den Dialog der Theologie mit den Naturwissenschaften und dem Marxismus vorantreibt, und dem Philosophen Ernst Bloch, später auch zu internationalen Treffen auf Herrenchiemsee und in Salzburg. Unter diesem Einfluss gelangt Renée-Marie zu der Erkenntnis, dass Christentum und Sozialismus sich nicht zwangsläufig ausschließen, sondern voneinander lernen und sich ergänzen können.

Nachdem im Dezember 1963, von Margot initiiert, sich die erste deutsche »Gesellschaft Teilhard de Chardin e. V.« mit Prof. Dr. Emil Preetorius als Präsidenten und Dr. Maria Schlüter-Hermkes als Vizepräsidentin gegründet hat, betrachtet es Renée-Marie als ihre Aufgabe, das Werk Teilhards mit Gründung einer Gesellschaft auch in Großbritannien zu verbreiten. 1965 entsteht auf ihre Initiative »The Pierre Teilhard de Chardin Association of Great Britain and Ireland«, die sich später »The Teilhard Centre for the Future of Man« nennt und deren erster Präsident der britische Sinologe, Biochemiker und Sozialist Joseph Needham ist. Durch ihre enge Zusammenarbeit in den folgenden Jahren mit Jack Dunham und dem marxistischen Philosophen John Lewis, die dem Vorstand angehören und Mitglieder der »British Communist Party« sind, erfährt Renée-Marie in ihrer christlich-marxistischen Überzeugung weitere Bestärkung.

Zunächst arbeitet sie für die Gesellschaft ehrenamtlich, dann in der Funktion einer geschäftsführenden Büroleiterin mit einem wachsenden Mitarbeiterstamm. Mit ihren Sprachkenntnissen in Englisch, Französisch, Portugiesisch und natürlich Deutsch ist sie mehr als qualifiziert, die jährlichen Tagungen der Teilhard-Gesellschaft mit Referenten und Gästen aus aller Welt in London vorzubereiten. Bereits an der ersten von ihr vorbereiteten Konferenz im Oktober 1966 in der St. Pancras Town Hall nehmen über 500 Personen teil. Aufsehen bei der internationalen

Presse und beim britischen Fernsehen erregen vor allem die Anwesenheit von Roger Garaudy, Professor an der Universität von Poitiers sowie Direktor des Zentrums für Marxistische Studien und Forschung in Paris, und sein Vortrag zum Thema »The Meaning of Life & History in Marx & Teilhard de Chardin«. Zehn Jahre ist Renée-Marie für die Gesellschaft tätig. Mit ihren Mitarbeitern erstellt sie die vierteljährlich erscheinende »Teilhard Review« und verschickt neu erschienene Bände der Werkausgabe beziehungsweise neue Übersetzungen von Teilhard-Werken sowie Literatur zu ähnlichen Themen in alle Welt – vor allem das zu jener Zeit heiß diskutierte Buch »Naked Ape or Homo Sapiens« von John Lewis und Bernard Towers. Sie ist oft auf Reisen und setzt sich vor Ort für die Bildung von Studienkreisen überall in Großbritannien und Irland ein. In ihrer Tätigkeit für die Teilhard-Gesellschaft sei Renée-Marie vollkommen aufgegangen, erzählt Kenneth. Sie habe mehr in ihrem Büro gelebt als bei ihnen zu Hause.

In diesen zehn Jahren kommt sie in Kontakt mit zahlreichen Politologen, Theologen, Naturwissenschaftlern und Mitgliedern der Friedens- und Ökologiebewegung, beispielsweise mit John McHale, Künstler, Soziologe und Autor von »The Future of the Future«, oder mit Johan Galtung, Gründer des »Peace Research Institute Oslo« (PRIO), bei der ersten Konferenz von »World Futures Studies« 1967 in Oslo. 1973 geht daraus wiederum »World Futures Studies Federations« hervor, deren Mitglied Renée-Marie wird. Auf der Konferenz in Peking 1988 hält sie einen Vortrag zum Thema »Futurism at the Crossroads«.

1969 nimmt sich Kenneth nach dem erfolgreichen Verkauf des Unternehmens, in dem er seit 1949, zuletzt als Vorstandsvorsitzender, tätig war, eine berufliche Auszeit. Er hat das Bedürfnis, etwas für sich zu tun, und studiert vier Jahre lang an der »London School of Economics and Political Science«. Nach Abschluss seines Studiums 1973 reist er mehrfach nach Sri Lanka, auch in Begleitung von Renée-Marie, manchmal für mehrere Monate, da er an einem von der dortigen Regierung subventionierten Forschungsprojekt zum landwirtschaftlichen Rohstoffmarkt mitarbeitet.

1976 schließen Renée-Marie und Kenneth sich einem spontan gebildeten Komitee an, das sich »People for a Non-Nuclear World« (PNNW) nennt. Man erwartet den ersten Staatsbesuch des neu gewählten amerikanischen Präsidenten Jimmy Carter in London am 7. Mai 1977. Wenige Tage vor dessen Ankunft soll ein offener Brief an Jimmy Carter in »The Guardian« erscheinen, wofür die Gruppierung Unterschriften von möglichst vielen Prominenten sammeln will. Wie es in dem Vordruck ihres Anschreibens an potentielle Unterstützer heißt, möchte das Komitee damit Carters *mutigem Vorstoß, alle Nuklearwaffen von dieser Erde zu entfernen*, öffentlich Nachdruck verleihen und erinnert in dem Zusammenhang an den Reaktorbrand in Windscale, heute Sellafield, in Großbritannien. Dabei war im Oktober 1957 eine Wolke mit erheblichen Mengen radioaktiven Materials freigesetzt worden, das sich über Großbritannien und über das europäische Festland verteilt hatte. Der Reaktorbrand wird heute als »ernster Unfall der Stufe fünf« gemäß der siebenstufigen »Internationalen Bewertungsskala für nukleare Ereignisse« (INES) bezeichnet. Am 2. Mai erscheint der offene Brief ganzseitig in »The Guardian« mit mehreren 1000 Unterschriften, unter anderem von Ernst Friedrich Schumacher, dem Autor von »Small is Beautiful«, von Philip Noel Baker, Friedensnobelpreisträger 1959, und von Sir Martin Ryle, Nobelpreisträger für Physik 1974. Mitarbeiter von »People for a Non-Nuclear World« (PNNW), wozu auch wieder Renée-Marie und Kenneth gehören, gründen 1978 die Gesellschaft »Parliamentary Liaison Group for Alternative Energy Strategies« (PARLIGAES), später »The Alternative Energy Group« genannt. Sie veranstalten zu diesem Thema Tagungen und Seminare im »House of Commons« und verfassen Bulletins für die Parlamentarier.

1981 reisen Renée-Marie und Kenneth, die seit Ende der 70er-Jahre mit dem russischen Futurologen Igor Bestuzhev-Lada befreundet sind und in Kontakt mit Delegierten des »Soviet Peace Committee« stehen, zum ersten Mal in die Sowjetunion. Auf Reisen in den folgenden Jahren lernen sie weite Teile des Landes kennen und nehmen teil an Tagungen zur Geschichte Russlands und seiner aktuellen Politik. Wie schon erwähnt, verlassen sie 1985 zusammen mit Margot London und ziehen nach Gainesville in Florida. Das Leben in der Universitätsstadt mit ihrem freundschaftlichen Kontakt zu Dozenten und Studenten sagt ihnen zu, und Renée-Marie kommt sehr entgegen, dass sie für Arbeiten und Angelegenheiten im Zusammenhang mit Hausensteins Nachlass den von der Universität zur Verfügung gestellten Bibliotheksraum nutzen kann.

Außerdem hat sie neue Pläne, neue Ziele. Die amerikanische Staatsbürgerin steht inzwischen dem »American Way of Life« und der »Weltmacht-Politik« der USA ablehnend gegenüber. Gemeinsam mit Kenneth gründet sie in Gainesville nach dem 1984 in London entstandenen Vorbild ein »Centre for the Advancement of Human Cooperation«. Sie bieten »Study and Goodwill Tours« durch die damalige UdSSR an, mit

Einblicken in die Geschichte und Kultur des Landes sowie Begegnungen und Gesprächen mit Sowjetbürgern. *TOGETHER – TOMORROW* steht als Logo über ihrem Werbeprospekt. Mit ihren Studienreisen möchten sie Aufklärung betreiben, Vorurteile bei ihren amerikanischen Mitbürgern abbauen und Verständnis für andere politische Systeme entwickeln. Renée-Marie nennt es *Brücken schlagen zu den so genannten Feinden und helfen, den Rüstungswahnsinn abzubauen*. An der ersten von ihnen geführten dreiwöchigen Reise im Jahr 1986 nehmen sechs Personen teil, 1988 sind es 14, die sie vier Wochen lang nach Georgien, Armenien, Usbekistan, Kasachstan, Sibirien, Leningrad und Moskau begleiten.

Im Oktober 1986 folgt Renée-Marie außerdem der Einladung von Dr. David Ormrod, einem führenden Mitglied der christlich-sozialen Bewegung in Großbritannien, zu einer Tagung der »International League of Religious Socialists« in Managua/Nicaragua. Die Verwüstungen, die der Krieg der von den USA unterstützten Contra-Rebellen gegen die Sandinisten verursacht hat, und der Anblick der vielen schwer verletzten und verkrüppelten Mädchen und Jungen in einem Militärkrankenhaus bestärken sie in ihrer ablehnenden Haltung. Bei dieser Konferenz kommt Renée-Marie in Kontakt mit Vertretern der Befreiungstheologie, die Anfang der 60er-Jahre aus katholischen Basisgemeinden in Brasilien hervorgegangen ist. Zahlreiche Geistliche, so erfährt sie, haben ihr offenes Eintreten gegen die oligarchischen und diktatorischen Regime in Lateinamerika mit dem Leben bezahlt.

Im Jahr darauf nimmt sie die Einladung zu einer Studienreise nach Kuba an. Dieser Aufenthalt wird für Renée-Marie zu einem Schlüsselerlebnis. Sie ist beeindruckt von der Mentalität der Kubaner, der Offenheit und Freundlichkeit der Menschen, mit der sie ihr begegnen – und ihrem Nationalstolz. Kuba wird zu Renée-Maries Passion. Mehr als 30 Mal besucht sie in den folgenden Jahrzehnten den Inselstaat. Sie macht ausgedehnte Rundreisen, um das Land und die Menschen besser kennenzulernen, und nimmt teil an den jährlichen Konferenzen von Philosophen und Wissenschaftlern aus Nordamerika und Kuba. Gemeinsam mit Kenneth unterstützt sie Organisationen wie »Pastors for Peace«, das »Center for Cuban Studies« in New York, die »Florida Coalition for Peace and Justice«. In der Folgezeit konzentriert sich ihr Engagement nahezu ausschließlich auf Kuba, wo Renée-Marie ihre idealistischen Vorstellungen von einer zukunftsfähigen Gesellschaft vorbildlich realisiert sieht. Gerne wird sie, die sich als amerikanische Staatsbürgerin öffentlich zu ihrer Verehrung für Che Guevara und Fidel Castro bekennt, von Universitäten in Kuba als Referentin eingeladen. In ihren Vorträgen repräsentiert sie »das andere Amerika«, übt vehement Kritik an dem amerikanischen Hegemonieanspruch, »willed by God«, an der Unterdrückung des kleinen Inselstaats durch die amerikanische Handelsblockade. 1997 begleitet die immer noch rüstige Margot Hausenstein ihre Tochter und ihren Schwiegersohn wie schon des Öfteren zuvor nach Kuba und stirbt dort am 19. Februar im Alter von 106 Jahren. 40 Jahre nach dem Tod ihres Mannes wird sie nach einem feierlichen Requiem am 26. Februar in der gemeinsamen Grabstätte auf dem kleinen Bogenhausener Friedhof beerdigt.

Renée-Marie ist 80 Jahre alt, als die Universität von Havanna sie im Jahr 2002 zur Gastprofessorin ernennt. Die Ehrung erfolgt in Anerkennung ihrer Verdienste in den vergangenen Jahren, vor allem bei der Vorbereitung einer internationalen Konferenz zum Thema »Environment and Society – The Imperatives of Ecological Stewardship and of Community« im Februar 1997 in Havanna und der anschließend von ihr initiierten Publikation der Konferenzbeiträge unter dem Titel »Cuba Verde – Un Modelo global para la Sustentabilidad en el Siglo XXI«. Mit Worten ihrer großen Wertschätzung für Kuba und seinen Präsidenten beschließt Renée-Marie ihre Dankesrede. Vorbildlich ruhe der Inselstaat auf *den drei Säulen menschlicher Zivilisation: Gesundheitswesen, Bildung und Kultur – frei und zugänglich für jedermann.* Nur wenn dies auch von anderen Staaten erkannt und umgesetzt würde, gibt es nach ihrer Überzeugung für die Menschheit Hoffnung auf Zukunft.

Über ihre Eindrücke, Erlebnisse bei Aufenthalten in Kuba und ihre Gedanken zur allgemeinen politischen Entwicklung begann Renée-Marie in den 90er-Jahren zu schreiben. Ihre Beiträge wurden fortlaufend in der amerikanischen Zeitschrift »The Human Quest« veröffentlicht. Auf Anregung von Professor Thalía Fung Riverón, der Präsidentin der Gesellschaft für philosophische Forschung in Kuba, und auf der Grundlage ihrer Artikel in »The Human Quest« verfasst Renée-Marie mit der Unterstützung von Kenneth ein Buch, das sich in drei große Kapitel gliedert: »The United States and the World«; »Cuba and the United States«; »Cuba and the Future of History«. Der von ihr gewählte Buchtitel »The Political Name of Love« ist der folgenden, frei übersetzten Aussage Frei Bettos, eines namhaften Befreiungstheologen Lateinamerikas, entnommen: *Liebe – Sozialismus ist der politische Name für Liebe – ist ein Erziehungsprozess, der uns befreit von dem natürlichen Egoismus, den die Religion Erbsünde nennt, der uns allen innewohnt und die Ursache für das kapitalistische Profitdenken ist.* In

Renée-Marie und Kenneth im Gasthof »Adler« in Hornberg, 1997.
Renée-Marie und Kenneth an ihrem 44. Hochzeitstag in Havanna / Kuba, 2006.

Renée-Marie mit ihrem Patensohn Kenneth Alejandro Florián Martínez und dessen Mutter Aracelis Martínez Abrahan, Professor of Social Studies, University of Guantánamo, 2011.

ihrem mehr als 300 Seiten umfassenden Werk bündelt die über 80-jährige Autorin die persönlichen Erfahrungen eines langen Lebens, ihre Hoffnungen für eine gerechtere Welt und bessere Zukunft und zeigt die ihrer Meinung nach gravierenden Fehler von früheren Generationen auf und diejenigen, die in der Gegenwart begangen werden.

Als das Buch 2007 erscheint, sind die Rezensionen überwiegend wohlwollend. Clare Hilton vom »Morning Star« moniert, dass sich die linke Idealistin mit ihrer sprachlich unverhüllten Kritik an den USA und ihrer überaus betonten Bewunderung für den »voraussehenden« Präsidenten Fidel Castro wohl nur an eine bestimmte Leserschaft wende. Gleichwohl sei es Renée-Marie Croose Parry gelungen, auf der Grundlage von wissenschaftlichen Theorien als auch anhand von konkreten Beispielen darzustellen, wie eine bessere Gesellschaft aussehen könnte. Und James Robertson schreibt in »Book Reviews«, dass vielleicht nicht jeder das Vertrauen der Autorin in Fidel Castros Reformen und Weisheit teile. Andererseits sei die Lektüre jedem zu empfehlen, der sich profund informieren wolle, wie die USA ihre Rolle als Weltmacht ausüben oder wie sich Kuba seit 1959 entwickelt hat. Das Verständnis von der Evolution der Menschheit, wie es von der Autorin dargelegt sei, gebe darüber hinaus Hoffnung für die Zukunft.

Nach Margots Tod am 19. Februar 1997 verbringen Renée-Marie und Kenneth noch einige Jahre in Gainesville, unterbrochen von Aufenthalten in Kuba, Reisen nach Europa und Hornberg im Schwarzwald. Auf Anregung des damaligen Bürgermeisters Thomas Schwertel richten Renée-Marie und Kenneth im Rathaus von Hornberg einen »Wilhelm-Hausenstein-Gedenkraum« ein mit Mobiliar, Kunstwerken und sehr persönlichen Dingen aus dem Besitz des Vaters. Sogar sein Taufjäckchen und seine Hutschachtel aus der Zeit in Paris sind dort zu sehen und ein Stehpult, an dem Hausensteins Vater vor mehr als 100 Jahren in eben diesem Gebäude, dem damaligen Finanzamt, gearbeitet hat. Interessierten steht außerdem das Archiv mit circa 50 000 Korrespondenz-Kopien zur Verfügung. 1998 findet mit Renée-Maries Unterstützung und ihrer Beteiligung das erste »Wilhelm-Hausenstein-Symposium« in Hornberg statt zum Thema »Wilhelm Hausenstein als Wegbereiter der deutsch-französischen Beziehungen«. Seitdem werden im Abstand von zwei Jahren diese Tagungen veranstaltet, und seit November 2001 gibt es außerdem die »Wilhelm-Hausenstein-Gesellschaft e. V.«.

Als Renée-Marie und Kenneth eine sehr schöne und geräumige Wohnung in Hornberg angeboten wird, entschließen sie sich, den USA den Rücken zu kehren. Schon lange sind ihnen die für amerikanische Staatsbürger geltenden Reisebeschränkungen nach Kuba ein Ärgernis. Im Mai 2004 beziehen sie, inzwischen 82 und 75 Jahre alt, ihr neues Domizil, aber beileibe nicht in der Absicht, künftig ihren Lebensradius einzuschränken. Sie reisen viel in Europa, und die Strapazen und Anstrengungen des langen Flugs von Deutschland aus halten sie nicht davon ab, alljährlich die Wintermonate Dezember bis Ende März in Kuba zu verbringen. Auch dort sind sie unterwegs und besuchen ihre Freunde, vor allem Renée-Maries inzwischen 13-jährigen Patensohn Kenneth Alejandro Florián Martínez. Kenneth genießt nach wie vor das Schwimmen und Schnorcheln, und beide empfinden die milden Temperaturen als wohltuend.

In Havanna / Kuba feierten Renée-Marie und Kenneth am 29. Dezember 2006 ihren 44. Hochzeitstag und am 3. Februar 2012 beging Renée-Marie dort ihren 90. Geburtstag.

Renée-Marie an ihrem 90. Geburtstag, am 3. Februar 2012, in Havanna / Kuba.

Literaturverzeichnis

Veröffentlichungen von Renée-Marie Croose Parry / Renée-Marie Parry Hausenstein

CROOSE PARRY, RENÉE-MARIE: Ostracism and Exile, S. 74–101; Life in Brazil. One Day in Miami, S. 179-235, in: Morris, Katherine (Hg.): Odyssey of Exile. Jewish Women flee the Nazis for Brazil, Detroit 1996

CROOSE PARRY, RENÉE-MARIE / CROOSE PARRY, KENNETH: The Political Name of Love, New European Publications, London 2007

CROOSE PARRY, RENÉE-MARIE in: »The Human Quest«, St. Petersburg / Florida:
While history engages Cuba media madness seizes the United States!, 3.1.1998
Titanic: A parable for our planet?, 5.1.1998
A call for today's sciences, 11.1.1998
Evolution – consciousness – and the phenomenon of love, 1.1.1999
Our nation's schizophrenia threatens us – and the world, 3.1.1999
Socialismo o Muerte – Cuba's reply to the U.S. blockade, 7.1.1999
Plotting against Cuba continues unabated, 9.1.1999
Taking stock on the threshold of the new millennium, 3.1.2000
Governance by law? Or by blackmail from Miami, 5.1.2000
Causes of global terrorism and how best to stop it, 11.1.2001

PARRY HAUSENSTEIN, RENÉE-MARIE: Dachau, 28. April 1985: Der gute Weg ist machbar, in: Schultz-Wild, Lore (Hg.): Unterwegs ins Leben. Ein Kursbuch für Mädchen, München 1985, S. 209–217

PARRY HAUSENSTEIN, RENÉE-MARIE: Erinnerungen an die Pariser Jahre, in: Jakob, Dieter / Werner, Johannes / Parry Hausenstein, Renée-Marie (Hg.): Wilhelm Hausenstein als Wegbereiter der deutsch-französischen Beziehungen. Wilhelm Hausenstein Symposium 1998, München 2000

Nichtveröffentlichter Vortrag

PARRY HAUSENSTEIN, RENÉE-MARIE: Überleben unter Hitler: in Tutzing und im Exil, am 1. Oktober 1999 vor der 12. Klasse der Elisabeth-von-Thadden-Schule in Heidelberg-Wieblingen

Sekundärliteratur

BACH, SUSANNE: Karussell. Von München nach München, Nürnberg 1991
BEN-CHORIN, SCHALOM: Jugend an der Isar, Gerlingen 1980
BRILL, MARTE: Der Schmelztiegel, Frankfurt am Main 2002
CONZE, ECKART/FREI, NORBERT/HAYES, PETER/ZIMMERMANN, MOSKE: Das Amt und die Vergangenheit. Deutsche Diplomaten im Dritten Reich und in der Bundesrepublik, München 2010
DINES, ALBERTO: Tod im Paradies. Die Tragödie des Stefan Zweig, Frankfurt am Main 2006
FITTKO, LISA: Mein Weg über die Pyrenäen. Erinnerungen 1940/41, München 2004
HAUSENSTEIN, WILHELM: Buch einer Kindheit, Frankfurt am Main 1936
HAUSENSTEIN, WILHELM: Die Masken des Münchner Komikers Karl Valentin, München 1948
HAUSENSTEIN, WILHELM: Wilhelm Hausenstein, in: Grunelius, Grunelia (Hg.): Starnberger-See-Stammbuch, München 1950, S. 37–39
HAUSENSTEIN, WILHELM: Der Traum vom Zwerg und andere Erzählungen, München 1957
HAUSENSTEIN, WILHELM: Liebe zu München, München 1961
HAUSENSTEIN, WILHELM: Pariser Erinnerungen. Aus fünf Jahren Diplomatischen Dienstes 1950–1955, München 1961
HAUSENSTEIN, WILHELM: Licht unter dem Horizont. Tagebücher von 1942 bis 1946, München 1967
HAUSENSTEIN, WILHELM: Impressionen und Analysen. Letzte Aufzeichnungen, München 1969
HAUSENSTEIN, WILHELM: Lux Perpetua. Geschichte einer deutschen Jugend aus des 19. Jahrhunderts Ende. Mitgeteilt von Johann Armbruster, Frankfurt am Main 1972
HERBERTZ, EVA-MARIA: Der heimliche König von Schwabylon. Der Graphiker und Sammler Rolf von Hoerschelmann in Selbstzeugnissen und Bilddokumenten, München 2005
HOFACKER, ALFRED VON: Die schicksalhafte Verbindung der Familien Hausenstein und Hofacker. Ihre Wege zwischen Tutzing und Paris, in: Jakob, Dieter/Werner, Johannes/Parry Hausenstein, Renée-Marie (Hg.): Wilhelm Hausenstein als Wegbereiter der deutsch-französischen Beziehungen. Wilhelm Hausenstein Symposium 1998, München 2000
HOFACKER, ALFRED VON: Cäsar von Hofacker: ein Wegbereiter für und ein Widerstandskämpfer gegen Hitler, ein Widerspruch?, Göttingen 2010

HUBER, BRIGITTE (Hg.): Tagebuch der Stadt München. Die offiziellen Aufzeichnungen der Stadtchronisten 1818–2000, Ebenhausen 2004

KÄPPNER, JOACHIM/GÖRL, WOLFGANG/MAYER, CHRISTIAN (Hg.): München. Die Geschichte der Stadt, München 2008

KAMPMANN-CAROSSA, EVA (Hg.): Hans Carossa. Leben und Werk in Texten und Bildern, Frankfurt am Main 1993

KLÜGER, RUTH: weiter leben. Eine Jugend, München 1992

LÖFFELMEIER, ANTON: Der Kosmos der Rosenthals: Bücherkenner, Künstler und Wissenschaftler, in: Angermair, Elisabeth: Die Rosenthals. Der Aufstieg einer jüdischen Antiquarsfamilie zu Weltruhm, Wien/Köln/Weimar 2002, S. 47–161

MIGGE, WALTER: Wilhelm Hausenstein. Wege eines Europäers. Katalog einer Ausstellung, München 1967

RENNERT, HELLMUT H. (Hg.): Wilhelm Hausenstein. Ausgewählte Briefe 1904–1957, Oldenburg 1999

SCHAD, MARTHA: Frauen gegen Hitler. Schicksale im Nationalsozialismus, München 2001

SCHMIDINGER, VEIT JOHANNES/SCHOELLER, WILFRIED F.: Transit Amsterdam. Deutsche Künstler im Exil 1933–1945, München 2007

SCHMIED, HERBERT: Autoren, Bücher, Zeitenwandel. 2000 Jahre literarische Spuren im Raum Starnberg, Starnberg 2008

SCHWARZ, EGON: Unfreiwillige Wanderjahre. Auf der Flucht vor Hitler durch drei Kontinente, München 2005

SIMSON, HANS-PETER: Tutzing und das Hotel Simson. Zeitgeschichtliche Betrachtungen der Entwicklung Tutzings und des Hotels Simson zwischen 1850 und 1950 unter besonderer Berücksichtigung fremdenverkehrlicher Aspekte, Hamburg 2009

SULZER, DIETER: Der Nachlaß Wilhelm Hausenstein. Ein Bericht. Mit einem unveröffentlichten Essay, Briefen und einer Erinnerung von Paul Frank. Deutsche Schillergesellschaft, Marbach am Neckar 1982

THIERFELDER, JÖRG: Von der Kooperation zur inneren Distanzierung – Elisabeth von Thadden in der Zeit des Nationalsozialismus, in: Thierfelder, Jörg (Hg.): Elisabeth von Thadden. Gestalten, Widerstehen, Erleiden, Karlsruhe 2002, S. 96–133

WERNER, JOHANNES: Ein Hamilton in Hornberg. Randbemerkungen zu einem Buch von Wilhelm Hausenstein, Offenburg/Baden 1999

WERNER, JOHANNES: Wilhelm Hausenstein. Ein Lebenslauf, München 2005

WILDE, OSCAR: De Profundis. The Ballad of Reding Gao & Other Writings, Hertfordshire 2002

WILDE, OSCAR: De profundis. Epistola: in carcere et vinculis sowie Die Ballade vom Zuchthaus zu Reading, Zürich 1987

ZELLER, BERNHARD/OTTEN, ELLEN (Hg.): Kurt Wolff. Briefwechsel eines Verlegers 1911–1963, Frankfurt am Main 1980

ZIEGLER, EDDA: Verboten – verfemt – vertrieben. Schriftstellerinnen im Widerstand gegen den Nationalsozialismus, München 2010

ZWERGER, BRIGITTE: Eine Privatschule wird verstaatlicht, in: Festschrift zum 60-jährigen Jubiläum der Elisabeth-von-Thadden-Schule, Heidelberg-Wieblingen 1987, S. 36–49

Biografische Daten zu Renée-Marie Hausenstein

1922	Am 3. Februar Geburt von Renée-Marie Hausenstein in München als Tochter des Kunsthistorikers und Reiseschriftstellers Wilhelm Hausenstein (1882–1957) und seiner aus Belgien stammenden jüdischen Ehefrau Margot, geborene Alice Marguerite Kohn (1890–1997); in München katholisch getauft
1932	Umzug der Familie Hausenstein von München nach Tutzing/Starnberger See ins »Buchenhaus«; Besuch des Lyzeums der Missionsbenediktinerinnen in Tutzing; 1937–1938 letztes Schuljahr und Prüfung für die Mittlere Reife an der St.-Irmengard-Schule in Garmisch-Partenkirchen
1939/1940	Als Gasthörerin Teilnahme an Vorlesungen der Universität München; Besuch der Sabel-Schule in München; Wilhelm und Margot Hausenstein konvertieren Ostern 1940 zum katholischen Glauben
1941	Verlobung mit Hans Graf von Härtling (»Lupo«); 14. April Tod des Oberleutnants in Griechenland
	Aufenthalt in Maria Enzersdorf bei Wien von April bis ca. Ende Mai zum Arbeitsdienst in der Privatpension für Knaben der Baronin Passavant
	Heirat mit einem Deutsch-Brasilianer, um nach Brasilien emigrieren zu können
1942	Am 6. März Ausreise von Lissabon nach Rio de Janeiro; Aufenthalt für einige Wochen bei den Missionsbenediktinerinnen im »Colégio Santo Amaro« in Botafogo; Arbeit als Kindermädchen und private Sprachenlehrerin
1943	Am 9. März Verhaftung unter dem Verdacht der mutmaßlichen Spionage; circa drei Monate in Gefangenschaft; Entschluss in die USA zu emigrieren

1946	Emigration in die USA; Wohnort in Washington, gibt Sprachunterricht, versorgt die Eltern mit Paketen
1948	Ende Juli erstes Wiedersehen mit den Eltern nach sechs Jahren; im Dezember Rückkehr in die USA
1949	Stelle bei »Catholic Relief Services« in New York
1950	Ende März bittet Konrad Adenauer Wilhelm Hausenstein, die Stelle des Generalkonsuls der BRD in Paris anzunehmen; 4. Juli offizielle Ernennung
1951	Januar bis Ende Oktober erste Reise nach Paris
1952	Renée-Marie erhält die amerikanische Staatsbürgerschaft; Reise nach Deutschland anlässlich des 70. Geburtstags von Wilhelm Hausenstein
1953	Stelle bei »Foreign Operations Administration« (FOA); am 4. Juli Ernennung Wilhelm Hausensteins zum Botschafter
1954	Im November Reise nach Paris zu den Eltern
1955	Am 16. Mai Ende von Hausensteins Amtstätigkeit und Abschied von Paris; Renée-Marie bleibt vorerst bei den Eltern in Deutschland, hilft bei den Vorbereitungen der »Bilderberg-Konferenz« in Garmisch-Partenkirchen
1956	Aufenthalt in New York von Januar bis Ende Mai
1957	Einladung zur »Bilderberg-Konferenz« auf St. Simons Island (Georgia); 3. Juni Tod Wilhelm Hausensteins; Renée-Marie widmet sich in den folgenden fünf Jahren Hausensteins Nachlass und beschäftigt sich mit Lehre und Werk von Pierre Teilhard de Chardin und dem christlich-marxistischen Dialog
1962	Am 29. Dezember Heirat mit dem englischen Geschäftsmann Kenneth Croose Parry, geboren 11. Mai 1929 in County Cork, Irland; Umzug nach London
1964	Initiierung der Gründung von »The Pierre Teilhard de Chardin Association of Great Britain and Ireland«, später »The Teilhard Centre« genannt, als deren geschäftsführende Büroleiterin sie bis 1974 tätig ist

1969–1973	Nach Verkauf des Unternehmens studiert Kenneth an der »London School of Economics and Political Science«; gemeinsame Reisen und längere Aufenthalte in Sri Lanka
1975	Umzug von Margot Hausenstein zu Renée-Marie und Kenneth nach London
1976	Mitbegründer von »People for a Non-Nuclear World«
1981	Erste Reise in die UdSSR
1982	Verkauf der Bibliothek von Wilhelm Hausenstein an die Universität in Gainesville/Florida und Einrichtung und Einweihung eines »Wilhelm-Hausenstein-Raums«
1985	Umzug gemeinsam mit Margot Hausenstein nach Gainesville/Florida; Gründung des »Centre fort the Advancement of Human Cooperation«
1986	Teilnahme an der Tagung der »International League of Religious Socialists« in Managua/Nicaragua
1987	Erste Kubareise; ca. 30 Reisen und längere Aufenthalte in den folgenden Jahrzenten
1990	100. Geburtstag von Margot Hausenstein
1997	Margot Hausenstein stirbt am 19. Februar im Alter von 106 Jahren während eines Aufenthalts in Kuba
1998	Einrichtung eines »Wilhelm-Hausenstein-Gedenkraums« in Hornberg; 1. »Wilhelm-Hausenstein-Symposium« mit Renée-Maries Unterstützung und Beteiligung
2001	Gründung der »Wilhelm-Hausenstein-Gesellschaft« in Hornberg
2002	Ernennung zur Gastprofessorin durch die Universität von Havanna
2004	Umzug aus den USA nach Hornberg
2006	Am 29. Dezember feiern Renée-Marie und Kenneth ihren 44. Hochzeitstag in Havanna
2007	Das Buch »The Political Name of Love« erscheint
2012	Am 3. Februar Feier des 90. Geburtstags von Renée-Marie in Havanna

Weitere Titel in der *edition monacensia*

Eva-Maria Herbertz: Der heimliche König von »Schwabylon«. Der Graphiker und Sammler Rolf von Hoerschelmann in Selbstzeugnissen und Bilddokumenten
Der Name des Graphikers und Sammlers Rolf von Hoerschelmann war eng verbunden mit Schwabing und er selbst ein Teil jener Schwabinger Boheme mit Franziska Gräfin zu Reventlow, Stefan George, Alfred Kubin, Karl Wolfskehl, Joachim Ringelnatz und vielen anderen. Dieses Buch zeichnet anhand von Briefen und Dokumenten und seiner 1947 posthum erschienenen Aufsatzsammlung »Leben ohne Alltag« das wechselvolle Leben des »heimlichen Königs von Schwabylon« und Berliner Austauschbohemiens« nach bis zu seiner inneren Emigration in Feldafing am Starnberger See als Chronist einer versunkenen Welt.
324 S., Paperback, € 26.–, ISBN 3-86520-137-7

Eva-Maria Herbertz: Leben in seinem Schatten. Frauen berühmter Künstler
Sie lebten im Schatten ihrer berühmten Ehemänner und tauchen in der Literatur über diese oft nur als biografische Randnotiz auf. Dabei ermöglichten erst Mathilde Beckmann, Charlotte Berend-Corinth, Marta Feuchtwanger, Hedwig Kubin, Liesl Frank, Mathilde Vollmoeller-Purrmann und Anna von König ihren Partnern uneingeschränkte künstlerische Entfaltung. In einfühlsamen Porträts würdigt Eva-Maria Herbertz die individuelle Bedeutung jeder dieser sieben Frauen als Lebensgefährtin eines Künstlers und gibt Einblick in außergewöhnliche Paarbeziehungen und Lebensgeschichten.
192 S., Paperback, € 18.90, ISBN 978-3-86906-052-1

Gerd Thumser (Hg.): »Unser Damerl«. Der Münchner Oberbürgermeister Thomas Wimmer und seine Zeit
Die Münchner verdanken dem von ihnen liebevoll »Wimmer Damerl« genannten SPD-Politiker Thomas Wimmer nicht nur den Wiederaufbau der durch Bomben zerstörten Landeshauptstadt nach dem Zweiten Weltkrieg, sondern unter anderem auch den Erhalt des Alten Peter und des Alten Rathauses, die man in den 1950er-Jahren einer modernen Verkehrsschneise durch die Altstadt opfern wollte.
164 S., Paperback, € 12.–, ISBN 978-3-86906-322-5

Andreas Koll: Volkskünstlerinnen. Liesl Karlstadt, Bally Prell, Erni Singerl
Sie waren die Stars bei Theateraufführungen im Volkstheater und in der »Kleinen Komödie«, spielten und sangen im »Platzl« und in Sendungen wie »Weißblaue Drehorgel« oder »Bayerisches Karussell«: Liesl Karlstadt, Karl Valentins legendäre Partnerin, Bally Prell, die »ewige Schönheitskönigin« von Schneizlreuth, und Erni Singerl, eine Vollblut-Komödiantin, die zum Fernsehstar wurde. Andreas Koll beschreibt die populäre volkstümliche Unterhaltung Münchens und Bayerns, ihre Wurzeln, ihre Prägungen und ihre Wirkungen bis heute.
168 S., Paperback, € 15.90, ISBN 978-3-86520-325-0

Friedrich Bodenstedt: Eines Königs Reise. Erinnerungsblätter an König Maximilian II. von Bayern. In der Auswahl von Joseph Hofmiller
Im Sommer 1858 wanderte König Maximilian II. von Bayern fünf Wochen lang zu Fuß und zu Pferd durch den südlichen Teil seines Landes, von Lindau bis Berchtesgaden. Friedrich Bodenstedt schildert heiter und humorvoll die liebenswerte Persönlichkeit des Königs, die widrigen wetterbedingten Umstände, die Beschwerlichkeiten der Reise und der Unterbringungen, aber auch die amüsanten Ereignisse, die bei den Huldigungen der Bevölkerung für ihren König unterliefen.
92 S., Paperback, € 9.90, ISBN 978-3-86906-158-0

Ulrike Leutheusser und Heinrich Nöth (Hg.): »Dem Geist alle Tore öffnen«. König Maximilian II. von Bayern und die Wissenschaft
König Maximilian II. von Bayern (1811–1864) ist bis heute in der Öffentlichkeit kaum bekannt. Zu Unrecht: Seine intensive Förderung der Wissenschaften erscheint uns heute modern und für die Entwicklung Bayerns vom Agrar- zum Industriestaat grundlegend. In dem Buch werden einige wichtige »Nordlichter« aus Natur- und Geisteswissenschaften (u. a. Justus von Liebig, Paul Heyse, Heinrich von Sybel), einer ihrer entschiedensten Gegner sowie zwei bedeutende Persönlichkeiten aus dem literarischen Leben in anschaulichen Porträts vorgestellt.
176 S., Paperback, € 16.90, ISBN 978-3-86906-054-5

Mehr über den Verlag und sein Programm erfahren Sie unter
www.allitera.de